DESPERTE PARA BRILHAR

Christopher Renstrom

DESPERTE PARA BRILHAR

Descubra os segredos do seu signo ascendente
e desvende quem você realmente é

Tradução
Marta Rosas de Oliveira

Editora
Pensamento
SÃO PAULO

Título do original: *Rise and Shine – An Astrological Guide to How You Show Up in the World*.

Ilustrações – Victoria Black.

Publicado mediante acordo com TarcherPerigee, um selo da Penguin Publishing Group, uma divisão da Penguin Random House LLC.

Design do livro: Laura K. Corless.

Obs.: Este livro não pode ser exportado para Portugal, Angola e Moçambique.

Editor: Adilson Silva Ramachandra
Gerente editorial: Roseli de S. Ferraz
Gerente de produção editorial: Indiara Faria Kayo
Preparação de originais: Karina Gercke
Editoração eletrônica: Join Bureau
Revisão técnica: Verbenna Yin
Revisão: Luciane Gomide

Dados Internacionais de Catalogação na Publicação (CIP)
(Câmara Brasileira do Livro, SP, Brasil)

Renstrom, Christopher
Desperte para brilhar: descubra os segredos do seu signo ascendente e desvende quem você realmente é / Christopher Renstrom; tradução Marta Rosas de Oliveira. – São Paulo: Editora Pensamento, 2025.

Título original: Rise and shine: an astrological guide to how you show up in the world.
ISBN 978-85-315-2403-5

1. Ascendente (Astrologia) 2. Relações interpessoais I. Título.

24-230528 CDD-133.5

Índices para catálogo sistemático:

1. Astrologia 133.5
Eliete Marques da Silva – Bibliotecária – CRB-8/9380

Direitos de tradução para o Brasil adquiridos com exclusividade pela
EDITORA PENSAMENTO-CULTRIX LTDA., que se reserva a
propriedade literária desta tradução.
Rua Dr. Mário Vicente, 368 – 04270-000 – São Paulo – SP – Fone: (11) 2066-9000
http://www.editorapensamento.com.br
E-mail: atendimento@editorapensamento.com.br
Foi feito o depósito legal.

Para Michael Lutin: meu exemplo de vida,
mentor e amigo

SUMÁRIO

PARTE 1

Primeiras Impressões: seu Signo Ascendente

O Signo Ascendente é uma das características mais importantes de seu mapa astrológico. Ele está lá no topo, junto ao Sol e à Lua. Porém, ao contrário do Sol e da Lua, o Signo Ascendente não é um planeta, mas sim uma linha de demarcação. Marca o ponto fixo no horizonte, a leste, no qual a noite se torna dia, de modo que o signo do zodíaco que estava "ascendendo" aqui, no momento em que você nasceu, se torna seu Signo Ascendente.

O Signo Solar descreve quem você é. É tudo o que você sabe que é verdade a respeito de si mesmo. Você se orgulha de algumas dessas características. E de outras? Talvez nem tanto. Apesar disso, elas são os traços de personalidade com os quais você mais se identifica.

O Signo Ascendente é o rosto de seu mapa astrológico.

O Signo Lunar descreve sua vida emocional. É como você se sente *de verdade* diante das coisas que guarda lá no fundo. Planeta de hábitos, memórias e sonhos, a Lua o faz lembrar-se de si mesmo caso tenha se esquecido quem é. É também a quem recorre quando se sente inseguro.

O Signo Ascendente é o rosto de seu mapa astrológico. Não é uma máscara, uma *persona* nem um papel que você represente. Ele é, por assim dizer, sua "cara": tão espontâneo, expressivo e reativo quanto seu rosto físico.

Pense só por um momento em seu próprio rosto. Ele é o que lhe permite ser reconhecido como você. Mesmo entre gêmeos idênticos, não há dois rostos exatamente iguais. O rosto de cada pessoa é tão individual e distinto que o reconhecimento facial agora é o padrão para desbloquear seu *smartphone* e autenticar pagamentos. Mas quem vê mais o seu rosto ao longo do dia: é você ou são as outras pessoas? São as outras pessoas. Agora, nesta era de *selfies* e chamadas pelo Zoom, pode ser difícil acreditar que ainda são outras pessoas que encontram seu olhar, evitam o contato visual ou nem percebem que você passou por elas porque nunca o viram. Assim como seu rosto, seu Signo Ascendente está continuamente registrando os rostos alheios e reage de acordo com o que você está vendo. Ele decide o que revelar e o que esconder, independentemente do resto de seu horóscopo.

Todos nós temos uma boa ideia de como é o nosso rosto e o que esperamos transmitir com ele, mas são as reações dos outros às nossas expressões que influenciam nossas interações. Quantas vezes sua cara pensativa foi mal interpretada como mal-humorada e desagradável ou seu sorriso considerado convidativo quando, na verdade, você está apenas sendo educado? Seu Signo Ascendente está em exposição para quem quiser ver e sabe disso. É o primeiro vislumbre que os outros têm de você, e isso inclui sua voz e seu comportamento. Todo mundo quer causar uma boa impressão, mas muitas vezes podemos ficar no escuro sobre os sinais que enviamos ou as vibrações que transmitimos. Tudo isso está ligado ao signo do zodíaco que as pessoas conhecem primeiro, e não àquele que você verdadeiramente é.

A ASTROLOGIA É UM CALENDÁRIO

Há duas maneiras de determinar o tempo: pelo calendário e pelo relógio. O calendário lhe diz que dia é, ao passo que o relógio lhe diz que horas são, e é exatamente isso que fazem o Signo Solar e o Signo Ascendente. O Signo Solar sempre lhe dirá a época do ano em que alguém nasceu, enquanto o Signo Ascendente lhe dirá qual foi a hora do dia. Veja aqui como isso funciona.

Na Astrologia, trabalhamos com um círculo de 360 graus que é dividido em doze signos, assim como nosso calendário é dividido em doze meses. Esse círculo é chamado de horóscopo.

A Terra orbita o Sol em sentido anti-horário. A órbita da Terra em torno do Sol nos dá as estações do ano. Só que, na Astrologia, tudo é visto do ponto de vista da Terra, então não

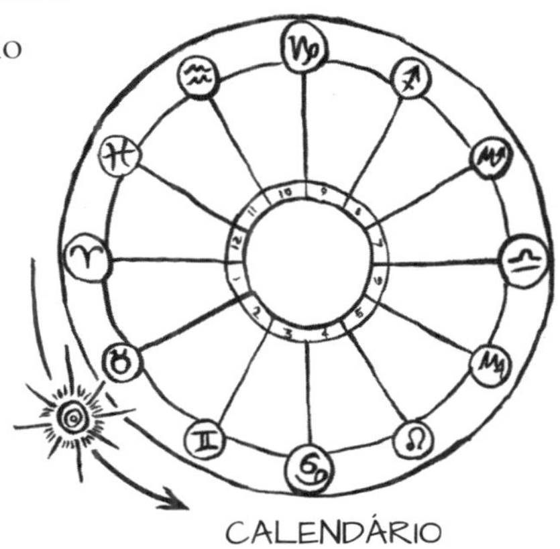

A Terra orbita o Sol em sentido anti-horário, de modo que a ordem dos signos é anti-horária.

é a Terra que orbita o Sol, mas sim o Sol que *nos orbita*. À medida que o Sol transita pelos signos ao longo de cada ano – o Sol está em Áries em abril, Touro em maio, Gêmeos em junho e assim por diante –, você o verá mover-se na direção mapeada na figura a seguir. A presença do Sol em um signo do zodíaco sempre lhe dirá qual é a época do ano.

A ASTROLOGIA É TAMBÉM UM RELÓGIO

À medida que orbita o Sol, a Terra também gira em seu eixo. A rotação da Terra em seu eixo nos dá o dia e a noite. Do lado que está voltado para o Sol está de dia, e do lado que está voltado para a direção oposta está de noite, o que cria a ilusão de que o Sol se move em *sentido horário*. É por isso que o Sol nasce de manhã à esquerda, percorre o céu e depois se põe à direita à noite. Lembre-se de que, na Astrologia, tudo é visto do ponto de vista da Terra, e é assim que o Sol nos encara no céu durante o dia.

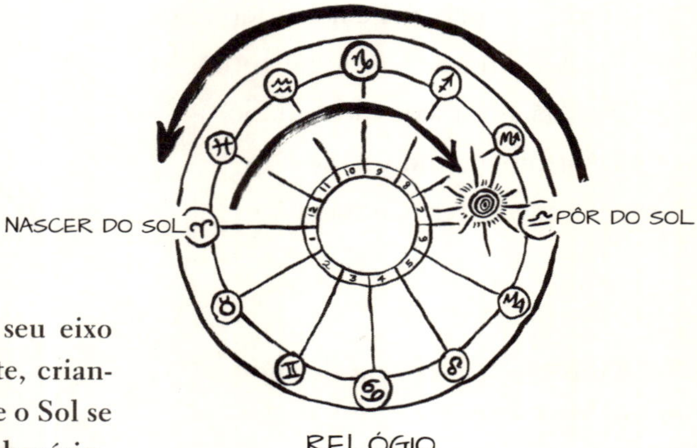

A Terra gira em seu eixo de oeste para leste, criando a ilusão de que o Sol se move em sentido horário.

Digamos que você nasceu em 23 de março. Um astrólogo saberia imediatamente que você é ariano porque o Sol está no signo astrológico de Áries de 20 de março a 18 de abril. Mas digamos que você nasceu às sete e meia da manhã. Então, o astrólogo arriscaria um palpite de que seu Ascendente provavelmente também é Áries porque você nasceu por volta do raiar do sol. Isso faria de você um ariano com Ascendente em Áries, pois o Sol está se levantando em Áries sobre a linha do horizonte à esquerda. Qualquer pessoa nascida quando o Sol está raiando tem seu próprio signo do zodíaco em ascensão.

Se você é um ariano nascido perto do alvorecer, então você é Áries com Ascendente em Áries.

Agora, digamos que seu aniversário seja em 23 de março, mas que você tenha nascido ao meio-dia. Você ainda é ariano porque o dia é o mesmo, mas o horário do nascimento já é outro. Seu Ascendente agora é Câncer porque o signo do zodíaco que estava surgindo no horizonte quando você nasceu era Câncer.

Se você é um ariano nascido ao meio-dia, então você é Áries com Ascendente em Câncer.

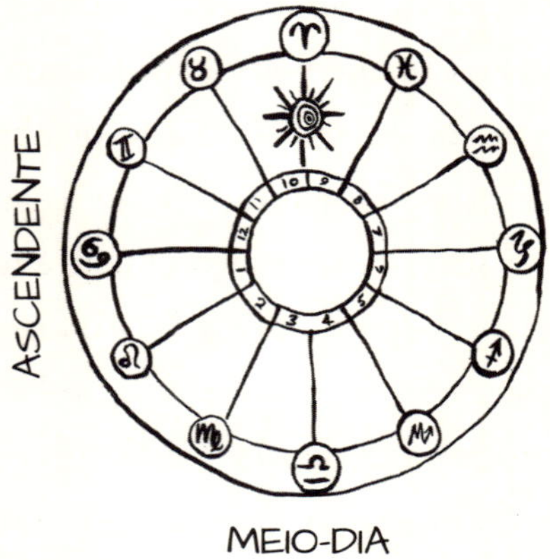

E se você for um ariano nascido perto do pôr do sol? Então você é um ariano com Ascendente em Libra. Esse posicionamento pode ser desafiador, pois é aquele no qual o Sol está o mais distante possível do Ascendente. As pessoas tendem mais a registrá-lo como libriano porque esse é o sinal que elas "veem" primeiro.

Se você é um ariano nascido perto do pôr do sol, então você é Áries com Ascendente em Libra.

E se você for um ariano nascido por volta da meia-noite? Então é um ariano com Ascendente em Capricórnio. Como você pode ver, a roda fez um giro completo para que, com o amanhecer de um novo dia, Áries possa mais uma vez surgir no horizonte junto com o Sol.

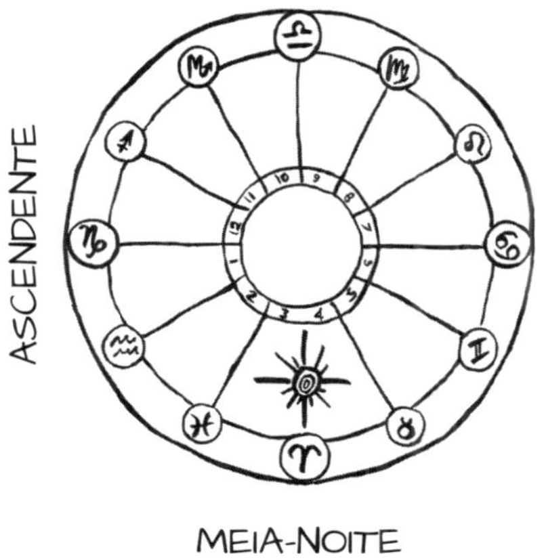

Se você é um ariano nascido à meia-noite, então você é Áries com Ascendente em Capricórnio.

COMO DESCOBRIR SEU SIGNO ASCENDENTE

A maneira mais simples de descobrir qual é seu Signo Ascendente é inserir a data e o horário em que você nasceu em um *site* ou aplicativo de Astrologia. Para aprofundar sua compreensão de como isso funciona, aqui vai uma breve explicação. O dia tem vinte e quatro horas e o zodíaco, doze signos. Lembra que o ano se divide em doze meses, com cada mês correspondendo a um signo do zodíaco? Bem, cada signo recebe duas horas do dia atribuídas a ele porque 2 x 12 = 24. Imagine que os signos estão afixados em uma roda que está girando lentamente. Essa roda imita a rotação da Terra de modo que, por duas horas, todos os dias, cada signo ascenderá no horizonte antes de ser substituído pelo signo seguinte conforme a ordem zodiacal. Se nasceu entre seis e oito da manhã, então você nasceu quando seu Signo Solar estava ascendendo. Se nasceu entre oito e dez da manhã, então você nasceu quando o signo do zodíaco que *sucede* seu Signo Solar estava ascendendo. Se você nasceu entre dez e meio-dia, então nasceu quando o signo que vem dois signos depois do seu Signo Solar estava ascendendo, e assim por diante.

Como você pode imaginar, os horários de nascimento têm suas vantagens e desvantagens. Nascer perto do raiar do sol lhe confere facilidade para aproximar-se das pessoas e criar intimidade, mas não lhe permite ver-se objetivamente, enquanto nascer perto do pôr do sol pode torná-lo tão reservado que os outros muitas vezes podem achar que você não se interessa ou simplesmente não se importa com eles. O Sol no alto do mapa pode dotá-lo de muitas aspirações, mas também pode criar uma desconexão entre o modo como as pessoas o veem e quem você quer ser. Por outro lado, o Sol na parte inferior do mapa o torna tão habituado com a rotina que as pessoas começam a achar que sempre estará disponível para elas, e é por isso que devem ter parado há muito tempo de perguntar-lhe como vai.

Idealmente, seu Signo Ascendente o ajuda a realizar as coisas que você deseja na vida, mas em alguns casos ele pode trabalhar contra você, em especial se não estiver conectado ao seu Signo Solar por elemento, modo ou Planeta Regente. É por isso que algumas pessoas dizem que se identificam mais com o Signo Ascendente que com o Signo Solar. Em um cenário assim, simplesmente não há um laço forte entre eles. E, já que o Signo Ascendente está sempre em exposição para todo mundo ver, então é ele que acaba recebendo todo o reconhecimento.

No fim, seu Ascendente descreve o modo como as pessoas o veem. É um pacote que engloba sua presença, sua linguagem corporal, suas peculiaridades e sua conduta. Quanto mais compreender seu Signo Ascendente, mais reconhecerá a relação entre ele e seu Signo Solar. Isso lhe permite ter uma ideia melhor da imagem que você transmite na vida cotidiana, além de ser uma ferramenta indispensável para descobrir por que as pessoas às vezes entendem as coisas da maneira errada. Se compreender seu Ascendente, você poderá assumir e direcionar a primeira impressão que provoca nos demais para que essa impressão atue a seu favor, em vez de simplesmente o definir.

Nas seções a seguir, abordaremos os doze Signos Ascendentes do zodíaco: como é cada um desses rostos astrológicos, como influenciam cada Signo Solar e se relacionam com eles e, por fim, como interagem com outros Signos Ascendentes à medida que todos vamos passando por este mundo. Este livro não se destina a dar-nos instrumentos para julgar a nós mesmos ou aos outros; ele é um guia para que possamos entender e decodificar o Signo Ascendente em nosso mapa astral e nos mapas dos que estão à nossa volta. É apenas por meio da percepção e da reflexão que podemos realmente entender a nós mesmos e nossas relações com os outros.

PARTE 2

Sua Personalidade Singular: Combinações de Signo Solar/Signo Ascendente

ASCENDENTE EM ÁRIES

♈

VOCÊ PRECISA SER O PRIMEIRO. É por isso que chega cedo aos compromissos, responde antes de qualquer outra pessoa e dá um passo à frente quando os demais se aproximam. Você tem que estar na frente. Movido por um senso de urgência imperioso, não vai adiar para amanhã o que pode ser feito nos próximos vinte minutos. É direto, decidido e fica visivelmente impaciente quando precisa esperar. Não gosta de ser um seguidor e, caso se veja atrás de alguém numa fila, que não está indo tão rápido quanto acha que deveria, você vai empurrar essa pessoa para agilizar as coisas.

Todo mundo sabe que é melhor sair de seu caminho, assim como sabe que é melhor parar na beira da estrada para deixar passar uma ambulância: você "chega com tudo". Quando seu Ascendente é Áries, você acha que tudo que faz é crucial. É por isso que não pensa duas vezes antes de mandar uma pessoa querida parar o que está fazendo para vir ajudá-lo. Seu raciocínio é: não vai demorar muito, o que você está fazendo é muito mais importante e, depois, ela sempre pode continuar de onde parou. O Ascendente em Áries não é conhecido exatamente por saber respeitar as prioridades alheias.

Você se magoa quando as pessoas dizem que você sempre tem que ganhar. Isso implica que é um mau perdedor e – ainda pior – que deve

Você veio ao mundo com uma missão.

jogar o jogo só para deixar alguém ganhar, para variar. Em primeiro lugar, você é um competidor honesto que não acredita em dar mole para ninguém. Isso seria trapaça. Em segundo, você não é de fazer nada pela metade, pois sempre dá o melhor de si. Áries é regido por Marte, o planeta da guerra, de modo que sua medida do que é bom equivale à última vez que aprovou alguma coisa. Você geralmente ataca tudo que faz como se sua vida dependesse disso.

Navegar pelos papéis de gênero é algo que precisa fazer constantemente, pois Marte ainda é visto como *o* planeta homem, viril. Se for um homem, espera-se que "não reclame, seja macho" quando as coisas ficam difíceis, e se for uma mulher, você é instruída a "dar uma aliviada" para não demonstrar que está com raiva nem chocar as pessoas. Felizmente, em sua opinião, perturbar as expectativas alheias não é um grande problema, mesmo assim ainda sofre com isso.

Ter Áries como Signo Ascendente significa que você veio ao mundo com uma missão. Você pode não ter a mínima ideia de qual seja, mas sabe que o tempo está se esgotando e que há vidas em jogo. Talvez esteja aqui para lutar o bom combate, defender os oprimidos ou fazer a única coisa que ninguém achava que poderia ser feita. Seja lá o que for, precisa comprometer-se com essa missão de corpo e alma porque fazer menos que isso simplesmente não o satisfará.

SOL EM ÁRIES/ASCENDENTE EM ÁRIES

As coisas importam – e muito – quando você é ariano com Ascendente em Áries. É por isso que você age por impulso e fala quando seria mais sensato calar-se. Não consegue segurar-se nem ficar em cima do muro; foi feito para defender e desafiar. Sem pensar duas vezes antes de bater cabeça com valentões, *haters* e congêneres, você é inimigo de qualquer um que tentar constranger um semelhante e não tem receio algum de se expor.

Você sabe que sua casca é grossa. Uma obra em progresso, luta constantemente para chegar a esse lugar na vida onde poderá finalmente dizer que conseguiu. Infelizmente, não consegue escapar dessa sensação de que talvez nunca chegue lá. Parece derrotismo, mas não é. A questão é que, quando se convence de que pode fazer melhor, não há como ser *o* melhor. Como poderia, se você está sempre testando limites, correndo riscos e elevando o nível?

É fácil provocar você. Seu rosto fica vermelho. E mesmo que a cor de sua pele possa disfarçar essa reação instintiva, não consegue abafar aquela reveladora sensação de ardência. Sua raiva, constrangimento ou excitação sexual ficam à mostra para quem quiser ver. Agora, isso poderia levá-lo a pegar suas coisas e bater em retirada, mas você sabe que, se fizesse isso, ainda teria que enfrentar as pessoas mais tarde, e é por isso que prefere demonstrar com orgulho o que sente, como se suas emoções fossem a letra escarlate. Um momento de humilhação muitas vezes se transforma em um triunfo quando se é ariano com Ascendente em Áries, pois não vai recuar jamais. Você nunca deve sentir vergonha de mostrar que se importa, principalmente quando isso é impossível de evitar.

Todos esperam que você seja um herói: querem que salve o dia, lute as batalhas que não querem lutar ou aceite a responsabilidade (ou a culpa) pelo que der errado, se preciso. Não caia nessa. É difícil resistir a um pedido de socorro no calor do momento, mas quando perceber que é você quem vai tomar todos os golpes pelos que ficam tomando coquetéis e torcendo a seu favor a uma distância segura, então reconhecerá a sabedoria em deixar que lutem suas próprias batalhas. E esse é o momento em que você vira o jogo contra aqueles que o estavam usando para seus próprios fins.

SOL EM TOURO/ASCENDENTE EM ÁRIES

Seu Signo Solar é Touro, o mais territorial da Astrologia. Você pode não investir contra as pessoas quando entrarem em seu campo, mas lhes dirá que fiquem longe de suas coisas ou parem de perguntar se podem dar uma mordida no que você está comendo. Você é extremamente protetor quando se trata de *suas* coisas. Se sua melhor amiga entrar em seu quarto, você é capaz até mesmo de segui-la só para impedir que ela vá a algum lugar que não deveria. Tem plena consciência do que é permitido e do que está além dos limites. E é por patrulhar suas próprias fronteiras com tamanha vigilância que as pessoas naturalmente o procuram para salvaguardar seus interesses. Elas podem dormir à noite sabendo que você está de plantão.

As regras são aplicadas, os aluguéis são cobrados e os assuntos são administrados uniformemente quando um taurino com Ascendente em Áries é o encarregado. Há uma eficiência militar em tudo que faz. Você não tem medo de ter aquelas conversas incômodas e, com sua abordagem curta e grossa, os problemas rapidamente deixam de ser problemas. Age com tanta rapidez e assertividade que mesmo os tipos mais recalcitrantes relutam em medir forças com você. Não é essa a expressão típica dos nativos de Touro. Eles geralmente são mais relaxados e descontraídos; é o Ascendente em Áries que os torna implacáveis.

Mas encurralar as pessoas num canto nunca é uma boa ideia. Em algum momento, elas vão lutar para sair desse canto. E o curioso é que isso o surpreenda sempre e até fira seus sentimentos. É por isso que é importante introduzir um pouco de reciprocidade nesse enredo. Seja para o pagamento de um empréstimo ou o cumprimento de um prazo, você precisa trabalhar *com* e não *contra* as pessoas. Você não está se entregando a maus hábitos quando avalia planos de pagamento parcelado ou alternativas. Você está, sim, criando os meios para um fim com o qual ambas as partes ficarão felizes. Introduzir um pouco daquele comportamento tranquilo de Touro em suas interações de Ascendente em Áries será bem produtivo.

Touro é um signo regido por Vênus, o que significa que você cai como um trouxa por um rostinho bonito. É uma graça vê-lo ficar todo abobalhado por causa de alguém, mas procure garantir que já sabe tudo o que precisa saber de antemão. Às vezes, os taurinos com Ascendente em Áries são incrivelmente ingênuos e acabam focando em lutar contra o dragão quando deveriam ser mais cautelosos com a donzela (ou o príncipe) em perigo.

SOL EM GÊMEOS/ASCENDENTE EM ÁRIES

É impossível ficar parado. Para você, sempre há um milhão de coisas acontecendo ao mesmo tempo. Além de sua mente ser mais rápida que a da maioria – sempre correndo à frente, interrompendo-se, mudando de assunto e depois retrocedendo até onde estava – se envolve em tantas coisas que, para começar, fica difícil lembrar quais realmente lhe diziam respeito. Você está sempre se tornando o melhor amigo de alguém que acaba de conhecer, rompendo com alguém que mal conhecia e puxando briga com quem estiver a seu lado. Cria rivais de mentira e luta boxe como um canguru. Pode dar a impressão de ser maníaco, mas quem o conhece melhor entende que essa é sua maneira de animar as coisas. Como se entedia facilmente, não consegue deixar de se comportar mal. Além disso, suas pirraças, gozações e provocações são só de brincadeira.

Infelizmente, nem sempre os outros as veem dessa forma, sobretudo as figuras de autoridade, que muitas vezes constituem o alvo de suas piadas. Talvez consiga até fazê-las rir junto com os demais no momento, mas há algo em seu Ascendente em Áries que as faz se sentir em ruínas, como se houvesse uma parte em você que realmente gostasse de mostrar-se melhor que elas e derrubá-las. Apesar de toda a bravata de Gêmeos, ainda há um Signo Ascendente regido por Marte que só joga para valer. E os que estiveram do lado errado se lembram disso. O ressentimento pode aumentar com o tempo, e é por isso que você deve verificar se está tudo bem para ter certeza de que não foi longe demais.

Os geminianos com Ascendente em Áries são ótimos compradores, vendedores e "pechinchadores". Você se orienta por resultados e se destaca em ambientes de muita pressão e mudanças rápidas. Os geminianos têm raciocínio rápido porque seu Planeta Regente é Mercúrio, porém seu Ascendente em Áries funciona como um acelerador. Você pode dimensionar as situações com a velocidade de um participante de programa televisivo de competição na rodada-relâmpago. E quem leva o prêmio é você.

Porém, viver a vida em ritmo acelerado significa que você naturalmente quer pular etapas. Isso pode levá-lo a julgar mal as situações ou, pior, nunca lhes dar a chance de desenvolver-se. Você nunca vai desacelerar, mas pode incluir um pouco mais de curiosidade à sua vida, mudando de pontos de exclamação para pontos de interrogação. Aprenda a deixar as coisas irem se revelando por conta própria e talvez descubra o quanto as pessoas – e a vida – podem surpreendê-lo.

SOL EM CÂNCER/ASCENDENTE EM ÁRIES

As pessoas acham que você é muito mais durão do que é. Tem um jeito brusco, uma atitude de desinteresse e automaticamente dá de ombros para qualquer comentário que tenha a intenção de irritar, provocar ou desafiar. Sua reação a pessoas que saem em busca de problemas é perguntar: "Diga, por que faria uma coisa dessas?". Você tem um talento natural para desarmar situações. Sua capacidade de combinar simpatia e humor faz as pessoas reconhecerem de imediato um plano maluco ou irrealista – e isso sem jamais fazê-las se sentir tolas. Por ser uma pessoa de poucas palavras, os outros a veem como forte e confiante sem nada a provar. É a camuflagem perfeita para alguém nascido sob o supersensível signo de Câncer. Em vez de expor suas emoções para que todos as vejam, você as guarda em uma gaveta bem no fundo de si, onde sabe que estarão seguras e protegidas.

Você nasceu com impulsos conflitantes: o Ascendente em Áries quer levantar-se e lutar, enquanto o Sol canceriano faz de tudo para evitar confrontos. E o Sol em Câncer muitas vezes prevalece porque, nesse caso, o seu Signo Solar é quem você de fato é. É preciso um ato supremo de autocontrole para não devolver o fogo, e é por isso que você recua quando as coisas esquentam. As pessoas muitas vezes interpretam mal essa reação como uma fuga, mas você precisa de algum tempo longe para se recompor. A raiva não é algo que você pode simplesmente deixar que saia à noite, como um cachorro que necessita fazer suas necessidades. Você precisa elaborar a mágoa e o sofrimento a sós para, quando ressurgir, poder falar sobre as coisas de maneira sensata e construtiva.

As pessoas o consideram alguém que pode fazer a diferença. É por isso que elas vêm até você com todas as suas dificuldades desesperadoras. Talvez se pergunte de onde elas tiraram a ideia de que você se importaria, mas isso transparece em seu rosto astrológico. E é aqui que o Signo Ascendente exerce seu próprio apelo especial, mesmo que esse apelo contrarie o instinto de autopreservação de seu Signo Solar. Um Ascendente em Áries sempre acaba por revelar-se, por mais que você o conteste, o recuse ou relute. Sua conduta é a de um herói – e até os heróis mais relutantes aparecem no fim.

SOL EM LEÃO/ASCENDENTE EM ÁRIES

Você sempre consegue o que quer. Não importa se a agência de contratação lhe disser que não se qualifica ou o rejeitar imediatamente, você não vai desistir: concentrará suas energias, melhorará seu desempenho e redobrará seus esforços até conseguir. Sua paixão e impassível sinceridade conquistam corações fechados, de modo que mesmo os tipos mais impossíveis de agradar abrem uma exceção e lhe dão uma chance. Você tem essa capacidade de fazer com que as pessoas se convençam de que escolher você é a melhor decisão que poderiam tomar.

Você nunca decepciona. Seu Ascendente em Áries cumpre todas as promessas e seu Sol em Leão não faz nenhuma promessa que não possa cumprir. Mas só porque você não decepciona não significa que esteja imune a desilusões amorosas nem a obstáculos, pois já teve muitas decepções. Tantas que é difícil saber quantas. E pode ser parcialmente culpado por elas. Você sempre teve ideias românticas, expectativas exageradas e uma convicção ingênua de que, se consegue colocar-se à altura da ocasião, os outros com certeza também o farão. Entretanto, apesar de seus esforços para ver o melhor nas pessoas, sua vida é cheia de afetos mal colocados, superiores invejosos e subalternos menos brilhantes que trabalham para derrubá-lo.

Quando se é leonino com ascendente em Áries, ninguém consegue ser tão bom quanto você. Você é único. E isso é ótimo quando você é o atleta que quebra recordes ou o cantor que lota estádios porque tudo depende de você, mas, se for o treinador, o diretor ou o agente que aposta no talento do filho, cabe a outra pessoa performar – e é aí que as coisas podem ficar imprevisíveis e complicadas. Nem sempre está convencido de que aqueles que você treina, dirige ou agencia têm o que é preciso. Você vai pressioná-los a esforçar-se, levá-los a todas as aulas e apresentá-los às pessoas que realmente podem alavancar suas carreiras, mas há uma parte em você que se pergunta se na verdade eles querem isso. Eles têm confiança? Têm a energia, o estilo, o *glamour*? Eles têm vontade suficiente?

E é aqui que você pode beneficiar-se de um pouco de autorreflexão. Ninguém jamais fará as coisas do jeito que você faz. Isso diz respeito a você, o que significa que o que fazem – junto com todas as suas boas e más escolhas – diz respeito a eles. Apoiando o emocional, direcionando o talento e protegendo a individualidade deles, você lhes dará o maior de todos os presentes: o sucesso por mérito próprio.

SOL EM VIRGEM/ASCENDENTE EM ÁRIES

A decepção transparece em seu rosto. Seja uma expressão de sofrimento ou um suspiro exasperado, você não consegue esconder o sentimento de frustração quando as coisas não saem de acordo com o esperado. É por isso que ninguém quer ser seu parceiro quando alguém sugere brincar de mímica. Fica tão irritado quando o outro não consegue entender a maneira engenhosa como você está representando por meio da mímica a palavra "anticonstitucionalissimamente" que todos na sala conseguem captar a amargura em sua pantomima. E essa é a dificuldade de quem tem o Sol em Virgem e o Ascendente em Áries: em outras palavras, estar sempre cercado de pessoas que não levam tudo tão a sério quanto você e logo se prontificam a desistir quando as coisas dão errado.

Mas o fato de você não se dar bem com os outros não os impede de procurar sua ajuda. Todo mundo sabe que você é a pessoa certa quando se trata de resolver um problema impossível ou executar uma tarefa complicada. Além de ser proficiente, faz tudo parecer fácil. Se não fosse por seu amor ao ensino, você seria intimidante. No trabalho, não mede esforços para mostrar a um sócio ou membro da equipe como fazer o que você faz. Você vive para aquele momento "eureca!" em que a lâmpada se apaga e a testa franzida dá lugar à excitação da descoberta. Treinar as pessoas para pensar por si mesmas as transforma em colegas, não dependentes, e até as prepara para tornar-se colaboradoras criativas um dia.

Os que nascem com a combinação Sol em Virgem e Ascendente em Áries são notoriamente solteiros. E isso não decorre de não ter encontrado a pessoa certa, mas sim de sua insistente autossuficiência. Agora, você dirá que é porque ninguém pode fazer as coisas tão bem quanto você, mas o que realmente está acontecendo é uma recusa em confiar em qualquer pessoa além de si mesmo. Você não quer se decepcionar, o que faz sentido; mas com as decepções é que as pessoas se aproximam. Como perdoar se você está sempre certo? Como ser compreensivo, se tiver todas as respostas, ou solidário, se não souber o que é tropeçar? Ver as falhas e fraquezas dos outros não deve provocar uma rápida marcação na coluna de menos, mas sim fazer com que você se abra e fale sobre as suas. Admita com franqueza quem você é por trás dessa fachada tensa e estressada para conseguir respirar novamente. É nisso que consiste a verdadeira intimidade.

SOL EM LIBRA/ASCENDENTE EM ÁRIES

As pessoas acham que você é de Marte, mas na verdade você é de Vênus, o que explica por que elas sempre ficam surpresas quando descobrem como você é legal quando o conhecem melhor. E, verdade seja dita, você também se surpreende porque nunca pensou em si mesmo de outra maneira. Você é libriano. É justo, equilibrado e se dá bem com todo mundo, então por que os outros têm tanta dificuldade em acreditar nisso?

Quando se nasce ao pôr do sol, como em seu caso, então o Signo Ascendente se torna o único rosto que as pessoas veem, pois a luz do Sol está desaparecendo à medida que ele se esconde abaixo do horizonte. Seu Signo Solar está o mais longe possível do Ascendente, o que implica que, a princípio, você simplesmente não registra o *real*.

O que as pessoas veem é alguém direto, claro e monossilábico. Famoso por manter a calma sob pressão, muitas vezes você é chamado para resolver situações conturbadas. É você quem restabelece a ordem, explica a necessidade de uma regra impopular ou acompanha o funcionário recém-demitido até a porta. É sempre educado e profissional, impassível e inabalável. Agora, talvez se veja como o oposto disso, como um feixe de nervos que se preocupa com cada decisão e está sempre à beira de ceder, embora ninguém mais veja isso. Seu Ascendente em Áries não deixa que isso aconteça, pois é assim que funcionam os Signos Ascendentes: eles lhe dão cobertura nos momentos em que você não está em sua melhor forma.

No entanto, quando era mais jovem, você provavelmente tinha um lado rebelde e batia de frente com quem ocupasse cargos de autoridade. Porém, com o tempo, aprendeu que ficar com raiva o prejudica mais que aos outros e, por isso, buscou uma válvula de escape saudável para sua agressividade – no esporte ou nas artes, talvez – e dominou a força das palavras, transformando a raiva cega em debate equilibrado. Libra é um signo civilizador que se orgulha do refinamento. Sua raiva ainda é facilmente instigada porque, afinal, seu Ascendente é regido por Marte, mas você o mantém sob controle.

Quando se tem o Sol em Libra e o Ascendente em Áries, às vezes o amor e a paixão levam a melhor. Resgatar um namorado, um *affair*, de uma união sem amor é romântico, mas basta fazer isso mais que duas vezes para começar a ficar malvisto. Você não vai querer ter fama de ser um destruidor de lares.

SOL EM ESCORPIÃO/ASCENDENTE EM ÁRIES

Você é como o fora da lei de um faroeste hollywoodiano que abre as portas vaivém sem aviso prévio. De repente, o salão movimentado fica em silêncio enquanto todos o observam caminhar até o bar. Nervoso, o *barman* derrama uma bebida e sussurra o mais baixo que pode: "Não queremos problemas". Você pode permitir que um sorrisinho lhe aflore aos lábios enquanto sorve um longo gole. Pretende cuidar da própria vida e dá as costas para o salão no intuito de dar aos outros um recado: seria uma boa ideia para todos que cuidassem da vida deles.

Você não é hostil, mas também não tem nenhuma pressa em deixar as pessoas à vontade. Quem é escorpiano com Ascendente em Áries traz dentro de si um ressentimento muito grande desde a infância, quando o faziam sentir-se indesejado, ridículo ou bom o bastante. Joelhos ralados e egos machucados fazem parte da vida, mas você nunca os superou. Em vez disso, magoou-se profundamente e sente raiva por causa disso desde então. Tendo em vista que Marte, batizado em homenagem ao deus romano da guerra, rege tanto Escorpião quanto

Áries, você não se sente incomodado por essa raiva. Na verdade, gosta do modo que ela o faz se sentir: maior que seus medos, mais duro na queda que a concorrência, uma força indômita nos negócios.

Os escorpianos com Ascendente em Áries esbanjam *sex appeal*; não tem como evitar. É por isso que todo mundo quer dormir com você, mas também é preciso ser responsável. Como a paixão vem com tudo e desregula suas emoções, é fácil que o sexo passe a ser motivado por vingança. Não de uma maneira fisicamente abusiva, mas do tipo "vocês vão ver". Seu alvo pode recair nas pessoas que acha que o olham com ar de superioridade, com o objetivo de tomar a dianteira e partir o coração delas antes que partam o seu. Isso pode prendê-lo em um círculo vicioso se você não tomar cuidado.

Procure suavizar sua abordagem. Não cabe aos outros derrubar seus muros porque você é como uma fortaleza impenetrável. Você vai esgotá-los muito antes que o esgotem, e é por isso que precisa mostrar sua bravura e demonstrar alguma ternura. Isso vai contra tudo aquilo que consta no livro de regras de Marte, mas assim são as coisas. É irônico, para alguém que foi profundamente magoado, que caiba a você dizer que não quer fazer nenhum mal para poder conviver bem.

SOL EM SAGITÁRIO/ASCENDENTE EM ÁRIES

Ninguém diz o que você pode e o que não pode fazer. É você quem manda em sua vida e pode ir e vir como quiser. A liberdade representa tudo para você. É por isso que é rápido em se afirmar, não pensa duas vezes antes de ridicularizar a autoridade e está decidido a forçar limites. Uma personalidade marcante que entra sem bater, você não vê problema em pegar o *status quo* pelo colarinho e dar-lhe uma boa sacudida.

As pessoas o consideram uma força que não pode ser ignorada. Seu Ascendente em Áries o faz parecer irrefreável e dominador. Felizmente seu Sol em Sagitário compensa essa combatividade de Marte. Sagitário é um signo de Júpiter, o que significa que seu espírito é bom, benevolente e generoso. E como Marte foi da infantaria de Júpiter, rei dos deuses na mitologia romana, é seu Sol em Sagitário que sabe quando dizer ao seu Ascendente em Áries que já pode relaxar. Se anos de respostas acaloradas e ataques retaliatórios ensinam alguma coisa, é que perder o autocontrole custa e, na maioria das vezes, bem caro.

Envelhecer com sabedoria é algo que está incutido em sua combinação de Signo Solar/Signo Ascendente, assim como seu destemor e espírito pioneiro. Você sempre estará à frente da matilha. E isso é uma coisa boa, pois quem é sagitariano com Ascendente em Áries precisa de muito espaço aberto para perambular. Você tem atração por desertos, sertões e qualquer outro lugar que tenha mais que uma ligeira semelhança com um território desconhecido. Entretanto, seu pioneirismo não faz de você necessariamente um líder. Gosta de ser o primeiro a fazer algo que ninguém nunca fez antes, mas, assim que se torna corriqueiro, você rapidamente perde o interesse. Agora, isso pode inspirá-lo a se tornar ainda mais inovador, ou você pode simplesmente optar por seguir em frente. Você não tem interesse em ver o que antes era selvagem e indômito transformar-se em algo suburbano e trivial.

Você evita qualquer coisa que cheire a confinamento, como um relacionamento tradicional ou um trabalho corporativo. Por isso, gostará mais de trabalhar em *startups*, projetos sem vínculo empregatício e lojas temporárias (lojas *pop-up*) porque poderá fazer seu próprio horário e criar seu próprio estilo de vida. Poucas combinações de Signo Solar/Signo Ascendente têm tantas aspirações quanto esta. Você pode não ter a mínima ideia do que está buscando na vida, mas sempre defenderá seu direito de tentar encontrá-lo.

SOL EM CAPRICÓRNIO/ASCENDENTE EM ÁRIES

Você sempre se sai bem. É incrível, considerando que passou a primeira parte de sua vida no fundo do poço olhando para cima. As circunstâncias iniciais eram adversas e as perspectivas tão limitadas que as pessoas que o conheceram na época têm dificuldade em associá-lo a quem você é agora, mas a verdade é que sempre soube que o único lugar para ir é o topo. Você também entende que nenhuma conquista tem sentido a menos que a obtenha por conta própria.

Quando se tem o Sol em Capricórnio e o Ascendente em Áries, tudo tem que ser feito da maneira mais difícil. Você tem uma habilidade incrível para escolher o percurso mais complicado, a luta mais longa e a subida mais íngreme. Além disso, recusa qualquer ajuda. E não importa que um amigo de um amigo possa abrir-lhe portas, nem que especialistas treinados possam mostrar-lhe um meio mais eficaz, pois você se obriga obstinadamente a fazer as coisas por conta própria do início ao fim. É como você descobre e depois se familiariza com as matérias-primas que, em última análise, vão propiciar seu sucesso; um sucesso que funcionará para você e *exclusivamente* para você. De você se pode dizer que, verdadeiramente, se fez sozinho.

O conflito com a autoridade está no DNA de sua combinação de Signo Solar/Signo Ascendente. Você está sempre lutando para impressionar alguém que se recusa a deixar-se impressionar ou se sentindo culpado por superar alguém que significa tudo para você. Ambos os impulsos estão ligados a seu pai e podem revelar-se desastrosos se não forem supervisionados: o primeiro o incita a elevar demais as expectativas, o que gera esgotamento e ressentimento, ao passo que o segundo o faz baixá-las demais, limitando assim seu desempenho. O importante para qualquer capricorniano que tenha Ascendente em Áries é aprender a ser seu próprio pai, dar a si mesmo aprovação, reconhecimento e aquela repreensão dura, porém amorosa, quando precisar. Isso vale tanto para os homens quanto para as mulheres.

Você não espera que as pessoas mais queridas sejam tão bem-sucedidas quanto você porque, na verdade, se vê como um provedor para que elas não precisem sê-lo. Mas espera que elas deem à vida o melhor de si. E isso transparece em sua reação quando lhes pergunta o que fizeram hoje: quem tiver uma longa lista de realizações ganha um sorriso aprovador de incentivo; quem reclamar de tédio ou desorientação ganha uma balançada de cabeça em reprovação.

SOL EM AQUÁRIO/ASCENDENTE EM ÁRIES

Você sempre esteve à frente de seu tempo, e não é por ser especialmente vanguardista nem ligado em inovação. Só que consegue ver mais à frente que a maioria e fica impaciente com a maneira como as pessoas se seguram, preocupadas em evitar quebrar regras ou questionar ordens. Lúcido e desprovido de sentimentalismos, você pouco se importa com tudo que se baseie em fórmulas porque foi feito para virar as coisas de ponta-cabeça, soltá-las e reimaginá-las.

Só que nem sempre foi tão radical. Quando criança, você foi um bom soldadinho. Seu Ascendente em Áries garantiu que fizesse o que lhe mandavam e nunca saísse da linha. Isso conquistou o respeito e a confiança das pessoas (e ainda conquista). No entanto, os aquarianos nasceram com mentes inventivas, o que significa que seguir passos inevitavelmente o leva a dominá-los. Chega um momento em que você vê além da repetição e começa a procurar maneiras de melhorá-la. E à medida que sua confiança cresce, aumenta também sua vontade de marchar em outro ritmo. Não há nada de irreverente em sua iconoclastia aquariana; ela decorre de um desejo de tirar os antolhos e ver as coisas como são.

Você é um contador de verdades – e, como a verdade, sua maneira de transmiti-la nem sempre é tranquilizadora. Os aquarianos não são muito bons em dar más notícias: simplesmente as apresentam sem demonstrar nenhuma emoção e, em seguida, sem hesitar, empurram para a sua frente a caixa de lenços de papel. Felizmente, seu Ascendente em Áries sabe como falar com as pessoas quando estão se sentindo por baixo porque, na Astrologia, Áries é o signo do Pai Treinador. Sim, as pessoas precisam de um minuto para chafurdar na lama, mas esse é o tempo que você lhes permite. O importante é colocá-las de pé novamente. Você começará lamentando o infortúnio, depois fará um *brainstorming* sobre as maneiras de melhorar as coisas e, por fim, montará um plano para que as pessoas retomem o controle da situação. Ninguém sabe mais que um aquariano com Ascendente em Áries como estimular e empoderar.

Você pode liderar, mas nem todos o seguirão. Suas ideias podem parecer improváveis demais; seus objetivos, demasiado arrojados, ou sua visão criativa, demasiado à frente de seu tempo, o que lhe confere uma espécie de solidão. No entanto, sua convicção é tanta que você sabe que as pessoas vão acabar entendendo e, quando o fizerem, reconhecerão que você estava certo desde o início.

SOL EM PEIXES/ASCENDENTE EM ÁRIES

Você tenta mostrar-se corajoso. Seu lábio superior é tão rígido e seu olhar tão duro que ninguém jamais imaginaria a profundidade de seus sentimentos. E essa é a questão. Seu Ascendente em Áries sabe que existem dois tipos de peixes – tubarão e peixinho – e que, se não projetar uma atitude de "não mexa comigo", haverá muitos olhares famintos avaliando sua cauda. É por isso que você nunca baixa a guarda.

O sofrimento está incutido em seu Signo Solar. Alguns dizem que é porque você é sensível e empático, mas não há como escapar do fato de que Peixes é o signo zodiacal da tristeza. Talvez tenha vivido uma perda terrível quando criança, lutado contra uma doença na infância ou sido abandonado por aqueles que deveriam cuidar de você. Seria de esperar que superasse seus infortúnios heroicamente, mas isso nunca é tão simples assim. É mais provável que tenha experimentado tropeços e quedas, espirais descendentes e atos autodestrutivos. É possível até que tenha causado sofrimento aos outros. Você entende a dor e o trauma que a vida muitas vezes nos destina.

Nada fere tanto quanto ser chamado de "mártir". É por isso que você nunca diz que as coisas estão difíceis quando estão e nem chama a atenção para os sacrifícios que faz. Em seu caso, colocar as necessidades alheias à frente das suas é natural e você não quer que o obriguem a ter vergonha disso. Agora, é verdade que há gente que transforma o sofrimento do mundo em seu próprio sofrimento, mas você não é assim. Você é conhecido por tirar a camisa que está usando para dá-la a quem precisa e talvez até por surripiar algumas camisas extras dos mais próximos também.

Infelizmente, esse Ascendente em Áries viril não lhe faz nenhum favor quando menospreza suas tribulações ou muda de assunto quando a conversa se aprofunda demais. Isso pode criar muito distanciamento, sobretudo em relação a pessoas queridas, pois dá a impressão de que há coisas que você quer dizer, mas não diz. No começo, elas vão pressioná-lo porque acham que você quer conversar, mas depois de algum tempo vão parar de fazer isso, o que o deixará se sentindo ainda mais solitário que antes. Em algum momento, você precisará abrir-se – tanto para seu próprio bem quanto para o delas.

ASCENDENTE EM TOURO

♉

> **Você está à vontade em sua própria pele.**

Você está à vontade em sua própria pele. É bem objetivo em relação a quem é e não finge ser nenhuma outra coisa. No caso de quem tem Ascendente em Touro, há uma abertura quanto à premissa de que "o que você vê é o que você obtém" que imediatamente deixa todo mundo à vontade.

Seus superiores acham que não precisam preocupar-se com você, e seus colegas acreditam que você sabe o que está fazendo. Mesmo que comece a trabalhar em um cargo de nível básico, não permanecerá nele por muito tempo. Sua confiabilidade, coerência e calma sob pressão pressagiam-lhe que logo assumirá grandes responsabilidades e tomará decisões importantes. Você é aquele tipo de pessoa que todo mundo se pergunta como conseguiu viver sem até aqui.

Seus modos são gentis e delicados, algo inesperado em alguém que faz o tipo de trabalho pesado que você regularmente faz. Seja aceitando trabalhar até mais tarde ou fazendo o trabalho duro, repetitivo e desprestigiado, os que têm Ascendente em Touro são tão fortes quanto um... touro. Você continua trabalhando muito tempo depois que todo mundo já desistiu. Mesmo que não tenha a mínima chance de ganhar, persevera até o fim. Isso faz sentido no caso dos nascidos com este

Ascendente, que geralmente têm compleição física robusta e musculosa; no entanto, pode fazer as pessoas balançarem a cabeça em descrença quando aparece algum de compleição frágil e franzina. Elas não conseguem acreditar no quanto de força física você tem.

Você se arruma bem. E a transformação pode ser tão notável que às vezes as pessoas nem o reconhecem. Sua preferência é por roupas confortáveis – agasalhos e calças de moletom com que você pode ficar na cama ou sair dela –, mas também pode brilhar se for preciso, e o efeito é espetacular. O que mais se esperaria de um Signo Ascendente regido por Vênus, deusa do amor e da beleza?

O engraçado de ter Touro como Ascendente é que você pode ser *sexy* e *não* saber disso. Os outros supõem que seja falsa modéstia ou que esteja brincando, mas não: é verdade. Você realmente não tem a mínima ideia disso. Pode ter certa barriga e ainda parecer deslumbrante ou usar apenas um toque de maquiagem e tirar o fôlego das pessoas. Pode-se até argumentar que sua naturalidade inata só aumenta seu charme.

E, por fim, a voz. É por causa dela que você nunca precisa se esforçar muito para atrair o interesse da pessoa mais importante da sala. Pode ser rouca ou melódica, sedutora ou acolhedora. Seja qual for o seu timbre, ele aproxima as pessoas como um vinho encorpado. Você poderia estar lendo em voz alta a versão mais recente do código tributário que as pessoas ainda lhe pediriam que não parasse. Elas nunca se cansam de ouvi-lo.

SOL EM TOURO/ASCENDENTE EM TOURO

As pessoas começam a ganhar mais dinheiro quando você está por perto. E não porque você seja um amuleto da sorte nem tenha o toque de Midas. Você só tem um dom natural para fazer as coisas crescerem. Os astrólogos descrevem os nativos de Touro como realistas e pragmáticos – roendo números como se estivessem mastigando o bolo alimentar regurgitado –, porém há mais que isso em seu signo do zodíaco. O gado era um sinal de riqueza no mundo antigo, muito antes das ações e dos títulos. De fato, *cattle* (gado, em inglês) e *chattel* (bens móveis, em inglês) derivam da palavra latina medieval *capitale*, que é de onde vem a palavra *capitalismo*. A raiz *caput* significa "cabeça" – e, como sabe todo pecuarista, cabeça é a palavra que se usa para contar o número de animais que se tem. O termo *Bullish* (taurino, em inglês) descreve um momento de ascensão no mercado financeiro, quando os investidores estão otimistas, e *Cash Cow* (vaca-leiteira, no sentido figurativo de empresa muito lucrativa) é como chamamos qualquer empreendimento que sempre dá lucro e que produza regularmente e com pouco investimento, como a ordenha de uma vaca leiteira todas as manhãs. Portanto, o Touro é um símbolo de riqueza há mais tempo que o próprio dinheiro.

Então isso quer dizer que você deve guardar seu violão para estudar contabilidade? Ao contrário da opinião popular, dedicar-se à arte e administrar uma empresa não se excluem mutuamente porque essas atividades não ocupam hemisférios mentais distintos. Na verdade, você pode se dedicar a ambas. Vênus, o planeta do amor e do dinheiro, rege Touro, o que significa que é possível ganhar a vida fazendo algo de que você goste, o que é extremamente recomendável.

Taurinos com Ascendente em Touro costumam aparecer na indústria musical porque Vênus rege a música e a dança. Você poderia ser um ótimo cantor de clássicos do *jazz* ou dançarino profissional. Porém, enquanto outras combinações de mesmo Signo Solar e Signo Ascendente podem concentrar-se apenas em seu próprio desempenho, você sabe que pode usar sua marca para cultivar talentos e produzir artistas que farão sucesso. Presume-se erroneamente que os nascidos sob o signo de Touro se contentam em ser burros de carga. Você aprendeu há muito tempo que é melhor comprar do que alugar. Em outras palavras, se investir no estúdio e no equipamento de som que os outros precisam para produzir suas músicas, você acabará ganhando mais do que ganharia sozinho. Vênus tem tudo a ver com parcerias, pois você recebe o dobro pela metade do esforço. Elabore o plano certo e logo desfrutará de renda passiva por muito tempo.

SOL EM GÊMEOS/ASCENDENTE EM TOURO

Você não gosta de pesquisas, não se importa com *feedbacks* e nada o irrita mais do que conselhos não solicitados. No que lhe diz respeito, em time que está ganhando não se deve mexer. Abomina mudar só por mudar, mas não há como negar que assim é o mundo em que vivemos. É por isso que você se senta lá, sorrindo e assentindo com a cabeça em todos os momentos certos, enquanto os supervisores falam das próprias sugestões, análises e ideias sobre como melhorar as coisas. Sabe que demonstrar resistência só serviria para levantar sobre você uma bandeira vermelha que o marcaria para "conversas" posteriores ainda mais monótonas, ao passo que demonstrar concordância, por meio de sua linguagem corporal, sinaliza que você está a favor do programado. Depois, quando as pessoas perderem o interesse em suas causas de estimação, você sempre pode mudar as coisas para o que eram antes. Quando se nasce geminiano com Ascendente em Touro, misturar-se com o resto do rebanho é a melhor maneira de chegar aonde se pretende.

Você sabe jogar o jogo muito bem. Nisso, os geminianos se destacam. Saber que é mais fácil pegar mais moscas com mel do que com vinagre o torna um especialista em bajulação. Você nunca discute e nunca é brusco. As pessoas são seu meio de atingir um fim, e é por isso que dedica muito tempo e esforço para cultivar relacionamentos. Você é como o dono de uma mercearia: está sempre verificando os produtos para certificar-se de que estão frescos. Você se lembra do nome de todo mundo, responde imediatamente quando recebe uma mensagem e está sempre pronto com alguma notícia ou fato curioso para quebrar o gelo. É de admirar que seja você o enviado preferencial para entrevistar um possível contratado ou acalmar um cliente chateado? Suas habilidades pessoais são incomparáveis.

Por ironia, o ambiente perfeito para você precisa ter muita agitação. Ninguém afirmaria isso só por ver como se veste: seu guarda-roupa é tão uniforme que se poderia jurar que seus armários estão cheios de roupas idênticas. Na verdade, são variações sutis sobre um tema, mas você não dirá de jeito nenhum qual é. Entretanto, é essa mesma estabilidade que você aporta em situações prestes a sair do controle que o torna inestimável. O que também é extraordinário é o seu ouvido para a música: você é capaz de dizer quando o tom ou uma nota estão errados. É provável que tenha aprendido a tocar um instrumento, talento que lhe permite afinar-se com quem estiver falando.

SOL EM CÂNCER/ASCENDENTE EM TOURO

Com você, as pequenas coisas estão em segurança: seja um bebê agitado, uma semente brotando ou os mínimos traços de uma ideia, você irá nutri-los, embalá-los e protegê-los. Você entende que a vida é diferente em seus estágios iniciais e tem que ser tratada com delicadeza. Isso requer toda sua atenção e não pode ser feito às pressas. Muita gente quer uma garantia antes de assinar qualquer tipo de compromisso para não perder tempo nem dinheiro. Mas não é assim que a vida funciona. Você tem uma compreensão inata de que não pode pedir o resultado sem investir no trabalho. E por isso se entrega tão completamente, sabendo que as coisas podem tomar um rumo decepcionante sem aviso prévio. Apesar disso, você tem que ser corajoso o suficiente para tentar e paciente o suficiente para preocupar-se com o modo como tudo vai acontecer.

Você nasceu durante a hora do dia em que ainda é noite lá fora, de modo que a Lua, seu Planeta Regente, está poderosa, e isso o torna mais instintivo do que intelectual. Mesmo que trabalhe como bioquímico, você está sempre consultando seus instintos para saber qual deve ser o próximo passo. O ligeiro aumento de energia lunar também lhe confere uma capacidade inata de não se perder no escuro. Nunca rápido nem intempestivo, você aborda as coisas lenta e deliberadamente, confiando em um processo sobre o qual você não tem tanta certeza. Isso pode ser enlouquecedor para os que querem que você faça as coisas do jeito deles; mas é recompensador para os que têm sabedoria suficiente para deixá-lo fazer aquela coisa que você faz. Você sabe que desenterrar uma semente a cada dois dias para ver até onde ela germinou não é a maneira de cultivar uma flor. É preciso deixar a natureza seguir seu curso.

Os nativos de Câncer com Ascendente em Touro são extremamente táteis: tato, paladar e olfato são seus sentidos mais aguçados. É por isso que está sempre pegando coisas para cheirar, apertar ou provar. É um traço muito característico dessa combinação e, com efeito, muitos dos maiores *chefs*, *gourmets* e *sommeliers* são cancerianos com Ascendente em Touro. Mas isso pode descambar para o exagero se você começar a abrir pacotes para saber se gosta do que está dentro e depois os colocar de volta na gôndola se não lhe agradar. É você quem apresenta a lata vazia do refrigerante ou o invólucro da guloseima ao caixa, pois não consegue esperar. Com você, não existe gratificação atrasada.

SOL EM LEÃO/ASCENDENTE EM TOURO

As pessoas quase sempre fazem o que você diz. E não porque fale alto ou seja mandão, pois você é o oposto disso: cordial e discreto. Porém, você tem esse modo de transmitir seu ponto de vista que não chega a ser dito em palavras, mas é implicitamente compreendido, como se tivesse sussurrado algo no ouvido da pessoa. O resultado é um rápido assentimento com a cabeça e uma porta aberta onde antes havia uma porta fechada.

Você costuma agir em qualquer lugar como se fosse seu proprietário, não importa que seja o único que está ali para uma entrevista. E pode ver-se diante de um painel de juízes com cara fechada porque, em poucos minutos, eles lhe perguntarão se você está confortável ou se deseja água ou café. Quando você é leonino e seu Ascendente é Touro, você não entra em uma sala procurando emprego; entra em uma sala mostrando a todos como se faz o trabalho. Isso é mais do que simples gabolice ou exibição, pois mostra que você é experiente e sabe o que está fazendo.

O Sol, seu Planeta Regente, está no ponto mais baixo do seu mapa quando seu Ascendente é Touro. Isso significa que você trabalhou duro por tudo aquilo que tem. Não houve golpes de sorte, reviravoltas da fortuna nem faxineiros que lhe ensinassem a jogar xadrez no porão da escola. Você se fez sozinho da cabeça aos pés porque tudo que construiu veio do zero. Você não deixa nada entregue ao acaso nem à imaginação. Descobriu sua fórmula da Coca-Cola logo no início e nunca sai do roteiro. Pode não ter grande alcance e provavelmente não tem muita variação, mas o que você tem de sobra é consistência. O sucesso não é tão impressionante entre os leoninos nascidos a essa hora do dia, mas as pessoas perceberiam imediatamente que algo estava errado se você não estivesse presente.

Como qualquer artista experiente, você conhece seu público. É por isso que só escolhe as situações em que as pessoas precisam de você mais do que você precisa delas. Apesar de essa ser sua maneira de estar no comando, tome cuidado para que isso não se torne um tanto unilateral. É importante que procure cultivar relacionamentos fora do seu convívio particular. Touro e Leão são dois signos que podem fixar-se em seus hábitos e rotinas, então pense em inscrever-se num curso, fazer trabalho voluntário ou qualquer outra coisa que o leve a conviver com pessoas que não conheceria de outra maneira. Isso abrirá seu mundo e reabastecerá sua alma.

SOL EM VIRGEM/ASCENDENTE EM TOURO

Você não tem medo de falar sobre dinheiro, sabe muito bem o valor que tem e quanto deve receber por ele. Não há negociação, proposta de comissão nem redução do preço. Como Cachinhos Dourados, que testa os colchões para encontrar um que não seja nem tão macio nem duro demais, você pode intuir a quantia certa a pedir. E vai consegui-la. E se isso não acontecer? Você simplesmente confirmará que trabalhar com ou para essa pessoa seria uma completa perda de tempo. Sua regra número um é nunca forçar a barra porque sabe, por experiência própria, que isso não dá certo. E essa regra vale para todas as suas relações, tanto as profissionais quanto pessoais.

Você se beneficia enormemente por ter seu Ascendente em Touro. Como virginiano, não consegue deixar de fazer o que lhe foi pedido "para ontem" porque nasceu sob o signo zodiacal do trabalho e do serviço. Só que seu Ascendente em Touro não se presta a atender à pressa de ninguém: além de lento e metódico, ele se recusa a ceder enquanto não for pago. Embora tenha dificuldade em obedecer a esse impulso, você já viu que, quando o faz, seu salário aumenta ou o acordo fica mais atraente. Seu Ascendente taurino não tem medo de recusar o que for colocado na mesa se não estiver certo. Ao contrário de seu Signo Solar, ele nem vai tentar fazer a situação funcionar.

A razão pela qual você se esforça para encontrar um ajuste certo com o patrão ou um cliente é o fato de saber que seu trabalho é excepcional. Seja perito contábil, soprador de vidro ou consultor de alto nível, você entrega resultados de primeira linha. Você vai se trancar em seu escritório, arregaçar as mangas e nem trocar de roupa a semana toda, se isso for necessário para fazer o trabalho. Seu trabalho é sempre conciso e minucioso, e sua atenção aos detalhes é tão completa que você fica ansioso para fazer modificações ínfimas no produto muito depois de ele ter sido entregue.

Você não é parcimonioso. É por isso que as pessoas têm dificuldade em acreditar que seja realmente virginiano. É bastante liberal com a comida e o vinho, especialmente se estiver comemorando seu sucesso. No entanto, não há como confundir seu Ascendente em Touro quando começa a gabar-se do preço da refeição e depois passa a conta para que todos vejam.

SOL EM LIBRA/ASCENDENTE EM TOURO

As pessoas não têm ideia do que lhe custou chegar aonde está hoje. Os anos de dedicação a melhorar suas circunstâncias, refinar seu gosto e polir seu visual. Dizer que você começou como um diamante bruto seria um exagero. Acostumado a ser negligenciado desde o início da vida, você arcou com as responsabilidades e fez o que lhe mandaram. Não pensou duas vezes antes de dar um passo atrás para ceder lugar à busca de oportunidades que eram consideradas destinadas a personalidades mais privilegiadas, como um irmão ou um primo mimado. Você pode até ter ajudado a financiá-las.

De repente, veio a descoberta casual: a fada madrinha amiga que viu em você algo que ninguém mais viu. Talvez tenha sido um professor, mentor ou colega extrovertido que decidiu assumi-lo como um projeto pessoal dele. Essa fada madrinha o persuadiu a elevar o nível de seu jogo de preparação e estilo. Isso pode dar a impressão de mudanças estéticas, mas mudanças estéticas têm o poder de uma conversão religiosa quando Vênus rege tanto seu Signo Solar quanto seu Signo Ascendente. Elas lhe mostram uma imagem do que você poderia ser e aí cabe a você tornar essa imagem uma realidade. Depois que se dedica a isso, tudo em sua vida muda e você deixa de ser a pessoa que fica nos bastidores para se tornar a pessoa que deslumbra o público.

Alguns podem dizer que você está tentando se passar por alguém que não é, e comentários desse tipo magoam. Revelam o segredo inconfessável de que você, de fato, não é a pessoa que aparenta ser. Agora, alguém poderia perguntar: "E quem é?" e estaria certo. Na verdade, isso é algo que costuma ser vivenciado por aqueles em cujos mapas astrológicos o Signo Solar está tão distante do Signo Ascendente quanto o seu. Há uma grande diferença entre o rosto que você mostra ao mundo e quem você é por baixo. Às vezes, essa diferença pode fazê-lo sentir-se inautêntico.

Os artistas estudam artistas, assim como os atletas estudam atletas. Só que não para imitá-los, mas buscar neles coisas que possam absorver e transformar em suas. O objetivo disso é aprimorar a própria *performance* e marca para torná-las inconfundíveis. Pegar o que outra pessoa faz e torná-lo ainda melhor é algo em que librianos com

Ascendente em Touro se destacam. E você nunca deveria sentir-se em dívida com as pessoas nas quais se inspirou. Quando muito, elas é que deveriam sentir-se em dívida com você.

SOL EM ESCORPIÃO/ASCENDENTE EM TOURO

Parece que a vida tem sido boa para você. Você tem tudo o que se poderia pedir a Deus: uma carreira de prestígio, um parceiro de sucesso, uma família amorosa e o tipo de casa luxuosa que só aparece nos anúncios da Ralph Lauren. Sua vida poderia ser facilmente confundida com uma sessão de fotos. E é porque as coisas são tão perfeitas como nas fotos que você tem cuidado para não dar a entender que a situação poderia ser outra. Nada na vida é de graça. Tudo tem um preço. E quando você tem um Signo Solar em Escorpião e um Signo Ascendente em Touro, nunca deixa transparecer quanto pode custar a manutenção.

O escorpiano é uma alma torturada; não tem como contornar. Adepto fervoroso da crença de que quanto mais se tem, mais se tem a perder, você vigia o que é seu constantemente. Saboreia cada momento e cada intimidade porque sabe que qualquer coisa que você amar é refém do tempo. Há pessoas que circulam livremente pelo mundo com graça e facilidade – sorte a delas, pois ignoram que o que hoje é delas pode deixar de ser amanhã. Você bem que gostaria de poder viver nesse estado de negação. Sua ansiedade não tem fim; a preocupação com a possibilidade de ser magoado, abandonado ou traído é eterna. Só que ninguém vê esse seu lado porque você nunca deixa transparecer. Você só se revela quando fala um pouco mais que o previsível ou encerra abruptamente a conversa.

Touro e Escorpião são signos que têm tudo a ver com segurança. Para Touro, a segurança é financeira e, para Escorpião, é emocional. A segurança emocional é mais difícil de sustentar porque os sentimentos mudam. Um dia, eles estão seguros e protegidos e, no outro, já se foram – o cofre se esvazia por falta de interesse ou porque surgiu outro alguém. Algo que exige cuidado dos escorpianos com Ascendente em Touro é o uso do dinheiro para manter os outros na rédea curta. Seu Signo Ascendente assume uma postura natural de proprietário sempre que gasta dinheiro com alguém. Acrescente a isso o notório medo do abandono e a possessividade característica de Escorpião, e o relacionamento pode acabar ficando sufocante. Uma das coisas mais difíceis de aprender é: quanto mais força uma relação, mais o outro vai querer escapulir. Você precisa dar liberdade nos momentos em que tiver mais medo de perder alguém. Parece contraintuitivo, mas ficaria surpreso ao ver como isso funciona bem.

SOL EM SAGITÁRIO/ASCENDENTE EM TOURO

A vida deve ser vivida plenamente: em poucas palavras, essa é sua filosofia. Na verdade, é mais como uma missão. As pessoas falam sobre suas listas de desejos – sabe, aquelas coisas que querem fazer antes de morrer? Bem, a sua é uma lista de coisas que você quer fazer antes do fim do mês. Você não acredita em adiar nada quando se trata de prazer e diversão. Já viu muita gente triste nunca conseguir fazer as coisas que disse que faria um dia, e não quer se tornar uma delas. Quando deixar este planeta, será depois de gastar cada centavo, visitar cada atração turística e viver cada momento.

As pessoas terão uma bela surpresa se acharem que você vai seguir a rotina das nove às cinco. Você é sagitariano, e a sede de aventura dos centauros é insaciável. Convicto de que as melhores coisas da vida estão acontecendo em outro lugar, você não pensa duas vezes antes de reservar o próximo voo. E se alguém lhe perguntar para onde está indo, sua resposta será: "Qualquer lugar, menos aqui".

Agora, isso parece estar em oposição radical a seu Ascendente bovino. Quem tem Ascendente em Touro deve ser estável, sóbrio e ficar em casa. Mas quem já conviveu com touros e cavalos sabe que esses dois animais não aceitam ser montados por qualquer um. Pergunte a qualquer vaqueiro de rodeio. Eles têm um lado selvagem e escoiceiam, freiam abruptamente e giram enlouquecidos até livrar-se de qualquer coisa indesejada. Quem achar que você vai ficar pastando pacificamente em qualquer pasto velho vai cair do cavalo. Seu Signo Solar não fica atrás de seu Ascendente: seria como colocar a carroça à frente dos bois.

Você é o solteiro elegível sobre o qual todos se perguntam: como é que você nunca fica em casa? Por que não se casou? Você não quer ter filhos? A verdade é que você não quer ser sobrecarregado por obrigações ingratas. Você já saiu com muitas pessoas de espírito livre só para descobrir que, na verdade, elas agiam como funcionários de organizações de resgate de animais em busca de um lar. E quanto aos filhos? Ter uma família não é exatamente uma prioridade urgente – você está cercado por pessoas fascinantes de todas as origens e idades –, mas, se decidir formar uma, será a seu modo e a seu tempo.

SOL EM CAPRICÓRNIO/ASCENDENTE EM TOURO

As pessoas sempre souberam que você seria algo um dia. Claramente tinha o talento e a inteligência, e isso ficava óbvio desde o primeiro dia. Só que eles – assim como você – nunca entenderam muito bem quanto tempo isso levaria. Capricórnio é regido por Saturno, o planeta do tempo. Isso explica por que, no seu caso, as coisas demoram o dobro do tempo para se formar e o dobro do tempo para desmoronar. E isso não decorre do fato de você ser cauteloso ou metódico. É realmente uma questão de tempo – ou de *timing*. Você simplesmente vive e trabalha em um ritmo mais lento do que a maioria das pessoas. Acrescente-se a isso que Saturno também é o planeta dos desvios e atrasos e você verá melhor por que passou tantos anos viajando por estradas longas e sinuosas, entrando em becos sem saída só para ter que sair por onde entrou e, depois de chegar ao auge de uma conquista, já sentir vontade de outra. Dizem que Capricórnio é o signo mais ambicioso do zodíaco, o que é verdade. Só que ninguém disse que você alcançaria as coisas rapidamente.

Felizmente, seu Ascendente em Touro garante que nada lhe falte. Se você vai escalar às alturas, então o fará com os melhores amigos, o equipamento mais recente e uma mochila cheia de comida e bebida. Como Capricórnio, Touro é um signo de terra, o que significa que você tem que cuidar do corpo se planeja ir até o fim. Você quer distância de estoicismos espartanos e angústias autodestrutivas: nada de exaurir-se ou cair de cara no chão quando estiver prestes a conseguir o que quer.

Talvez a constatação mais reveladora seja a de que você não está predestinado a avanços estupendos nem triunfos fulgurantes. Em vez disso, seu sucesso vem aos poucos, ou seja, como se fosse uma mesada paga todos os meses pelos astros. Você recebe apenas o suficiente para se manter, mas não para deixar de trabalhar. E, então, um belo dia acorda e percebe que as pessoas de sua área agora o consideram um líder respeitado, alguém que se deve consultar e reverenciar. Porém, o mais engraçado é que você não se lembra de ter conseguido sucesso nenhum para isso. Para um capricorniano de Ascendente em Touro, o sucesso sempre é cumulativo, o que explica por que deixou de cruzar a linha de chegada em primeiro lugar.

SOL EM AQUÁRIO/ASCENDENTE EM TOURO

Você sempre se surpreende quando as pessoas se espantam com alguma coisa que propõe. Não importa que seja um orçamento, uma solução ou um plano estratégico o que esteja lhes explicando, pois a reação delas ainda é a mesma: como você chegou a isso? Virar ideias de ponta-cabeça e rotinas familiares pelo avesso é algo que você faz naturalmente, como um ginasta que faz seus exercícios de solo. Mas o que deixa todos perplexos é ver o quanto tudo parece óbvio depois de sua explicação. O que antes era uma confusão total agora faz todo o sentido.

Você é um pensador estrutural. Isso é algo que Touro e Aquário têm em comum. Mas enquanto Touro é prático, Aquário é abstrato. Pense nisso como uma trilha. Touro assenta as pedras e Aquário mede o espaço entre elas. Juntos, criam algo que é útil e bonito de ver. É por isso que tantas pessoas com essa combinação trabalham com paisagismo, arquitetura e *design*. Você tem essa estranha capacidade de conectar os pontos e revelar uma figura onde antes havia marcações aleatórias.

Mas você também é previsível e imprevisível em partes iguais, sobretudo quando se trata de suas emoções. Em um momento, você pode mostrar-se carinhoso e interessado e, no outro, estar frio e distante. É por isso que os mais íntimos estão sempre perguntando o que houve ou se disseram algo que o ofendesse. Eles não estão acostumados a conviver com ninguém que ligue e desligue os próprios sentimentos com tamanha facilidade. É por isso que você precisa esforçar-se mais para ler os sinais emocionais *deles*. Às vezes, pode parecer que está aprendendo uma língua estrangeira, mas isso é algo em que amigos e parentes em comum podem ajudar.

A beleza de ter um Ascendente em Touro é que ele o ancora, colocando-o dentro de um corpo no espaço. Ele lhe permite estar aqui agora, em vez de projetar-se no futuro. Você precisa disso, pois quem tem o Sol em Aquário tende a viver na própria cabeça. Além disso, atrai para sua vida pessoas que se sentem à vontade em ficar nuas. No início, você pode ser o amante mais sem imaginação do mundo, mas com o tempo vai pegar o jeito. Na verdade, quanto mais praticar, mais vai gostar. Seu Ascendente em Touro lhe confere também um amor à comida, ao vinho e ao luxo. Ele fornece formas curvas a um Signo Solar que tende a ser austero e esquemático demais.

SOL EM PEIXES/ASCENDENTE EM TOURO

A pessoa certa sempre aparece na hora certa. Talvez tenha sido o colega de escola (que o apresentou à família dele e você viu que essa família parecia mais uma família que a sua), o namorado estrangeiro (que mostrou como é a vida do outro lado do mundo) ou o mentor (que o levou para debaixo da asa e o ensinou a voar). Alguns desses encontros são efêmeros como aves migratórias: chegam inesperadamente para ajudá-lo a dar uma reviravolta em sua vida e depois desaparecem de uma hora para outra, porém, outros se tornam arrimos. Seja como for, independentemente de sua relevância, cada um contribuiu para que você fosse você, como córregos que deságuam num rio. Você é a soma de cada um deles.

Você é de Peixes com Ascendente em Touro, e as coisas acontecem para você mais do que você dá causa às coisas. Não é algo de que se orgulha muito. Muitas vezes, você é criticado por deixar as coisas acontecerem ou fazer o que os outros lhe dizem. E certamente já teve mais do que seu justo quinhão de experiências em que se viu enganado, iludido e manipulado. No entanto, o que as pessoas acham impossível de entender é como isso sempre tem um jeito engraçado de dar certo no final, não só porque as pessoas que o trataram mal sempre acabam recebendo o merecido troco – e anos depois o procuram para pedir perdão – como também porque essas experiências o enriquecem emocional, espiritual e até financeiramente. É incrível como muitos piscianos com Ascendente em Touro acabam em testamentos de estranhos ou indicados como beneficiários sem nem saber.

O Sol em Peixes lhe confere criatividade, mas é o Ascendente em Touro que o torna produtivo. Sem esse Ascendente de pé no chão, você só iria fantasiar sobre todas as coisas que poderia fazer se as circunstâncias fossem mais propícias. É o seu Signo Ascendente que faz você arregaçar as mangas e pôr a mão na massa.

As únicas coisas que você precisa manter sob controle são seus desejos físicos, pois está sempre com fome, sede ou tesão. Quando seu Signo Ascendente é regido por Vênus – assim batizado em homenagem à deusa do amor – e seu Signo Solar é regido por Júpiter e Netuno – dois deuses romanos famosos por não manter o passarinho dentro da toga –, digamos que nunca houve bacanal à qual você tenha conseguido dizer não.

SOL EM ÁRIES/ASCENDENTE EM TOURO

As pessoas sabem que é melhor não o contrariar. E não porque você seja temperamental e vingativo nem porque possa fazer uma cena se não conseguir o que quer. É porque você acaba com qualquer um que atravesse seu caminho. Enfrentá-lo quando está determinado a obter alguma coisa seria como enfrentar um rebanho de gado assustado. Simplesmente não é uma boa ideia.

Há uma confiança que decorre de ser a pessoa mais destacada da sala: todos saem de seu caminho, ninguém invade seu gramado e você sempre é notado pelo *barman*. Mas lembre-se de que nem todos os que têm Ascendente em Touro são fisicamente robustos – na verdade, alguns arianos com Ascendente em Touro são exatamente o oposto – mas você ainda traz em si esse sentimento de grandeza. Isso é uma vantagem porque as pessoas não vão querer mexer com você, mas mal suspeitam de que, na verdade, dentro do gigante há uma pessoa gentil.

A desvantagem é ficar obcecado em tornar-se menor. Você pode pensar que é pesado ou alto demais, ou que ocupa demasiado espaço. Talvez se veja como desajeitado, por mais que amigos e entes queridos lhe digam o contrário, e isso é mais que apenas um problema de autoimagem: é um reflexo da desconexão entre o Sol em Áries – que quer estar em forma para ser uma máquina sempre pronta para lutar – e o Ascendente em Touro – que gosta de parar para sentir o perfume das rosas e, por que não?, talvez até mordiscá-las. Espero que você esteja à vontade consigo mesmo porque, se estiver, a vida é boa. E se não estiver? Nesse caso, você pode atrair pessoas que baixem seu astral, critiquem sua aparência e o estimulem a tornar-se uma versão reduzida de si mesmo. O perigo de ter um Signo Ascendente ao lado do Signo Solar é que ele cria um ponto cego que o torna presa fácil para quem quiser se aproveitar disso.

Talvez você precise passar por alguns relacionamentos, ou situações de trabalho, que o façam entregar seu poder a alguém que não o merece, antes de perceber que é bom ser o maior. A mesquinhez restringe seu estilo. E, depois que vir que é melhor ser Gulliver do que um liliputiano, você se libertará de suas restrições e nunca mais vai subvalorizar-se.

ASCENDENTE EM GÊMEOS

♊

> **Você gosta de deixar as pessoas na dúvida.**

VOCÊ NÃO SE DIRIGE ÀS PESSOAS CARA A CARA, mas sim lado a lado. Talvez seja um olhar de soslaio, um risinho de satisfação ou um comentário murmurado em tom alto o suficiente para ser ouvido. É assim que você testa a inteligência de um potencial conhecido. Ele captou sua insinuação ou sequer percebeu que era uma insinuação? A maioria de nós tenta fazer a leitura de alguém observando seus olhos ou decifrando seu comportamento. Mas é você que decide quem está dentro e quem está fora com base na reação de cada um. Se alguém rebater rápido, estará dentro. Se for lento e indiferente, fora. A não ser que seja bonitinho. E, mesmo assim, você não espera que as coisas durem muito tempo.

Seu rosto é incrivelmente ativo; recusa-se a ficar parado. As expressões correm por ele como crianças saindo da sala de aula no final do período. Está sempre ocupado: brinca, empurra, espiona ou discorda com cara feia. Em um momento, ouve animadamente o que alguém tem a dizer e, no outro, aproxima-se com interesse conspiratório. Qualquer um consegue ler seus pensamentos. Você os transmite para quem quiser ver. O problema é que eles são tão rápidos que é difícil ter certeza se era você, apenas naquele momento, ou você de verdade.

Você gosta de deixar as pessoas na dúvida. E não é por tentar ser imprevisível nem misterioso, mas porque está constantemente inventando – e desinventando – o que quer. Você é como um artista que faz vários esboços a carvão antes de colocar o pincel na tela: engrossa uma linha aqui ou ajusta um membro ali enquanto trabalha para fazer a imagem certa. É por isso que está sempre lançando ideias, perguntas e cenários hipotéticos ao acaso. Não se deve levar a sério nenhum deles. Dificilmente algum será seu rascunho final. É só você pensando em voz alta e sentindo a atmosfera da sala enquanto está nela.

Ninguém detecta melhor as tendências, as intenções e os sentimentos de um ambiente que alguém com Ascendente em Gêmeos.

Ninguém detecta melhor as tendências, as intenções e os sentimentos de um ambiente que alguém com Ascendente em Gêmeos. Você é naturalmente curioso sobre as pessoas e as opiniões delas sobre *outras* pessoas. Regidos por Mercúrio, o mensageiro dos deuses, os geminianos são bons em comunicação, porém há mais em Mercúrio do que ditos espirituosos ou competidores em torneios de frases inteligentes. Única divindade capaz de viajar do céu à terra, desta ao inferno e deste de volta ao céu, na mitologia romana, Mercúrio era os olhos e ouvidos de Júpiter. Júpiter sabia que as pessoas sempre adotavam o melhor comportamento possível em rituais religiosos, de modo que cabia a Mercúrio o trabalho de relatar o que *realmente* estava acontecendo por trás de suas orações e encantamentos. É por isso que você é o coletor das informações, aquele a quem todos recorrem para obter o último furo ou detalhe sórdido.

SOL EM GÊMEOS/ASCENDENTE EM GÊMEOS

Sempre arquitetando um plano ou inventando um esquema para escapar de situações opressivamente monótonas e cansativas, você é o malandro favorito de todos. Um rosto conhecido na diretoria ao fim das aulas, seu histórico de travessuras e ausências inexplicáveis continua até hoje no local de trabalho. Alguém poderia achar que, a esta altura, você já seria considerado "incontratável", não fosse o fato de os supervisores o considerarem um encanto. Todos querem desenvolver seu potencial e transformá-lo em um membro produtivo da empresa; alguns até o veem como projeto pessoal deles. E quanto aos que sabem de seus rolos e de suas enrolações? Eles sabem o quanto você *realmente* é inteligente, e é por isso que querem tê-lo do lado deles, trabalhando para eles, e não contra.

Esperteza é o que não falta a quem é geminiano com Ascendente em Gêmeos. Além de superar a concorrência em inteligência e capacidade de argumentação, você também tem muita habilidade manual. Com efeito, Mercúrio, seu Planeta Regente, rege a coordenação entre olhos e mãos. Isso lhe permite digitar, programar e inserir dados na velocidade do pensamento, habilidades formidáveis se você quiser fazer carreira em *gaming*. Essa coordenação olhos/mãos também lhe permite destaque nas áreas de ilustração, *design* e embalagem. Você tem um sexto sentido para o que desperta o interesse das pessoas e sabe o que é preciso para transformar um conceito batido em algo inteligente e elegante.

Mas você se entedia facilmente, e é por isso que pula de emprego em emprego ou de relacionamento em relacionamento. Isso cria a impressão de que, apesar de brilhante, você é superficial. Agora, isso seria bom se você fosse mesmo superficial; mas o problema de quem tem raciocínio rápido é presumir que já sabe tudo à primeira vista. A conveniência supera o esforço concentrado e, assim, com o tempo, você acaba estreitando seus horizontes e restringindo suas aspirações. É importante assumir desafios que lhe deem trabalho e empreendimentos que exijam mais de uma tarde de seu tempo. Isso exercita seu cérebro e aprofunda seu processo de raciocínio.

Quem é geminiano com Ascendente em Gêmeos costuma refletir as pessoas com quem convivem. Sendo esse o seu caso, faz todo o sentido que você mimetize os trejeitos de um irmão ou amigo mais próximo e até comece a vestir-se de maneira parecida. Isso é bom se essa pessoa for uma influência positiva, mas nem tanto se não for. É por isso que convém ser muito exigente na escolha das pessoas com quem você mais anda.

SOL EM CÂNCER/ASCENDENTE EM GÊMEOS

As pessoas nunca sabem o que esperar de você, e isso lhe agrada. Quando mira em algo que deseja – seja uma pessoa, um emprego ou um objeto desejado –, você recua em vez de aproximar-se. Você precisa de tempo para sondar o terreno, familiarizar-se com a história e verificar se conhece alguém que possa aproximá-lo do que procura. Tudo o que você faz é estratégico, pois nunca age por impulso. Estender a mão e agarrar algo pode acabar resultando em um tapa na sua mão, ao passo que inserir-se aos poucos na ação lhe rende confiança e aceitação.

Você é naturalmente simpático. Seu Ascendente em Gêmeos é especialista em conversa mole e consegue encontrar algo curioso e fascinante nas conversas mais sem graça. De fato, é sua facilidade para falar que conquista as pessoas. Você pode socializar com narcisistas com a mesma facilidade com que pode comiserar-se dos rabugentos.

Ninguém jamais pensa que você possa estar escondendo alguma coisa porque seu interesse parece genuíno e, graças a seu Sol em Câncer, leva estranhos a sentir-se como se vocês fossem amigos há anos. Você é a pessoa que todo mundo ama, mas ninguém conhece de verdade.

Você sempre consegue o que deseja, mas nunca chama a atenção para isso, pois não alardeia suas conquistas nem se vangloria de suas vitórias. Isso só serviria para que as pessoas se sentissem enganadas. Com a mesma suavidade com que entrou na vida delas, você sairá. Pode levar meses até que elas percebam que você sumiu.

Como você pode imaginar, um canceriano com Ascendente em Gêmeos daria um excelente vigarista ou ladrão. Graças a Deus, você aparece em ofícios decentes, como comprador, colecionador e investidor. É verdade que você tem segundas intenções, mas, nesse caso, o bom é que tem também o bom senso de mantê-las em segredo. A única área que pode trazer-lhe problemas é a dos relacionamentos íntimos. Nem todo mundo percebe essa sua vida dupla. Porém, os mais espertos detectam quando estão sendo enganados e podem até competir com você, movimento por movimento. Isso explica por que muitas vezes você acaba na cama com a concorrência. Obviamente, também dá aquele *frisson* de dormir com o inimigo, mas, se vocês encontrarem um denominador comum em seus interesses, isso pode se tornar algo de longo prazo. O fato de um sempre manter o outro na dúvida é o segredo de seu relacionamento.

SOL EM LEÃO/ASCENDENTE EM GÊMEOS

Você sabe que é muito especial e que faz uma enorme diferença na vida das pessoas. Você cria o *show*. É seu nome que vende ingressos, sua presença que cria animação e seu selo de aprovação que dá sinal verde para projetos que, de outro modo, ficariam para sempre no limbo. Nenhum outro signo do zodíaco valoriza tanto a individualidade quanto Leão. Os leoninos do mundo impedem que a individualidade das pessoas desapareça na vala comum do consenso. Você insiste em integridade, responsabilidade e fidelidade a si mesmo.

A autoconfiança é uma coisa fantástica, mas pode ser interpretada como arrogância se não for mantida sob controle. É por isso que os leoninos podem ser vistos como egoístas e interesseiros. Porém, se for um leonino com Ascendente em Gêmeos, você tem o dom inato de deixar as pessoas à vontade. Nasceu com um sorriso matreiro, dando uma piscadela que diz que não importa o quanto pareça adulto por fora, pois por dentro, na verdade, você ainda é uma criança. E isso é algo que todos percebem imediatamente. Você não tem nenhum problema em abordar estranhos para puxar conversa; sabe ler a linguagem corporal das pessoas como um imitador e consegue avaliar rapidamente as qualidades de alguém. É uma loucura ver como você intui o fato divertido, a história peculiar ou o jogo de palavras certo para deixar as pessoas à vontade e fazê-las rir e abrir-se a respeito de si mesmas. Você é aquele que todos gostariam de ter como melhor amigo desde o primeiro dia no jardim de infância. Se isso tivesse acontecido, talvez eles nunca se sentissem tão julgados ou rejeitados.

Quando se é leonino com Ascendente em Gêmeos, você consegue ver o que torna cada ser humano especial e o incentiva a brilhar à sua própria maneira. Ninguém precisa ser o melhor no que faz, basta ser fabuloso quando o faz. Você é imbatível quando se trata de fazer as pessoas pararem de tentar ser algo que não são e se comprometerem apenas a ser quem são. É por isso que os leoninos com Ascendente em Gêmeos são ótimos professores, treinadores, mentores e caçadores de talentos. Você sabe como extrair o melhor de cada um.

E, como qualquer pessoa afortunada o suficiente para ter o Ascendente em um signo de ar, quanto mais você contribui para que os outros se tornem pessoas melhores, mais eles o tornam uma pessoa melhor.

SOL EM VIRGEM/ASCENDENTE EM GÊMEOS

Você ainda precisa mostrar seu documento de identidade aos 30 anos de idade. As pessoas dizem que esse é um bom problema, mas dar a impressão de ser mais jovem tem seu lado negativo. Todo mundo é condescendente com você, se refere a você como "fofo" e se surpreende quando você chega a uma solução que poderia dar certo. Quantas vezes já se perguntou se não foi preterido para cargos de autoridade porque seu chefe receia que ninguém o leve a sério ou um cliente simplesmente não o veja à altura do trabalho. É algo irritante, mas quando você tenta falar sobre isso com as pessoas, elas apenas lhe dão tapinhas nas bochechas e fazem biquinho.

Então, o que há de errado em deixar as pessoas acreditarem no que querem acreditar? Só porque o consideram inocente e ingênuo não significa que seja assim, até porque você pode usar as suposições delas a seu favor. Gêmeos e Virgem são signos regidos por Mercúrio, o que significa que você é muito bom jogador. A esperteza de Gêmeos vem do amor ao jogo: ele literalmente inventa coisas à medida que a situação se desenrola, e é por isso que é tão hábil em improvisar na hora. Se alguém consegue tirar um coelho da cartola antes de soar o último gongo é o seu Signo Ascendente.

A inteligência de Virgem vem de observar e aprender. É um conhecimento acumulado com base no estudo do que os outros fizeram de certo e, mais importante, na análise do que fizeram de errado. Seu desafio é trabalhar usando ambas as capacidades: siga o impulso de seu Ascendente em Gêmeos e deixe que o gênio para os detalhes, de seu Sol em Virgem, faça os ajustes necessários ao longo do caminho. Isso lhe permite refinar, aperfeiçoar e, em alguns casos, recuperar. Para descobrir como fazer uma situação funcionar melhor, os virginianos precisam "mexer" com ela; é seu método prático de descoberta. E, ao mesmo tempo, também podem beneficiar-se da propensão de seu Signo Ascendente para dobrar as regras. Essa insistência virginiana em alinhar tudo corretamente muitas vezes atrapalha seus saltos mais criativos.

Você nunca chegará a lugar nenhum se achar que tem que provar alguma coisa para alguém. Isso é jogar conforme as regras dos outros, não as suas. Depois de mudar seu pensamento de precoce para experiente, perceberá que quem está conduzindo a situação é você e que todos os demais estão simplesmente seguindo seu exemplo. Isso o tira da cadeirinha infantil para o assento do motorista.

SOL EM LIBRA/ASCENDENTE EM GÊMEOS

Você tem esse jeito adorável de deixar os outros à vontade. E não importa se está falando com um diretor executivo estressado ou uma criança em pânico perdida no estacionamento, pois todos sabem que, a seu lado, estão em boas mãos. Alguém poderia dizer que é sua generosidade em situações de pressão que os conquista, mas, na verdade, isso decorre de seu tom tranquilizador. Há algo em seu timbre que transmite a sensação de que tudo vai dar certo. E a razão pela qual as pessoas acreditam em você é porque geralmente vai.

Ninguém sabe como você aparece com soluções do nada. Em um momento, as coisas estão um caos e, de repente, surge a pasta de arquivos excluídos, o nome do especialista que pode ajudar ou o alívio de pais exaustos de preocupação. Reunir objetos perdidos e seus guardiões e restaurar a boa-fé entre laços rompidos são coisas que lhe parecem naturais: quando se é libriano com Ascendente em Gêmeos, não só está determinado a fazer o que é certo para restabelecer a ordem das coisas novamente, como tem os meios para fazê-lo.

Porém, quem tem Ascendente em Gêmeos tem um lado travesso. Essa é a parte sua que inspeciona o armário de remédios dos anfitriões do jantar ou pressiona o botão "não pressionar" quando ninguém está olhando. Diz-se que alguns de vocês já puseram um item não comprado na bolsa ou no bolso. Obviamente, isso contraria tudo aquilo em que seu Sol em Libra acredita, mas não há como negar o *frisson* decorrente de sair impune de algo que não deveria ter sido feito: é como se fosse sua pequena recompensa por ser sempre bonzinho.

Um de seus maiores problemas é justificar-se por deixar de fazer algo que sabe que é certo. Em segundo lugar, criticar por criticar é uma debilidade crônica dos signos de ar que o Ascendente em Gêmeos intensifica. Esse Ascendente mercurial não apenas exacerba a famosa indecisão de Libra, mas também pode levá-lo a jogar um confidente contra o outro enquanto busca a resposta correta – que geralmente é aquela com que você começou. Tente limitar-se a três "O que você acha?" em uma reunião. Mais do que isso apenas servirá para fazê-lo andar em círculos.

Em termos de relacionamentos, você está sempre se precipitando. Felizmente, Gêmeos é o perito em fugas do zodíaco e tem um sexto sentido para detectar brechas e saídas de emergência. Isso permite que se desvencilhe de todas as tentativas até topar com a pessoa certa para você.

SOL EM ESCORPIÃO/ASCENDENTE EM GÊMEOS

Não é fácil ter uma personalidade dividida. Quem não o conhece muito bem vê alguém extrovertido, tagarela e amante de todo tipo de diversão. Pode admirar sua língua ferina e rir de seus duplos sentidos. Apaixonado pela sátira, você tem essa capacidade de empurrar uma gozação até o limite sem jamais cruzar a linha entre o espirituoso e o maldoso. Na verdade, a maioria das pessoas teria dificuldade em pensar em alguém mais inteligente, mais rápido e mais astuto que você. Você não é o tipo com o qual alguém gostaria de competir em inteligência, mas poucos suspeitam que por trás desse comediante divertido há um escorpiano mal-humorado.

Às vezes, quando se é um escorpiano com Ascendente em Gêmeos, parece que o enigma malicioso é você: leva tudo a sério, se sente ferido quando rejeitado e guarda rancor como uma mosca pousada no último coquetel da noite. Seus alvos românticos logo descobrem que você não é o que anunciou: é muito mais inseguro e defensivo. Seria o caso de pensar que você era duas pessoas totalmente distintas, mas na verdade não é isso. O Ascendente em Gêmeos não é uma máscara que você coloca; é uma parte sua tanto quanto o Escorpião do Signo Solar.

Quem tem Ascendente em Gêmeos é com frequência escalado para o papel de intermediário. Regido por Mercúrio, assim batizado em homenagem ao deus das mensagens e de sapatos alados, você tem uma familiaridade intrínseca com os meandros de todos os trâmites e sabe percorrer todos os terrenos complicados. Juntando isso à capacidade natural de Escorpião de encarar os fatos por piores que sejam, e é você quem é encarregado de dar as más notícias, trazer a sujeira à tona ou colocar o derradeiro prego no caixão. Escorpianos com Ascendente em Gêmeos são informantes naturais, mas você também pode trabalhar para o lado oposto com a mesma facilidade. Alguns podem considerá-lo um oportunista por causa de seu amor ao dinheiro, mas você tem uma maneira própria de garantir que a justiça seja feita: se há alguém que consegue expor o lobo em pele de cordeiro, enquanto revela o passado maculado do inocente cordeiro, é você. Além disso, você fará ambos confessarem e se penitenciarem.

Às vezes, você pode achar que é muito confuso e infeliz para ser amado por alguém, mas as pessoas são muito mais amorosas e inteligentes do que supõe. Você pode não encontrar muitas, mas, quando as encontrar, faça um favor a si mesmo: abra-se para elas e valorize-as com todo o seu carinho.

SOL EM SAGITÁRIO/ASCENDENTE EM GÊMEOS

As pessoas que você conhece são as mais fascinantes: nada de toscos, cascas-grossas nem bichos do mato em sua cola. Você faz questão de evitar fracassados e deprimidos para conviver exclusivamente com personalidades brilhantes, bem-sucedidas e viajadas. É extraordinário pensar nas pessoas que você conheceu e quando, para não falar no papel fundamental que desempenhou na vida delas. Porque, a julgar pelo que conta, foi você quem primeiro incentivou Meghan a aceitar aquele convite do príncipe Harry, tentou avisar a Kim que Kanye era problemático e recomendou à primeira-dama do país a veterinária que operou sua cadelinha recém-adotada.

Seus amigos já desistiram de checar os fatos há muito tempo. Essas histórias são tão incríveis e as coincidências tão impressionantes que a graça não está em desmascará-las; mas em ver qual é a próxima que vai inventar, e você não decepciona. Sua imaginação é audaciosa, mas o estranho é que sempre há um elemento de verdade no que você conta. Talvez a informação tenha vindo de um velho amigo seu que era colega de Meghan na quinta série ou de um de cliente seu que sempre saía para as baladas com Kanye. Um pequeno corte aqui e um detalhe fantasioso ali não diminuem a possibilidade de vocês terem se conhecido. No fim, a coisa não fica completamente fora de questão. Em sua opinião, seis graus de separação é a melhor opção quando não se pode estar presente na cena.

Dar uma guinada positiva nas coisas é algo que quem tem Ascendente em Gêmeos sabe fazer muito bem. É por isso que muitas vezes você trabalha com vendas, *marketing* ou publicidade. Seu instinto para descobrir exatamente o que o público quer é assustador. Junto com o efusivo entusiasmo que possuem todos os nascidos sob o signo de Sagitário, é isso o que faz as pessoas saírem da fila em que estão para juntar-se à sua. Ninguém consegue vender um produto como você.

Sucessos estrondosos, quedas e voltas por cima fazem parte do ciclo de vida de todo sagitariano com Ascendente em Gêmeos. Os parceiros podem mudar e sua aparência ser outra, mas por dentro você continua a mesma pessoa, apesar de todo o reposicionamento da marca e todas as novas embalagens. Todo mundo muitas vezes se pergunta se você aprende com seus erros. Sua resposta é: errar é parte integrante do processo criativo. Você é a soma de seus erros e desventuras. A verdade é algo que sempre deveria ser esticada, pois não há nada mais tedioso que passar pela vida contando-a apenas como ela é.

SOL EM CAPRICÓRNIO/ASCENDENTE EM GÊMEOS

Os capricornianos são famosos por retroceder na idade: começam a vida mal-humorados e vão ficando mais alegres a cada década que passa. E se aquele brilhante Ascendente em Gêmeos estiver na mistura, ninguém consegue determinar quantos anos você tem. Você tem olhos de sábio, mas o risinho condescendente de um sabe-tudo. As pessoas se aproximam de você com cautela porque, embora lhes pareça alguém de quem poderiam gostar, não têm muita certeza de você ser tão simpático assim.

Grande parte disso vem do seu humor, que alguns podem dizer que é cáustico demais. Sua capacidade de mirar nas hipocrisias alheias e ridicularizá-las sempre anima a reunião, mas, depois que as risadas acabam, as pessoas ficam se perguntando o que você é capaz de dizer delas quando não estão por perto. E, verdade seja dita, você também se pergunta sobre isso. Geralmente taciturno, o capricorniano tende a ficar divertido e animadíssimo quando alinhado com esse Ascendente regido por Mercúrio, e é difícil dizer se isso é um alívio ou algo com que se deve preocupar.

Há um estranho tipo de seriedade/brincadeira nessa equação que é difícil definir. Nunca se sabe quando você vai revelar algo íntimo ou fazer uma piada de última hora. Isso decorre de um padrão de desvio e teste. Seu Ascendente em Gêmeos é um gênio em fazer os outros olharem para a esquerda quando deveriam olhar para a direita, e seu Sol em Capricórnio está sempre verificando se alguém é confiável ou não. Na verdade, essas conversas divertidas que parentes e amigos acham deliciosamente encantadoras são planejadas com argúcia para fazer com que eles mostrem as cartas antes de você mostrar as suas. Você está sempre colhendo informações e avaliando situações como um espião atuando em território inimigo. E, de certa maneira, você é mesmo um espião graças à sua vida dupla.

Sempre há alguma vergonha secreta quando se é capricorniano com Ascendente em Gêmeos. Talvez você tenha vindo de uma família muito humilde, sofra de um mal que possa trazer-lhe algum tipo de discriminação ou esteja expiando algum antigo pecado. A solução fácil seria divulgar tudo. Mas, por ironia, essa vergonha secreta o motiva a fazer todas as coisas incrivelmente bem-sucedidas que você faz. Se remover esse fator, você se arriscará a perder sua motivação. O truque é encontrar uma maneira de fazer as pazes com esse segredo particular sem deixar que ele domine toda a sua vida.

SOL EM AQUÁRIO/ASCENDENTE EM GÊMEOS

Você cuidaria da conversa por si e por seu interlocutor, se tivesse a chance. E não porque ame o som da própria voz ou ache o silêncio estranho: acontece que sabe adivinhar tão bem o que o outro vai dizer que se antecipa e fala por ele. Sem rodeios e sem pedir desculpas; é apenas você dizendo o que está na mente do outro. E o fato de ser tão exato e estar tão certo talvez seja enervante para quem não o conhece bem. Na verdade, sair com você é como namorar um mentalista – o que explica por que tantas potenciais atrações amorosas acabam logo depois do primeiro encontro. Algumas pessoas têm imaginação hiperativa, mas no seu caso é o intelecto que é hiperativo. Você aceitou há muito tempo que é preciso alguém de um tipo especial para acompanhar seu ritmo, e é por isso que raramente se machuca quando as coisas não dão certo. Quando muito, se sente aliviado.

Você fala muito: fala quando sai com os amigos, fala quando está sozinho, fala na igreja e até mesmo quando está dormindo. Já foi convidado a se retirar de muitos cursos de yoga por não conseguir deixar de repetir o que o instrutor dizia. Os signos de ar narram o que estão fazendo o tempo todo; é sua maneira de processar informações. Porém, a maioria usa a voz interior. Quando se tem Sol em Aquário e Ascendente em Gêmeos, você não consegue deixar de ver instantaneamente todas as possibilidades de uma situação e, em sua empolgação para descobrir quais as mais viáveis, geralmente esquece de pressionar o botão "Mudo".

É fácil achá-lo superficial. Você está sempre no telefone e as interações sociais são rápidas e breves. Mas o que parece ser falta de interesse esconde a rapidez de seu raciocínio. Os amigos e entes queridos já desistiram de lhe perguntar se estava prestando atenção, pois sabem que você imediatamente repete o que foi dito com a precisão infalível de um estenógrafo de corte de justiça.

É o Ascendente em Gêmeos que o torna tão simpático. Sem ele, você soaria como se estivesse dando uma aula. Além disso, o estilo jornalístico e conversacional do regente do seu Ascendente, Mercúrio, permite que você se relacione com pessoas de todas as classes sociais, pois o faz soar genuíno. Ficar atento a tudo é útil quando se nasce sob um signo que muitas vezes tem a cabeça nas nuvens.

SOL EM PEIXES/ASCENDENTE EM GÊMEOS

Você é uma pessoa supercompreensiva e extraordinariamente simpática: sabe exatamente as perguntas certas a fazer para que seu interlocutor se sinta seguro e possa abrir-se com você. Nunca força a barra nem põe palavras na boca de ninguém. Ouvinte atento, intui quais são as tangentes a seguir e quais abandonar. Seu jeito gentil de persuadir lembra o marulho das águas no casco de um barco. Você cria uma bolha de intimidade que faz as pessoas jurarem que você só fala assim com elas.

Sua voz é do tipo que geralmente se associa a uma meditação guiada, a um terapeuta ou a um poeta; uma voz que é fácil de se apaixonar sem ver mais nada. Por isso, é tão desconcertante ouvi-lo ter quase a mesma conversa com outra pessoa.

Você conhece muita gente, pois a vida é como uma porta giratória para quem tem Gêmeos no Ascendente. Agora, poderia tratar todos da mesma maneira: faria sentido, dada a multidão que você conhece, mas adotar uma abordagem igual para todos não combina com seu estilo individualizado e intimista. Você realmente gosta de ouvir os relatos de todos e absorver suas histórias e experiências. Ninguém está tão presente quanto você. No entanto, há uma demanda tão grande de seu tempo que também precisa adotar uma abordagem prática e conveniente. Trata-se de um ato de equilíbrio: ninguém espera que um *concierge* invista pessoalmente no bem-estar de cada hóspede do hotel, mas espera-se que seja cortês e aja como se isso importasse.

Sua preocupação não é fingimento. O alcance de seu Sol em Peixes é tão global que não prioriza: todos são importantes para você, e é por isso que muitas vezes é acusado de ser inconstante, ambíguo e falso. As pessoas simplesmente não conseguem entender como você replica aquele momento especial *só delas* tantas vezes, com tanta gente. Mas isso seria como pedir ao oceano que escolhesse a praia que mais gosta de visitar. A possessividade é algo tão grande quanto um continente e simplesmente não faz sentido para um signo regido por Netuno como Peixes.

É duvidoso que consiga aplacar tipos ciumentos, então nem tente: dispense-os. Convenhamos, você nasceu para ser tudo para todas as pessoas, o que significa que precisa ser exigente com suas companhias. Nunca será feliz com alguém que o faça encolher-se para atender às suas expectativas.

SOL EM ÁRIES/ASCENDENTE EM GÊMEOS

As coisas lhe chegam rapidamente, você baixa informações quase como se fosse um aplicativo de telefone. Outros lutam para memorizar ou praticam por horas, mas você tem uma facilidade tão natural que uma ou três tentativas já dão conta. Entretanto, isso não significa que seja um gênio. Você não resolve automaticamente problemas aleatórios de matemática nem fala qualquer língua estrangeira que lhe pedirem. Mas, se tiver paixão por alguma coisa, vai dominá-la e levá-la como um campeão para a competição e rapidamente subirá até o topo.

Mas só por ter facilidade em aprender as coisas não implica que goste disso. Você aprendeu a duras penas que talvez tenha talento demais para seu próprio bem. É como nascer bonito: todo mundo fica impressionado com quem acaba de entrar na sala, mas não se importa nem um pouco com a pessoa que há por trás de toda aquela beleza. Como um ariano com Ascendente em Gêmeos, você nunca tem certeza do que as pessoas gostam mais, se do seu talento ou de você.

Você detecta quando alguém o observa para avaliá-lo. É possível que o veja como uma estrela em ascensão, que deve ser protegida e cultivada, como se fosse um passaporte de ouro para sair do sufoco e mudar a própria vida. Você está acostumado a ver as pessoas depositarem suas esperanças em você. Nasceu durante o período do dia em que o Sol está no ponto mais alto do céu. Você é brilhante e reluzente, cheio de promessas e potencial. Isso o torna o queridinho de treinadores, mentores e patrocinadores que veem em você a personificação de suas aspirações e, por ser ariano, não vai decepcioná-los. Você se colocará à altura das expectativas deles e, com todos os seus recursos e sua motivação, as superará. E isso se repetirá muitas vezes ao longo de toda a sua vida.

Mas e a parte sua que não é uma máquina de desempenho? Por ter o Ascendente em Gêmeos, é natural que separe sua personalidade em um "eu público" e um "eu privado" e que os coloque em trilhos paralelos para que nunca haja interseções. Isso não tem problema nenhum se for um jogador de futebol parrudo que gosta de fazer crochê nas horas vagas, mas já não é tão bom se você se apresentar de uma maneira e depois se comportar de outra. Você não vai querer que esses patrocinadores resolvam seus problemas, pois farão o que for preciso para proteger o próprio investimento. É importante ser você mesmo em todos os momentos, principalmente quando estiver competindo com a pessoa que os outros querem que você seja.

SOL EM TOURO/ASCENDENTE EM GÊMEOS

Você gosta de contato físico, de massagear os ombros das pessoas, de pôr sua perna em cima da delas e de saltar o aperto de mão e ir direto para um abraço. Essa é sua maneira de deixar os outros à vontade. Assim como quando você as chama de "meu bem", "meu chapa" ou algum outro apelido criado na hora. Agora, isso seria bom se você só agisse assim com quem já conhece, só que também o faz com praticamente qualquer um que encontrar. Há algo ao mesmo tempo afável e um pouquinho invasivo em sua informalidade tranquila.

Touro ocupa espaço: é por isso que se senta de pernas abertas ou joga o casaco, o cachecol e as sacolas de compras na cadeira ao lado sem antes pedir licença. Adicione o Ascendente em Gêmeos à mistura e é aí que entra a "tatilidade": você não consegue falar com as pessoas sem tocá-las em alguma parte do corpo. E não que você esteja tocando alguém indevidamente; mas, sim, como se fosse um macaco tentando ajeitar outro membro do grupo. Você não pensa duas vezes antes de limpar caspas dos ombros, alisar gravatas ou tirar mechas de cabelo de cima dos olhos das pessoas. Mas, pelo menos, não faz o que normalmente faz em casa com os familiares, que é estender a mão e estourar a espinha no rosto deles sem pedir permissão.

Obviamente, taurinos com Ascendente em Gêmeos dariam esteticistas e cosmetólogos excepcionais, mas você também tem um lado intelectual voraz, já que está sempre louco para ler todos os livros mais comentados, para informar-se de todas as últimas notícias e para manter-se a par das próximas novidades na moda e na culinária. Vênus e Mercúrio (os regentes de Touro e Gêmeos) são naturalmente bons companheiros. Você pode confraternizar tão facilmente com a elite quanto com pessoas comuns. Não há limite para onde você possa ir, e muitas vezes surpreende a família e os amigos quando descobrem com quem exatamente você tem saído.

Talvez a coisa mais misteriosa sobre os taurinos com Ascendente em Gêmeos é que, na verdade, ninguém tem uma ideia muito clara do que você faz para viver. Mesmo que tenha uma empresa cujo nome é o seu, sempre está envolvido em algum "bico" secundário ou fluxo de receita não revelado. Você tem uma infinidade de interesses, alguns deles sobre a mesa e outros, por baixo dela. Você gosta de lidar com um monte de coisas diferentes.

ASCENDENTE EM CÂNCER

♋

VOCÊ PREFERE DEIXAR OS OUTROS PASSAREM PRIMEIRO. Seu pensamento é de que, se eles estão com tanta pressa, certamente é porque precisam chegar logo ao seu destino. Como não é de seu feitio obstruir nem retardar as coisas, de bom grado você decide esperar sua vez. As pessoas muitas vezes confundem isso com passividade ou mesmo submissão, mas só porque não sabem como funciona sua mente. Você descobriu há muito tempo que os que fazem o primeiro movimento nem sempre sabem o que vem em seguida. Eles saem correndo na frente, mas não têm meios para permanecer lá. E acabam ficando sem combustível ou esgotando seus recursos, e isso os torna fáceis de ultrapassar. Só porque alguém faz muito barulho quando cai na água não significa que sabe nadar. Você, por outro lado, é um observador atento, que estuda as pessoas, os lugares e as coisas. Nunca faz nenhum movimento que não seja premeditado e, quando age, é com a suprema confiança de que alcançará seu objetivo sem esforço e sem chamar atenção para si.

Câncer é regido pela Lua, e é por isso que a maioria das pessoas cujo Ascendente é Câncer têm um rosto de "Lua cheia", bem redondo e reluzente. Há em sua conduta uma suavidade que parece tão saudável quanto bochechas rosadas. As pessoas não se sentem repelidas nem ameaçadas por você. Na maioria das vezes, o máximo que pode

Quem tem Ascendente em Câncer nunca entra numa briga se puder evitá-la.

acontecer é elas baixarem a guarda rápido demais. Simplesmente há algo em você que transmite uma impressão acolhedora, confiável e familiar.

Você raramente encara alguém por muito tempo. É como uma confrontação. Seu olhar se dirige para baixo, para os lados ou, timidamente, para cima, com a cabeça um pouco inclinada. Assim como falar baixo, todas essas coisas contribuem para que as pessoas se aproximem. Sem jamais elevar a voz, consegue fazer as pessoas perguntarem o que está pensando, e não o contrário. Você tem fama de ser alguém que só diz alguma coisa quando tem algo a dizer. E, como sempre vale a pena ouvir sua mensagem, elas não o interrompem e esperam até que você termine.

Quem tem Ascendente em Câncer nunca entra numa briga se puder evitá-la. Você não gosta desse estresse. Porém, caso se veja no lado errado de uma briga, não se acovarda e não recua. Sua tática é ficar indiferente; é sua versão de fingir-se de morto no reino animal. Você tem essa capacidade de projetar uma espécie de embotamento psíquico. A total falta de expressão em seu rosto, aliada a uma insipidez sombria, suga a energia de qualquer ataque hostil e sinaliza ao oponente que seria muito melhor procurar outra pessoa a quem pirraçar. Quando vê que ele já foi embora, você rapidamente se levanta e vai cuidar de seus afazeres.

SOL EM CÂNCER/ASCENDENTE EM CÂNCER

Às vezes, parece que você vive num aquário onde todas as suas emoções estão à mostra, como peixes tropicais nadando entre as rochas e corais. Seus afetos efêmeros e fantasias coloridas; suas lembranças lânguidas e ansiedades estarrecedoras. Seria de pensar que você ficaria feliz com isso, afinal, ser visto não é algo que todos nós almejamos hoje em dia? Talvez, se você fosse de um signo de fogo. Os signos de fogo são expressivos e querem deixar tudo à vista. Câncer é de natureza aquosa, o que significa que você valoriza sua privacidade: não quer que as pessoas olhem para você nem batam no vidro para chamar sua atenção. Você quer que o deixem em paz.

É difícil fugir dessa sensação de estar em exposição porque não há diferença entre o Ascendente e seu Signo Solar. Não há papel a representar nem *persona* atrás da qual possa se esconder. Você é você. É especialmente estressante para um signo do zodíaco que não quer nada mais do que misturar-se com o ambiente. Os cancerianos são os caçadores do zodíaco. É por isso que você esconde o rosto com as mãos ou cobre seus rastros com uma história inventada. Seja quando está vasculhando as prateleiras de uma loja ou tem algum interesse amoroso à vista, sabe que não se aproximará de sua presa se estiver sendo observado. Os cancerianos se orgulham da própria discrição. Você quer entrar e sair de algum lugar sem que ninguém perceba que estava lá.

O problema é que você é melhor do que pensa quando se trata de esconder-se à vista de todos. A suposição de que todos podem lê-lo como um livro aberto o torna ainda mais dissimulado do que já é. Cauteloso em suas escolhas de palavras e cuidadoso para nunca se trair, você pode se surpreender ao descobrir que não precisava ter-se dado a todo esse trabalho. As pessoas são tão egocêntricas que seria muita sorte se tirassem os olhos de seus *smartphones*.

Onde toda essa clandestinidade faz mais estragos é em seus relacionamentos íntimos. Você pode presumir que as pessoas queridas saibam o que está acontecendo emocionalmente com você quando, na verdade, não têm a menor ideia. E o pior é que não vai acreditar quando elas lhe disserem isso. Para quem tem Câncer no Signo Solar e no Ascendente, não é nada fácil abordar as questões diretamente. Porém, quanto mais cedo fizer isso, mais cedo esclarecerá muitos mal-entendidos e falsas suposições.

SOL EM LEÃO/ASCENDENTE EM CÂNCER

Você exala calor como uma lareira ardente. As pessoas só querem vir sentar-se a seu lado. Talvez tenham algo a dizer, talvez não. E tudo bem, pois o silêncio nunca é algo que precise ser quebrado; é restaurador. De alguma maneira, só por estarem perto de você as faz se sentir abrigadas e protegidas. Sabem que tudo vai dar certo, como em uma história contada às crianças na hora de dormir.

Você sempre teve essa *vibe* de parentalidade, mesmo quando era criança. Leão é um signo paterno e Câncer é um signo materno, então é de admirar que você naturalmente assuma o controle e total responsabilidade das situações? Só que você não faz isso de forma autoritária. Você nunca isola nem passa por cima de ninguém. Seu Ascendente em Câncer é sutil demais para isso. Ouve pacientemente as pessoas falarem sobre seus grandes planos, suas ideias ambiciosas e como farão as coisas à maneira *delas*. E, quando percebem que estão aquém do exigido ou morderam mais do que podem mastigar, então – e só então – você intervém. Para você, elas são como crianças. Embora não queira destruir os sonhos alheios, ao mesmo tempo você precisa ficar atento ao desenrolar das coisas.

Família significa muito, mesmo que a sua não tenha sido exatamente exemplar. Pode parecer que está compensando ao tentar consertar as coisas, mas, na verdade, está mais interessado em criar a família que sempre quis. E isso inclui seu namorado(a) ou cônjuge, que parece ter vindo de um lar ainda mais disfuncional que o seu. Você acredita em apoiar e ajudar os outros; é por isso que é tão solidário e incentivador. No entanto, também sabe que não pode ajudar alguém que não se ajuda. Isso é algo em que você insiste.

O dinheiro gosta de você e você gosta do dinheiro. Parte disso provém de seu toque de Midas, mas é principalmente sua vontade de lançar-se com uma *startup* ou uma nova empresa. Você nasceu bem cedo, antes mesmo do raiar do Sol, e por isso entende que as coisas precisam de tempo para crescer. É essa sua paciência que o compensa com a passagem dos anos.

SOL EM VIRGEM/ASCENDENTE EM CÂNCER

Você nunca faz as coisas pelas pessoas; prefere lhes mostrar como devem fazê-las. Esse é o tipo de coisa que faz os patrões reclamarem e os colegas de trabalho carentes implorarem de joelhos na esperança de que você ceda, mas isso não vai acontecer. Você já está acostumado a lidar com a criança interior dos adultos, pois a conhece há anos. E, por isso, não se deixa pressionar nem manipular e mais: não se sente culpado. Você não se vende. Porém, o que sempre faz é recomeçar – quantas vezes forem necessárias – até que a pessoa a quem está ensinando ou treinando acerte. Você não faz nada de cor nem seguindo uma fórmula. Cada vida que entra em contato com a sua é uma vida pela qual se sente responsável. Basta isso para que dê o máximo de si para que esse tempo de convivência valha a pena e seja benéfico. Essa convivência pode não durar muito, mas terá sempre a duração certa. Ninguém jamais se esquecerá de você.

É incrível a rapidez com que os tipos mais recalcitrantes entram em seu ritmo. E isso não ocorre porque você tem a personalidade de um líder ou fique assustador quando levanta a voz. Você simplesmente tem um jeito de fazer as coisas que impressiona a todos por ser a maneira como elas deveriam ter sido feitas desde sempre. Sua filosofia consiste em dividi-las em três etapas fáceis para que todos possam alcançar os resultados desejados de forma rápida e eficiente. Você também tem um talento especial para discernir como elas absorvem informações. Nem todos aprendem da mesma maneira: alguns são verbais, enquanto outros são visuais, auditivos ou precisam pensar um pouco mais. Ao personalizar seu método, você garante que cada um transforme em suas as informações que você lhes transmite. Você está sempre encorajando-os a encontrar sua voz, a basear-se na experiência pessoal e a desenvolver a própria sensibilidade.

Talvez não seja especialmente sentimental, mas quem o conheceu tempos atrás com certeza sentirá muita nostalgia quando se lembrar de você. Para eles, você é a pessoa que tornou acessíveis ideias complexas, persistiu quando queriam desistir ou ensinou-lhes quanto vale uma lista de tarefas. E todos seguem até hoje as rotinas que você estabeleceu na vida deles há anos.

As pessoas mais queridas acostumaram-se a dividir você com estranhos. É o que acontece quando se é casado com um professor amado pelos alunos. É como ser casado com uma celebridade. Entendem que você pertence ao mundo e não veem problema nisso.

SOL EM LIBRA/ASCENDENTE EM CÂNCER

Você é altamente sensível a seu entorno. Tanto que para tudo que estiver fazendo para reposicionar um quadro que está torto ou remover uma flor morta da haste de sua orquídea. O ângulo de cada móvel tem precisão de Feng Shui. A cor das paredes precisa ser relaxante e a difusão da luz, suave, equilibrada e favorável. As pessoas devem sentir-se confortáveis quando entram em seu espaço. Você quer que elas fiquem à vontade, mas não que excedam o tempo-limite de sua hospitalidade, e é por isso que sempre olha para o relógio toda vez que se senta com alguém para conversar. Você tem o dom de um terapeuta para dizer quando o tempo da sessão acabou.

Muita gente ouve, mas você escuta: assimila o que os outros dizem e acompanha suas histórias ao longo de todas as reviravoltas. Você consegue diferenciar o que é verdade do que se destina apenas a despistá-lo. Entretanto, seu interlocutor nunca saberá o que você realmente pensa. Tanto Libra quanto Câncer são notoriamente avessos a confrontos. Não há necessidade de apontar uma incoerência, pressionar para obter informações antes da hora certa ou expor uma mentira; isso será feito por outra pessoa. O que você precisa fazer é avaliar, tarefa que é melhor executar deixando que as pessoas acreditem que você está do lado delas.

Os nativos de Libra com Ascendente em Câncer são excelentes entrevistadores e mediadores, motivo pelo qual você costuma estar nos departamentos de Recursos Humanos (RH). Seu Sol em Libra se esforça muito para remover todos os preconceitos. É por isso que você trabalha em cargos nos quais lhe cabe emitir um julgamento. Todos têm certeza de que você será justo. E seu Ascendente em Câncer tem uma incrível capacidade de fazer as pessoas se sentirem relaxadas: é quase como se emitisse íons negativos, como se fosse uma fonte interna. Se as coisas não derem certo com sua carreira em RH, você sempre poderá abrir um *spa*.

As pessoas geralmente presumem que você tenha algum interesse nelas quando, na verdade, não tem. Isso acontece porque você é naturalmente simpático e descontraído. Os librianos que têm Ascendente em Câncer muitas vezes evitam essas conversas constrangedoras fingindo não perceber, mas isso não é bom. A única coisa pior que a rejeição é dar a alguém falsas esperanças. É aí que você precisa cortar esse tipo de atração pela raiz, caso não seja mútua. Sim, você vai ferir alguém nesse momento, mas ainda assim é melhor do que permitir que esses sentimentos cresçam quando sabe que nunca vai conseguir retribuí-los.

SOL EM ESCORPIÃO/ASCENDENTE EM CÂNCER

Você odeia quando as lágrimas começam a brotar em seus olhos. É algo constrangedor e acontece quando as coisas ficam tensas. Não é assim que se imagina reagindo em situações de pressão. Você quer ser forte, insensível e incisivo – como se presume que os escorpianos se comportem quando estão sob ataque. Em vez disso, você sente seu lábio inferior tremer e sua voz oscilar. E mesmo que não entre em pânico, nem chore, haverá alguma outra forma de expressão que demonstre o quanto você se machucou. Isso leva as pessoas a amenizarem as críticas e a falar com você em tons mais brandos. Pode ser um sinal de submissão, mas é 100% eficaz quando se trata de fazer a outra parte recuar. Seu Sol em Escorpião se ressente ao ver como seu Ascendente em Câncer simplesmente joga a toalha sem sequer ter começado a lutar, mas é graças a seu Ascendente que você ressurge com o prêmio na mão ou o objetivo ao seu alcance.

O orgulho de Escorpião é infernal. Regido por Marte e Plutão, você prefere morrer a dar a alguém a satisfação de saber que levou a melhor. Só que Câncer, regido pela Lua, não é tão desdenhoso. Mais para autopreservação que para autodestruição, seu Ascendente não tem problemas em aquiescer, apaziguar nem se desculpar. Não faz questão de ter a última palavra. Em vez disso, busca um meio discreto de bater em retirada para poder voltar e vencer outro dia.

As pessoas com Sol em Escorpião e Ascendente em Câncer são extremamente criativas: amam as artes e as ciências e, muitas vezes, têm sucesso em ambas. Sua obsessão por objetos inatingíveis impulsiona sua criatividade. O que o instiga a ir além pode ser usar traições passadas para escrever canções que os outros ouçam quando sofrem uma desilusão no amor. Ou recusar-se teimosamente a declarar rendição diante de um problema. Seja como for, você nunca desiste. Tudo que você faz vem de um lugar pessoal de angústia e sofrimento. Isso pode ficar um tanto complicado quando algo de bom entra em sua vida, pois sempre há esse medo de perder sua "vantagem".

Para os escorpianos com Ascendente em Câncer, o maior problema a observar é o ressentimento decorrente de precisar desculpar-se tanto. É preciso lembrar-se de que é você quem fica pedindo desculpas; portanto não pode irritar-se quando as pessoas as aceitarem por educação. O ciclo vicioso termina quando para de pedir desculpas por tudo de maneira tão automática.

SOL EM SAGITÁRIO/ASCENDENTE EM CÂNCER

Você se sente em casa praticamente em qualquer lugar aonde vá. Seja em uma cobertura duplex em Manhattan ou numa casa de taipa no Mali, você não tem problema para se adaptar a seu entorno. Sagitário é um signo apaixonado pelo mundo e por todas as coisas maravilhosas que ele tem. Os delicados ecossistemas de culturas, tradições, religiões e culinárias são como portos de escala inebriantes que lhe dão a chance de perder-se em todos os seus aromas e cores. É por isso que muitos sagitarianos abandonam tudo diante da oportunidade de estudar ou trabalhar no exterior, mesmo sem conhecer ninguém no local de destino. Você quer não só ver os pontos turísticos que só podem ser vistos pessoalmente, como também quer viver a vida que nunca poderia ter vivido se não tivesse se arriscado. O que começa como uma jornada se transforma em um reencontro quando descobre que seu verdadeiro lar não se parece em nada com aquele em que foi criado.

Entretanto, alguém poderia pensar que isso se opõe radicalmente a seu Ascendente em Câncer. Os cancerianos supostamente são pessoas que nunca viajam além do próprio quintal. No entanto, a Lua, regente de Câncer, sempre foi considerada um planeta errante por nunca estar no mesmo lugar no céu noturno. Passava de um signo do zodíaco para o outro praticamente todos os dias. Além disso, a Lua era associada a Diana, deusa da caça. Durante séculos, os caçadores seguiram a caça por onde quer que ela fosse, rastreando rebanhos por vastas extensões de terra ou caçando baleias nos confins dos oceanos mundo afora. A Lua regia os oceanos muito antes da descoberta de Netuno.

Porém, sua errância não é apenas física; é também espiritual. A maioria das pessoas que se deixam fascinar por uma religião, ou sistema de crença, diferente daquela com que foram criadas simplesmente frequentará essa casa de adoração. Você precisa de mais. Viajará muitas vezes para a terra natal dessa religião, ou sistema de crença e, se surgir a oportunidade, se estabelecerá por lá. Os sagitarianos com Ascendente em Câncer são famosos por se naturalizarem em outro país.

E que dizer àqueles de vocês que não estão tão dispostos a deixar tudo para trás? Você tem um talento camaleônico para aprender línguas estrangeiras, praticar costumes alheios e dominar culinárias projetadas para diferentes paladares. Até mesmo a maneira como se apresenta dificulta aos outros identificar seu histórico. Não que isso importe. No que lhe diz respeito, você é realmente um cidadão do mundo.

SOL EM CAPRICÓRNIO/ASCENDENTE EM CÂNCER

Às vezes, você consegue ser ranzinza mesmo. Facilmente irritável e sem remorsos por causa disso, não gosta quando as pessoas o surpreendem incluindo uma tarefa extra à lista ou uma solicitação às exigências. Seus suspiros de exasperação não têm nada de sutil: são tão altos quanto o ar que escapa de um pneu. No entanto, você sempre fará o que lhe for pedido. Outros podem prometer o sol, a lua ou as estrelas, mas você entrega todo o céu noturno. E é o fato de saber que fará o que for preciso para agradar aos entes queridos que o deixa ainda mais... louco. Mas por quê? Porque se um deles suspeitasse de quanto você realmente se importava com os sentimentos dele, iria explorá-lo descaradamente.

Você não quer que seu coração caia nas mãos erradas, e é por isso que o guarda como se fosse o código de autorização emergencial para uso de armas nucleares dos EUA. Infelizmente, seu Ascendente em Câncer cria apego a praticamente tudo em que põe os olhos. Seja uma antiguidade negligenciada nos fundos de uma loja ou um animal resgatado com olhar de súplica para você, seu impulso é levá-los para casa. Você tem que agradecer a seu Sol em Capricórnio por jogar água fria em algumas de suas decisões mais equivocadas. E, mesmo assim, algumas vezes foi por pouco.

Camuflar seus sentimentos é exaustivo. Seria muito mais fácil se pudesse simplesmente desligá-los ou, melhor ainda, não ter nenhum. Você já viu muita gente que tem a profundidade emocional de uma piscina inflável. Por que você não pode ser assim? Seu Ascendente em Câncer é tão poderoso – talvez até mais forte – quanto seu Sol em Capricórnio, o que significa que nenhum dos dois vai ceder sequer um centímetro. Câncer é tão fiel ao próprio sentimentalismo quanto

Capricórnio ao próprio ceticismo. Felizmente, sua atração gravitacional lunar atrai pessoas que conseguem intuir sua luta interna. São elas que fazem caretas engraçadas quando você faz cara feia, gesticulam alegremente para espantar suas reclamações e telefonam para você no fim do dia para ter certeza de que está tudo bem.

Você não confia facilmente, o que significa que quem quer se aproximar tem que lhe dar muito tempo e espaço. Requer muita paciência, mas, como o mandacaru, um cacto que só floresce algumas noites por ano, a espera vale a pena.

SOL EM AQUÁRIO/ASCENDENTE EM CÂNCER

Sua presença é afável. Gentil, calado e tímido, desde criança você coloca as necessidades dos outros à frente das suas. Sempre disposto a ajudar numa emergência ou olhar o cão enquanto o dono é chamado, você é o exemplo típico da integridade. Se alguém pode ser descrito como a garota da porta ao lado ou o rapaz em quem se pode confiar, é você. Porém os que têm Sol em Aquário e Ascendente em Câncer são como super-heróis com identidades secretas. Todo mundo o aceita pelo que aparenta ser, mas não tem ideia de como você realmente é por dentro.

Você tende a manter um controle bem rígido sobre suas ambições. Não quer perturbar o *status quo*, pois percebeu há muito tempo que é mais inteligente e mais qualificado que a maioria, mas sair da linha e mostrar o que sabe fazer é pedir por problemas. Não só corre o risco de ver-se em apuros como também pode descobrir que não tem todo esse apetite por sucesso que acha que tem. Seu Ascendente em Câncer tem uma grande necessidade de pertencimento. Ele não quer contestar nada nem causar nenhum problema. Infelizmente, Aquário não é de olhar para o outro lado, pois está sempre ouvindo o chamado à ação que todos estão evitando.

Não é fácil ser para-raios de polêmicas. Isso decorre de ter nascido sob um signo do zodíaco que tem um talento para estar no lugar errado, mas na hora certa para mudar o curso dos acontecimentos. Você pode estar vivendo seu dia a dia, cuidando do seu próprio negócio quando, de repente, se depara com uma crise. Talvez acidentalmente se depare com arquivos que mostram que sua empresa está fazendo algo suspeito ou uma amiga o obrigue a jurar sigilo sobre coisas sobre as quais ela não deveria calar-se. Seu Ascendente em Câncer tem o tipo de rosto para o qual as pessoas podem confiar seus segredos, enquanto seu Sol em Aquário se angustia duvidando se manter esse segredo é a coisa certa a fazer.

Fazer o que é certo nem sempre parece certo no momento. Pergunte a qualquer delator. No entanto, os nativos de Aquário com Ascendente em Câncer são perspicazes o bastante para aceitar que o que você fizer será para o melhor. Compreensivelmente, amigos e colegas terão dificuldades em perdoá-lo, mas você sabe que um dia eles o farão – e podem até lhe agradecer por isso.

SOL EM PEIXES/ASCENDENTE EM CÂNCER

Você está sempre perto da água. Não importa se essa água está em *spas*, piscinas, lagos ou oceanos, você é atraído por ela como um labrador para uma poça de lama. Quem o conhece já sabe que não deve jamais interrompê-lo quando estiver no banho. Esse é o seu tempo privativo para escorregar sob as bolhas e lavar os problemas e as preocupações do dia. Algumas pessoas encontram alívio em igrejas silenciosas ou retiros espirituais. Você encontra o seu em comunhão com o elemento sob o qual nasceu. Seja por lembrar a vida no útero ou por ser sua maneira de esvaziar-se e abrir-se para o Inconsciente Coletivo, você se restaura e se reabastece a cada respingo ou gole. Uma garrafa de água nunca está longe de seu alcance.

Peixes é um sonhador. Você tem acesso total à sua imaginação. Todo mundo tem uma vida de fantasia, mas poucos mergulham tão fundo quanto você e ressurgem com algo para mostrar. Sua imaginação é um tesouro submerso de ideias e imagens; mitos e histórias abandonados que aguardam ser transformados em algo original, atemporal e duradouro. Os nascidos em Peixes com Ascendente em Câncer criam os mundos que visitamos nos romances, filmes e *video games*. Você domina a arte do encantamento com maestria.

Seu signo é mágico; um signo que as pessoas tratam com admiração e ambivalência. Admiração porque ficam espantadas com as coisas maravilhosas que você inventa; ambivalência porque você não é exatamente confiável. O tempo subaquático não funciona como o tempo em terra firme. Não há auroras nem crepúsculos no fundo do mar. Quando um pisciano se recolhe a seu lugar subaquático, semanas e meses podem passar sem que perceba. E quando torna a aparecer, como um daqueles reinos lendários que se materializam uma vez a cada cem anos, ele é tão casual e tagarela como se vocês tivessem se reunido para tomar um café ontem.

Felizmente, seu Ascendente em Câncer evita que passeie longe demais de casa. O signo zodiacal da família, seu Ascendente o mantém firmemente ancorado na vida de parentes e amigos. Você pode desaparecer num devaneio, mas ainda está fisicamente presente e é levado em conta. E esse é o segredo de sua produtividade. Você pode ressentir-se de ter contas para pagar e bocas para alimentar, mas isso o obriga a ser produtivo em vez de falar melancolicamente sobre todas as coisas que gostaria de fazer um dia.

SOL EM ÁRIES/ASCENDENTE EM CÂNCER

Você odeia ver alguém chateado. Câncer é o signo zodiacal da boa mãe, o que implica que você vai parar imediatamente o que está fazendo para tentar saber se está tudo bem com a pessoa em questão. E não importa se for alguém que você deteste. Sofrimento é sofrimento, e seu impulso é pegá-la nos braços e niná-la até que se sinta melhor. Obviamente, não se pode fazer isso no meio de uma reunião de negócios, mas você faz questão de procurar a parte prejudicada depois para ter certeza de que está bem. Seu Ascendente em Câncer entra em cena sempre que as discussões vão ficando mais acaloradas ou o vale-tudo passa dos limites.

Como você pode imaginar, isso não combina exatamente com seu Sol em Áries. Áries é regido por Marte, nomeado em homenagem ao deus romano da guerra. Nada faz um ariano mais feliz que vencer um inimigo e deleitar-se com sua derrota. No entanto, o curioso sobre arianos com Ascendente em Câncer é o fato de serem compassivos e combativos em partes iguais. Para quem não os conhece bem, é intrigante vê-los instigarem um amigo a falar grosso para intimidar alguém e depois serem os primeiros a apoiar essa outra pessoa.

Os primeiros médicos foram os próprios soldados. Isso porque, na Antiguidade, os soldados feridos em combate precisavam ser cuidados pelos companheiros imediatamente ou morreriam, o que significava que todo soldado tinha que estar familiarizado com a limpeza e o curativo de uma ferida. É uma estranha contradição pensar que todo guerreiro era também um curandeiro, mas isso ainda é verdade nos dias de hoje. Marte, seu Planeta Regente, rege facas e espadas, armas cortantes. No entanto, também rege o bisturi do cirurgião, o instrumento em que confiamos para extração delicada de tudo que estiver ferido ou contaminado. Os nativos de Áries com Ascendente em Câncer são tão propensos a trabalhar em prontos-socorros quanto em cozinhas de restaurantes movimentados.

É sua a mão calma na testa febril, a voz de comando que evita o pânico ou a piscadela amiga e reconfortante que mostra a todos que você está ali ao lado deles. Sempre perto da ação, você incentiva as pessoas a fazerem as coisas que acham que não conseguem. Você também as ajuda a recolher os pedaços quando as coisas desmoronam. Seu compromisso em trazer à tona o melhor dos outros traz à tona o melhor de você.

SOL EM TOURO/ASCENDENTE EM CÂNCER

A vida parece melhor com o estômago cheio. É incrível como você pode magicamente produzir uma caixa de sorvete do nada ou uma barra de chocolate quando não havia nada na manga. E, em tempos de muito estresse, você já ficou famoso por saber criar coquetéis perfeitos. Você sabe que a comida é um consolo e tanto, e é por isso que tem algo pronto para amigos com coração partido e familiares desanimados. Os taurinos com Ascendente em Câncer são os grandes rochedos de Gibraltar da Astrologia: estão sempre ali com um ombro para oferecer e um abraço apertado para dar. Não há em você nada de escarpado ou desgastado pelo tempo. Se alguém precisa de um lugar para ficar até poder reconstruir a própria vida, será em um quarto de hóspedes bem decorado com almofadas macias e lençóis de algodão egípcio. Você é o abrigo favorito de todos contra as tempestades.

Indulgente e protetor, você não é o melhor quando se trata de deixar as pessoas aprenderem suas próprias lições de vida. Você se preocupa, sem saber se elas conseguirão lidar com as decepções. É por isso que evita conversas desagradáveis, descarta fatos incriminatórios e prefere pagar a conta a deixar que alguém sofra as consequências dos próprios erros. Você vê essas ações como cuidar dos mais próximos, mas a coisa é um pouco mais obscura do que isso. Câncer é um signo maternal, e Touro pode ser bem possessivo. Cultivar a dependência garante que amigos e entes queridos nunca se aventurem a ir muito longe.

O resultado é que você pode ver-se cercado por pessoas que nunca conseguem dar conta da própria vida. É admirável que queira protegê-las das flechas perdidas do destino caprichoso. Contudo, quando você faz isso, elas acabam criando maus hábitos. Incentivar as pessoas a evitarem obstáculos não as ajuda a crescer. Quando muito, serve apenas para atrasá-las.

A grande ironia disso é que você nunca recorreu a ninguém para chegar aonde está hoje; fez tudo sozinho. Entretanto, se realmente quiser que as pessoas de sua vida se tornem aquilo a que estão destinadas a ser, precisará tirá-las do ninho. E não importa se os tempos são difíceis, porque, se elas não aprenderem a se virar sozinhas, então nunca vão aprender. Não tem problema ajudar se elas caírem, mas primeiro deixe-as cair. Elas podem surpreendê-lo escapando ilesas de suas próprias quedas.

SOL EM GÊMEOS/ASCENDENTE EM CÂNCER

As pessoas não podem deixar de achar que não estão entendendo toda a história. Há algo em sua maneira de mudar de posição na cadeira ou evitar contato visual que as leva a acreditar que você sabe mais do que deixa transparecer. E, na verdade, sabe mesmo. É a grande contradição de Gêmeos: ter acesso às informações mais sigilosas sem ter a capacidade de guardá-las para si. Se fizer o que lhe der na telha, você vai contar a fofoca a todo mundo tim-tim por tim-tim, mas seu Ascendente em

Câncer não permitirá que isso aconteça. Como uma condenação a uma mordaça cósmica, ele lhe tranca os lábios e joga a chave fora, permitindo-lhe apenas recorrer a comentários enigmáticos e olhares sugestivos.

Quando mais jovem, você se ressentia dessa sensação de ser silenciado por seu próprio censor zodiacal. Você nunca sabia quando ele iria mandar encerrar a conversa, mas, com o tempo, passou a apreciar sua oportuna intervenção. Mais para instinto de sobrevivência que para crítico interno, você confia piamente que sabe quando ficar calado – como um filhote que congela onde está porque há um predador por perto. Seu Ascendente em Câncer tem um sexto sentido para o perigo – físico ou emocional – e instintivamente o evitará. Seu Sol em Gêmeos, no entanto, não quer ficar de fora: ele não resiste a ultrapassar o limite que você foi advertido a não transgredir.

Quando se é um geminiano com Ascendente em Câncer, muitas vezes se patina bem perto do limite. Você pode encontrar-se em situações questionáveis, envolvido em transações duvidosas ou abordando tópicos inconvenientes. O incrível é como pessoas que não responderiam a ninguém respondem positivamente a você. O fato é que sempre acaba recebendo as informações que procura. E, se não for possível, tem o estranho dom de transformar as coisas naquele jogo de adivinhação no qual você pergunta se está mais quente ou mais frio e o outro sempre embarca nesse seu jogo.

Você tem problemas quando não presta atenção às suas antenas de caranguejo. Os geminianos têm a infeliz tendência de substituir seus impulsos instintivos por hipóteses que começam com "e se...". E como o Signo Solar é mais forte que o Ascendente, ele sempre vencerá. Isso explica todas aquelas decisões em que você gostaria de ter virado à esquerda em vez de à direita. Felizmente, você sobreviveu e continuará a sair das sinucas de bico em que se mete. Os geminianos são como gatos: você tem sete vidas e sempre aterrissa ileso.

ASCENDENTE EM LEÃO

♌

Você tem um porte nobre.

Você tem um porte nobre. E não importa que sua origem seja humilde ou que não tenha sequer um centavo para herdar: você impacta as pessoas como alguém destinado à grandeza. Irradia tanto sucesso que todos podem ver que tem muito talento ou competência e que subirá na vida. É por isso que portas se abrem, oportunidades surgem e presentes são postos a seus pés. Não é você que vai em busca da sorte; é a sorte que vem à sua procura. Agora, pode parecer estranho que a primeira impressão que cause tenha um impacto tão grande – você mesmo se surpreende com isso –, mas é isso que acontece quando seu Signo Ascendente é regido pelo Sol. É como ter uma estrela dourada ao lado de seu nome. E se é assim que os outros o tratam, então para que discutir?

Entretanto, nem sempre é fácil dizer se as pessoas querem o melhor para você. Por um lado, está perfeitamente consciente do carinho que elas têm por você. Não escondem sua admiração – elogiando-o por todas as coisas que você faz e sempre repetindo quanto deve ser maravilhoso ser você. E, com seu Ascendente em Leão, você não consegue deixar de reagir ronronando como um gatinho. A bajulação será sempre a sua fraqueza. No entanto, é difícil abalar essa sensação de que você também está sendo preparado para o fracasso. Você é de fato tão bom quanto alardeiam? E o que acontece se você não for? Você está cercado por grandes expectativas e pela regra tácita de que faz jus a todas elas.

Quem tem Ascendente em Leão muitas vezes é descrito como arrogante. E há alguma verdade nisso porque, quando se tem uma vida que é um livro aberto, como é seu caso, é preciso ser ousado. Você aprendeu há muito tempo que é melhor assumir o comando de uma situação do que deixá-la assumir o comando sobre você. Pode até ser que não saiba o que está fazendo metade do tempo, mas, se há alguém que sabe fingir até conseguir, é alguém que tem Ascendente em Leão. Sua suprema confiança de que tudo vai dar certo projeta convicção. É incrível a rapidez com que as pessoas se alinham com você apenas porque o ouviram falar.

O segredo inconfessável por trás de quem tem Ascendente em Leão é que você é viciado em agradar os outros. Você quer que todos aplaudam o que faz. Se a pessoa errada franzir a testa, você inverte sua posição ou começa a saltar através de arcos para fazê-la sorrir e bater palmas novamente. Se quer ser visto como rei das selvas em vez de malabarista de circo, vai precisar correr o risco de desagradar as pessoas de vez em quando. É por isso que se diz que é pesada a cabeça de quem usa uma coroa.

SOL EM LEÃO/ASCENDENTE EM LEÃO

As pessoas anseiam por sua aprovação. Estão sempre checando se você está feliz com a maneira como as coisas estão indo. E se um olhar carrancudo cruzar seu rosto, querem saber se há algo que podem fazer para tornar sua vida melhor. É estranha a maneira como as pessoas o reverenciam. Mesmo que sejam perfeitamente capazes de fazer algo por conta própria, sempre pedem sua opinião. É algo a que você se acostumou com os amigos e os mais próximos, mas fica um pouco esquisito quando quem está a seu lado são especialistas claramente mais experientes do que você.

Os leoninos com Ascendente em Leão são as celebridades da Astrologia. Tudo muda quando você entra numa sala. As pessoas correm até você implorando por uma *selfie*, enquanto outras se agarram a cada palavra sua. E há aqueles que secretamente desejam que você saia para que a vida volte ao normal. Quando era mais jovem, se deleitava com essa atenção, mas com o tempo começou a perceber o que pode acontecer se não tiver cuidado com o modo como direciona seu olhar. As pessoas se sentem insultadas com muita facilidade. Sabem se você está olhando através delas ou se está pensando em outra coisa enquanto estão falando com você e acabam ficando visivelmente chateadas. Quem irradia tanta energia solar está em exibição constante como um animal no zoológico. Não existe dia de folga. Não dá para se safar assim sem mais nem menos. Outros Signos Ascendentes podem dobrar as regras, inventar uma mentirinha e até sair à francesa quando ninguém está vendo, mas não você. Sempre será pego em flagrante porque todos os olhos estão voltados para você.

Pelo fato de ser tão bem-sucedido nas coisas que vêm naturalmente, é um choque ouvi-lo dizer que quer tentar algo diferente. É como ouvir uma comediante anunciar que, a partir de agora, só vai fazer dramas sérios. De repente, as pessoas que o apoiavam não estão mais do seu lado. E, como o público de cinema, ignoram o que você está fazendo. Esse tipo de ostracismo pode ser muito difícil de aceitar, e muitos de vocês retornarão ao papel que devem desempenhar. Mas os que estiverem dispostos a arriscar a rejeição e o desdém descobrirão que, depois de um tempo, mesmo aqueles que se colocaram contra você vão aplaudi-lo novamente: você é um Leão com Ascendente em Leão e não pode evitar reconquistar seus corações.

SOL EM VIRGEM/ASCENDENTE EM LEÃO

Você é muito mais do que se permite ser. As pessoas reconhecem isso o tempo todo quando o elogiam por um trabalho bem-feito ou se maravilham com a maneira como salvou habilmente uma situação. Elas sabem que você é capaz de grandes coisas, e é por isso que o encorajam a pensar grande. No entanto, sua reação é minimizar o que faz. Outros presumem que você esteja sendo modesto, mas, na verdade, é uma forma de autocontrole. Sol em Virgem com Ascendente em Leão são um pouco como lobisomens que lutam para manter seu lado selvagem sob controle. Você não tem medo de ser *visto* como egocêntrico, mas sim de *tornar-se* egocêntrico, dominando toda a conversa e sugando todo o oxigênio da sala. E, por isso, pratica a humildade rigorosa: resistir aos holofotes e abnegadamente atribuir crédito a outro o impede de transformar-se numa pessoa que faz o que for preciso para chamar a atenção.

Então, quando foi que *ego* se tornou uma palavra tão perigosa? Você precisará voltar à infância para descobrir isso. Talvez um de seus pais tivesse um senso de importância excessivamente inflado que era descarado e constrangedor ou o outro se depreciava a ponto de aniquilar-se. Seja como for, você ficou com uma imagem distorcida na qual qualquer coisa que visava atender a si mesmo era imediatamente denunciada como narcisismo.

Talvez se você nascesse num momento do dia em que o Sol estivesse mais distante do Ascendente seria mais fácil reconhecer a discrepância, mas o fato de os dois signos estarem bem próximos um do outro no zodíaco dificulta a visão. É por isso que seu Sol em Virgem está sempre criticando e castigando seu Ascendente, que, como bom Leão, rosna ao estalar do chicote.

Em algum momento você vai descobrir o quanto desvalorizar-se assim pode ser contraproducente. A autonegação não é a resposta quando você é melhor que a maioria. Você sabe que se esforça mais, trabalha durante mais horas e é mais talentoso. Mas é você quem fica dizendo que não é nada disso. É você quem fica se abaixando sob um teto que é baixo demais para ficar de pé. Você não chegará depressa a lugar nenhum fingindo ser alguém que não é, e isso é algo que seu Ascendente em Leão não consegue suportar. Se não quer ser uma daquelas pessoas que nunca faz jus ao próprio potencial, seria uma boa ideia soltar um pouco o controle e deixar o leão cuidar do resto.

SOL EM LIBRA/ASCENDENTE EM LEÃO

Com sua ousadia, precipitação e firmeza, você pode ter dificuldade em relacionar-se com a descrição clássica de um libriano. Não há nada em você que seja descompromissado ou indefinido. Você não se preocupa com as escolhas, assim como não vai sondar os amigos sobre o que vestir em determinado dia. Você tem um toque dramático, um visual característico e talvez até uma marca pessoal. Quem tem Sol em Libra e Ascendente em Leão conhece a própria mente e o próprio coração e não deixa que ninguém o desequilibre.

Librianos com Ascendente em Leão são irresistivelmente atraentes. Isso decorre do fato de terem um Ascendente regido pelo Sol (magnético e carismático) e um Sol regido por Vênus (primorosamente equilibrado e de bom gosto). O estranho é que você não precisa ter uma beleza clássica. Na verdade, provavelmente não é o seu caso e é exatamente isso que as pessoas acham fascinante a seu respeito. Se fizesse uma rinoplastia ou uma dieta que alterasse sua aparência de alguma maneira, arruinaria o efeito. No fundo, você sempre soube disso e, à medida que sua autoconfiança foi crescendo ao longo dos anos, passou a acentuar ainda mais essas suas características marcantes.

Hoje em dia, muita gente fala de autenticidade, porém você está mais interessado em estilo. O estilo é uma espécie de declaração que continua causando uma impressão muito depois de você ter saído da sala. É algo que as pessoas admiram e querem copiar. Sempre pesando o efeito que exerce sobre os demais, você está constantemente avaliando seu desempenho para saber quando é melhor ser discreto ou exagerar para obter o resultado esperado. Os nativos de Libra com Ascendente em Leão frequentemente estão envolvidos na compra e venda de itens de alto valor que podem pertencer desde ao mundo da moda até o universo dos imóveis. Vocês nunca falam em dinheiro. Se um cliente tiver que perguntar sobre preços, você polidamente lhe dirá que talvez seja melhor para ele ir a outro lugar.

Onde você é libriano por excelência é na busca incessante pelo companheiro perfeito. Os librianos idealizam os relacionamentos, e seu Ascendente em Leão é um romântico incorrigível. Trata-se de uma combinação irreprimível porque, apesar de todos os seus rígidos padrões, você logo joga fora o livro de regras quando alguém de beleza estonteante entra na sala. E teimará em cometer o mesmo erro todas as vezes: pressupor demais e questionar de menos. Entretanto, apesar de toda a desilusão e todo o desespero que promove depois, esse é claramente um erro que você nunca se cansa de cometer.

SOL EM ESCORPIÃO/ASCENDENTE EM LEÃO

Você é tão convincente quanto inquestionável. A atração gravitacional de seu Ascendente aliada à aura misteriosa de seu Signo Solar faz de você alguém que todos notam imediatamente. Não há sentimentos ambivalentes a seu respeito: as pessoas o amam ou o evitam.

Você pode não se ver como uma personalidade dominadora, mas é assim que os outros o veem. Eles podem sentir instintivamente que você é o tipo de pessoa que sempre sai ganhando porque, vencendo de imediato ou voltando anos depois para fincar sua bandeira, no fim, a última palavra será sua. É por isso que muitos preferem ceder o campo a duelar com você.

Agora, convenhamos que esse é o tipo de notoriedade de que um escorpiano pode realmente desfrutar. Você gosta de ser assustador. Mas, se os escorpianos são noturnos por natureza, seu Signo Ascendente é pura luz solar. Ele quer banhar-se nos raios solares e absorver seu calor. E, como você pode imaginar, haverá um conflito entre esses dois diferentes lados de sua personalidade.

Quando você está ligado, você está ligado. Seu sorriso deslumbra e seus olhos brilham. Você se movimenta com o andar glamouroso de uma estrela de cinema no tapete vermelho. Você sabe muito bem que está em exposição e terá prazer em dar às pessoas o que querem. E pode até encarar um admirador e dar-lhe uma rápida piscadela. Os nativos de Escorpião com Ascendente em Leão podem ser deliciosamente bregas.

O que isso encobre é um profundo ceticismo. O Ascendente em Leão sempre representa para a multidão, mas os escorpianos têm uma profunda compreensão da credulidade das pessoas. E isso, em vez de fazê-los sentir-se inteligentes, só os torna solitários. Nascido sob o signo do zodíaco de segundas intenções, você vê como as pessoas são desajeitadas em disfarçar suas motivações. É por isso que nunca passam da corda de veludo vermelha.

Você não acredita quando ouve alguém dizer que o ama. Questiona constantemente se essa pessoa quer mesmo dizer isso. O problema é o poço sem fundo de angústia que todo escorpiano carrega dentro de si. Felizmente, seu Ascendente em Leão atrai pessoas para você como um zoológico atrai multidões. Elas estão mais que satisfeitas em demonstrar-lhe mais afeição do que você se inclina a retribuir. E, com o tempo, quando perceber que não lhe estão cobrando nada, pode até baixar a guarda. Ninguém está dizendo que tem que acreditar na adulação delas, mas onde foi dito que não pode apreciá-la?

SOL EM SAGITÁRIO/ASCENDENTE EM LEÃO

Você sempre foi o favorito. Escolhido desde cedo por um dos pais ou parentes que não tinha escrúpulos em mimá-lo, nem de falar horas sobre seus dotes, talentos e beleza. Ficou claro desde o início que ele se orgulhava de você e é esse selo de aprovação que carrega por toda a vida. Quando criança, muita gente é informada de todos os tipos de coisas que, quando cresce, acaba descobrindo que não são verdadeiras. Porém, esse reconhecimento está tão embutido em seu coração que nunca duvidou dele nem por um momento. É uma fé inabalável em si mesmo que sempre estará lá quando você se sentir perdido ou desanimado.

Não é preciso nem dizer que não foi fácil. Seus irmãos não gostavam de ser vistos como "prêmios de consolação", e seus amigos não gostavam de ser comparados a você pelos próprios pais. Ser apontado como um exemplo brilhante do que fazer de certo nem sempre o tornou popular.

Em vez de respeito e admiração, atraía ciúme e animosidade. Felizmente, um nativo de Sagitário com Ascendente em Leão vê os revezes com bom humor. Sua insistência incansável em olhar para o lado bom das coisas, aliada à sua perícia em transformar limões em limonada, o mantém seguindo em frente, não importa quantas vezes seja nocauteado.

Por ironia, seus maiores avanços se dão exatamente quando você chega a um beco sem saída porque os sagitarianos com Ascendente em Leão vêm com um *deus ex-machina* embutido em seus mapas. Você pode estar prestes a ser despejado por não pagar o aluguel e fica sabendo de um cliente para seu trabalho ou, então, ajuda um estranho que pode abrir-lhe portas em retribuição. É nessas reviravoltas fortuitas que você é mais uma vez reconhecido por alguém influente que o levanta e o coloca de volta no pedestal que é seu lugar. Sem dúvida, ao longo dos anos, houve algumas situações em que você se safou por pouco ou foi salvo pelo gongo, mas isso nunca deixou de acontecer.

Tomara que você entenda para onde tudo isso leva: uma coisa é ser fiel a si mesmo, e outra bem diferente é ser encarregado de uma obrigação moral de fazer exatamente isso. O destino sempre o recolocará no caminho da realização de seu potencial e do máximo aproveitamento de seus dotes, mas ainda assim é você quem tem que empreender a jornada.

SOL EM CAPRICÓRNIO/ASCENDENTE EM LEÃO

Muitas vezes lhe perguntam: o que você faz trabalhando aqui? No início, era lisonjeiro porque o fazia se sentir especial, mas com o tempo ficou meio chato porque você gosta do trabalho que faz para viver e não gosta de vê-lo depreciado. Você tem muito orgulho do serviço que presta e das etapas extras que realiza para garantir que o seu trabalha seja sempre bem-feito. O que faz para viver pode não ser a coisa mais glamourosa do mundo, mas lhe dá muita satisfação. Ele lhe permite pôr comida na mesa, dinheiro no banco e um teto sobre sua cabeça e a cabeça das pessoas de quem você gosta. Sua certeza de ter suprido tudo e previsto todas as contingências permite-lhe dormir o sono dos justos.

No entanto, as pessoas continuam persistindo na crença de que você deveria estar fazendo outra coisa. Acham que deveria trabalhar na TV, desfilar em uma passarela ou gravar um *single* que certamente ganhará um disco de platina. Você tem algo que as faz pensar que é melhor do que as circunstâncias em que elas o veem. A julgar pelo modo que falam a seu respeito, seria de pensar que você é o filho desconhecido de um amor há muito perdido de John F. Kennedy Jr. ou a tataraneta da princesa Anastasia. Ser capricorniano com Ascendente em Leão tem esse tipo de efeito; as pessoas têm uma expectativa tão alta de grandeza a seu respeito que não lhe permite o fato de estar bem como está.

Você confia no Tempo e no Destino. Se algo está destinado a acontecer, então acontecerá. Entretanto, isso não significa que vai cruzar os braços e aceitar tudo que as estrelas lhe reservarem. Você é capricorniano, tem muita fé em esforço e trabalho duro e em um plano de ação que vai render muito um dia. Mas, como qualquer cabra-montês, também sabe que é preciso descer de um pico para poder escalar outro mais alto, o que significa fazer financiamento estudantil, cumprir seu tempo de vacas magras até ser respeitado em sua área ou trabalhar como aprendiz de um mestre severo, se ele for a única pessoa que pode treiná-lo para ser o melhor naquilo que quer fazer. Os capricornianos parecem predestinados a seguir o caminho mais difícil. Os outros podem balançar a cabeça ao vê-lo escolher um curso tão oneroso, mas você sabe que, no fim, tudo vai se encaixar. Seu Ascendente em Leão vai garantir isso.

SOL EM AQUÁRIO/ASCENDENTE EM LEÃO

As pessoas acham que você é arrogante, mas isso não é verdade. Se há algo em que você acredita é que toda voz deve ser ouvida e todos os lados da discussão precisam ser respeitados, motivo pelo qual você nunca vai tentar convencer nem mandar em ninguém. Embora se considere beneficiado por perspectivas diferentes, no fim das contas, a decisão final sempre cabe a você. E essa é a parte sua que as pessoas consideram arrogante e dominadora.

Você está acostumado a ser o adulto na sala. Tem sido assim desde sua infância. Uma parte disso vem do fato de os aquarianos nascerem incrivelmente maduros – você tinha um olhar divertido quando ainda era bebê – e a outra decorre de um de seus pais não estarem por perto. Os mapas astrais do pôr do sol geralmente indicam a partida precoce de um dos pais, física ou psicologicamente, o que implicava que você teria que se sustentar sozinho. Essa mistura peculiar de ser muito maduro para a idade, mas nunca ter superado sua criança interior, ainda o segue até hoje.

A combinação de Aquário e Leão o torna autêntico e honesto. Os aquarianos sempre dizem a verdade e seu Signo Ascendente não consegue esconder o que sente; entretanto, isso não significa que você não tente controlar o fluxo de informações. Decidir caso a caso quem deve saber o quê e quanto cria nas pessoas a impressão de que está sendo totalmente sincero e direto quando, na verdade, não está. Modificar o que é dito e a quem pode ser tão enganoso quanto mentir descaradamente, e você se mete em apuros quando perde a noção de quem tem conhecimento do assunto. A questão na vida de quem tem Ascendente em Leão é que, como o Sol, uma hora tudo acaba vindo à tona e você pode acabar se expondo de maneira muito pública.

O maior erro que comete é presumir que só você pode resolver um problema. É algo muito próprio do Ascendente em Leão acreditar. É por isso que haverá momentos na vida em que você cairá feio, mas, felizmente, o rei tem muitos cavaleiros e muitos cavalos prontos para juntar seus pedacinhos. O que aprenderá com o tempo é que as pessoas são mais capazes de lidar com a verdade do que você pensa e, se tiverem a chance, podem surpreendê-lo com sua perspicácia, eficácia e prestatividade.

SOL EM PEIXES/ASCENDENTE EM LEÃO

Quer queira, quer não, você é um artista nato. Tem esse dom de personificar as visões dos outros. Você é o personagem descrito no roteiro, a voz que imaginam ouvir mentalmente ou um ideal metamorfoseado em carne. As pessoas ficam tão animadas quando você está por perto que seria uma pena decepcioná-las. E, dado o seu amor pela aprovação, você terá o maior prazer em agradá-las.

A sua é como uma daquelas vidas sobre as quais os cineastas fazem filmes. Os piscianos com Ascendente em Leão muitas vezes começam sem a menor esperança de sucesso, sobem ao topo, cometem todos os erros imagináveis e, de algum modo, acabam redimidos no fim. Se seu triunfo for inspirador ou um conto moral, pode ter certeza de que ninguém jamais o odiará. Mesmo que, de repente, você se afastasse de tudo o que construiu, as pessoas continuariam do seu lado. Elas não conseguem deixar de amá-lo, por mais corações que você já possa ter partido.

Você é um mistério para todos, inclusive para si mesmo. Se fosse entregue à própria sorte, não se incomodaria em ficar sozinho, pois não vê nenhum problema no silêncio nem em longas caminhadas sem rumo, tendo apenas seus pensamentos como companhia. Mas esse

Ascendente em Leão continua a chamá-lo de volta como a mãe megera de um artista mirim que exige total obediência. Ele virá agarrá-lo pela gola e empurrá-lo na frente da cortina para vê-lo fazer aquela coisa que você faz que leva as pessoas a quererem aplaudir e gastar dinheiro. E não é por acaso que os piscianos com Ascendente em Leão são famosos por perderem todo o dinheiro que têm, seja gastando mais do que podem, fazendo investimentos imprudentes ou por confiarem em alguém que os enganava. Você pode sentir vergonha por fazer escolhas tão ruins, mas não entre nessa. Na verdade, trata-se de um mecanismo que já vem embutido em seu mapa: é a maneira que as estrelas têm de permitir-lhe algum tempo de inatividade, mas não muito. Quando você se afastar de tudo por um tempo longo demais, as circunstâncias vão conspirar para fazê-lo voltar e apresentar-se de novo. O seu mapa sugere que você não deveria se aposentar.

Muitas vezes, quem nasce com Sol em Peixes e Ascendente em Leão se pergunta quanto de sua vida é escolha sua e quanto é dedicado à satisfação de expectativas alheias. Na verdade, é uma mistura das duas coisas e, quanto mais cedo encontrar uma maneira de fazê-las encaixar-se, mais feliz você será. A adoração o mantém vivo e seu segredo inconfessável é gostar de ser adorado.

SOL EM ÁRIES/ASCENDENTE EM LEÃO

A maioria das pessoas se atrapalha para desligar o despertador quando toca de manhã, mas você se levanta com um salto inesperado, ansioso para ver o que lhe trará o novo dia. Não há sequer um desafio que já tenha enfrentado nem um dilema com o qual já tenha lutado que não aconteceu especificamente para abrir seu coração, ampliar seus horizontes e elevar sua consciência.

Poucas pessoas vivem o momento como você. A maioria se debruça sobre o passado ou se preocupa com o futuro, mas você está sempre conectado com o que está acontecendo *agora*. É assim que consegue cumprimentar as pessoas que vê todos os dias com novos olhos e ouvir seus problemas, dificuldades e reclamações como se fosse a primeira vez. Tudo em você é edificante: seu apoio é sincero; seus conselhos, perspicazes, e sua orientação se baseia no que cada um *pode* fazer e não no que fez. Porém você não se deixa enganar pela vida nem é um otimista cego. Você recebeu do Destino mais que seu justo quinhão de golpes no estômago. Contudo, se há algo que aprendeu ao deixar o tatame é a importância de sair de uma derrota levando o que é educativo e deixando o resto. Ficar aquém nos mostra o quanto precisávamos ir mais longe e uma fraqueza revela uma força que pede para ser desenvolvida.

Você é uma pessoa de momentos de muita felicidade ou realização; não de emoções turbulentas. É exatamente isso que acontece quando o Sol é exaltado em Áries. Seu Sol é do início da estação, o que significa que é jovem e vibrante e está apenas começando. Não há nada em você que revele tédio nem cansaço ou que o faça sentir que não merece mais por ser quem é. Respeito que tem que ser merecido; admiração, conquistada e seu valor, sempre comprovado. E, embora possa ter 70 anos, vai entrar em todas as competições com a determinação de um atleta de decatlo. É certo que pode não ter o desempenho que tinha, mas isso não o impedirá de dar o melhor de si. Essa atitude receptiva e confiante em relação a desafios sempre será sua marca.

Você não será o melhor amigo de todo mundo, mas estará com a maioria. Sol em Áries com Ascendente em Leão é uma das combinações mais agradáveis. Como o Sol que se levanta a cada dia, as pessoas não conseguem deixar de voltar-se em sua direção para aproveitar seu calor e sua luz.

SOL EM TOURO/ASCENDENTE EM LEÃO

É difícil deixar de notar esse sorriso deslumbrante. Ele é tão singular que, se um amigo marcasse com você para almoçar e o descrevesse à garçonete, ela seria capaz de levá-lo até a sua mesa. Mais identificável que uma gargalhada e mais cativante que um olhar, seu sorriso sempre o entrega. Mesmo nos momentos em que está sério e focado na tarefa em mãos, ele lhe sobe aos olhos e os faz brilhar. Você simplesmente não consegue deixar de ser a pessoa mais iluminada da sala. E dado que Touro é regido por Vênus e seu Signo Ascendente é regido pelo Sol, não há dúvida de que você também terá cabelos maravilhosos.

Os taurinos com Ascendente em Leão são laboriosos e perseverantes. Você se orgulha de sua pesada carga de trabalho e muitas vezes chama a atenção para isso – como um halterofilista grunhindo triunfalmente na academia para que todos vejam quanto ele lutou para chegar lá. Você tem ar de comando e não pensa duas vezes antes de mostrar aos colegas que a melhor maneira de fazer as coisas é do seu jeito. E o faz muitas vezes porque sabe o que está fazendo. Outros podem acusá-lo de ser presunçoso ou arrogante, porém o que mais importa é fazer um bom trabalho. No seu caso, tudo diz respeito ao trabalho.

Respeitar os limites dos outros é uma lição que dura a vida toda para os taurinos com Ascendente em Leão. É engraçado que, para alguém que perde as estribeiras toda vez que outros invadem seu espaço, você não pense duas vezes antes de invadir o deles. Você pode saber o que é melhor para amigos e entes queridos, mas eles nunca vão ouvi-lo, a menos que recue e deixe-os tomar suas próprias decisões. Embora fique louco com a maneira como uma pessoa querida evita um confronto ou um amigo vacila infinitamente sobre uma situação que não poderia ser mais simples, você precisa deixá-los fazer exatamente isso. Precisa acreditar que sabem o que é melhor para si. É difícil ver as pessoas de quem você gosta fazerem besteiras, mas de que outra maneira elas vão poder aprender? Se não as deixar cair de cara no chão, nunca aprenderão a reerguer-se e tentar novamente. Essa confiança nelas pode não lhe parecer grande coisa, mas, para elas, significa muitíssimo.

SOL EM GÊMEOS/ASCENDENTE EM LEÃO

Você é amigo da diversão: espontâneo, irreverente e um tantinho malandro, acaba se safando de todas as travessuras que apronta quando zomba dos mais convencionais, mostra que não dá a mínima para a autoridade e diz verdades que poucos se atreveriam a expor. Porém, você nunca faz isso de maneira condescendente ou maldosa. É sempre simpático e bem-humorado, até mesmo brincalhão. Isso cria a impressão de que você é um cara normal que só está dizendo as coisas como elas são e é exatamente a sua franqueza que as pessoas acham tão cativante. Você pode até se fazer de burro, mas é danado de inteligente e reconhece uma oportunidade quando a vê. Nascido na hora do dia em que o Sol está alto no céu, mas ainda não atingiu o pico, não há limite para sua ambição. Quando as pessoas lhe perguntam até onde acha que irá na vida, você responde que saberá quando chegar lá.

Ninguém sabe muito bem como você chegou aonde está hoje. E, verdade seja dita, nem você. Como explicar todos os encontros casuais, coincidências da sorte e janelas que se abriram quando uma porta acabou de fechar-se? Você sempre teve sorte quando se trata de conhecer as pessoas certas no momento certo. Talvez tenha sido em uma festa ou talvez o amigo do rapaz que partiu seu coração, mas são eles que fazem as apresentações, o levam a um amigo de um amigo ou se oferecem para mostrar sua *demo* a um produtor. Sempre houve uma corrente humana entre você e sua boa sorte e nunca a esquecerá.

Quem é geminiano com Ascendente em Leão tende a tratar o Ascendente como a máscara que usa. É uma *persona* que você pode pôr e tirar de novo, mas na verdade não é você. Parte disso é decorrente da famosa personalidade dividida de Gêmeos e outra parte vem dessa sensação de estar sempre de fora olhando para dentro. Você tem o instinto de um artista para descobrir o que o público quer, mas isso pode ser um jogo perigoso de se jogar, como sem dúvida podem atestar as dezenas de celebridades que ficaram eclipsadas pelo papel que tornaram famoso. Já que a linha entre a brincadeira e o "vamos fingir" é tênue, é melhor não a ultrapassar porque, quando começar a referir-se a si mesmo na terceira pessoa, o problema será grande.

SOL EM CÂNCER/ASCENDENTE EM LEÃO

As pessoas ficam tão felizes em vê-lo entrar na sala que muitas vezes você se pergunta por quem será que elas estavam esperando. Você não se lembra de parecer especialmente interessante nem de ter feito nada que excedesse as expectativas alheias. Apesar disso, lá estão eles, só sorrisos e olhares de adoração. Quase tudo que faz é interpretado da maneira oposta. Experimente alegar que aquilo que conseguiu realizar não foi grande coisa e será acusado de falsa modéstia. Tente dizer que gostaria de ficar sozinho por um tempo e se verá de repente no meio de um abraço do grupo. As pessoas não entendem que você é tímido por natureza e que uma das piores coisas que alguém pode fazer a um canceriano é cobri-lo de elogios. E não importa quantas vezes você repita o contrário, ninguém vai acreditar. Às vezes, parece que você está em um daqueles filmes em que duas almas trocam de corpo e uma precisa fingir ser a outra até que consigam encontrar uma maneira de voltar aos próprios corpos. Só que, no seu caso, não há como voltar, e é por isso que sua vida parece um caso prolongado de equívoco de identidade.

Quanto mais cedo aceitar que a maioria das pessoas não tem ideia de quem você é – e não existe nenhum interesse específico em conhecê-lo –, melhor para você. Você só vai esgotar-se se ficar tentando explicar as coisas. Além disso, por que fazer isso quando é mais fácil concordar? Isso é o que pessoas inteligentes nascidas em corpos belos e almas poéticas com exteriores rudes aprenderam há muito tempo. Não importa o que os outros pensam, desde que você tenha certeza de quem é. E quanto mais cedo corrigir isso, mais cedo poderá começar a transformar essas circunstâncias a seu favor.

O que você mais precisa se for um canceriano com Ascendente em Leão é família. Mas isso não significa necessariamente sua família biológica. Pode ser um círculo fechado de amigos próximos e íntimos que o entendam em um nível profundo. Eles são suas raízes; as pessoas com quem pode conviver e lembrar-se de quem você é quando sente que perdeu o rumo. Nem sempre é fácil ser notívago tendo um corpo feito para o dia. Porém, desde que respeite seu tempo de inatividade e tenha um espaço privativo para refugiar-se, você estará bem.

ASCENDENTE EM VIRGEM

♍

> **Você foi projetado para consertar, não para quebrar.**

Fica bem claro quando algo não lhe agrada. Aquele sorriso congelado sempre o entrega: é forçado, tenso e tão irreprimível quanto um reflexo condicionado. Obviamente, seria muito mais fácil dizer simplesmente que não gosta de algo quando algo não lhe agradar, mas isso não vai acontecer. Seu Ascendente é Virgem.

Você foi projetado para consertar, não para quebrar; para apoiar, não para abandonar, e é por isso que imediatamente começará a procurar alguma solução. Não importa se o outro não ficou magoado com o que você disse nem ofendido por sua resposta, pois você não vai deixar isso para lá. E não é porque quer melhorar sua média de aprovação nem porque lhe dói ver alguém decepcionado, mas sim porque você foi cosmicamente programado para melhorar as coisas. É por isso que insiste em lutar para ressuscitar situações que seria melhor esquecer. Sua intenção é boa, mas, em vez de uma rejeição rápida e clara que teria permitido que todos seguissem em frente, sua necessidade de salvar a situação se transforma num fracasso por causa de suas mil sugestões úteis.

Você não consegue evitar ajudar as pessoas a se ajudarem. Virgem é regido por Mercúrio, o mensageiro dos deuses. Única divindade capaz de viajar do céu ao inferno e vice-versa, Mercúrio passou muito tempo na terra convivendo com os mortais. Na verdade, Mercúrio era conhecido como "o companheiro do homem" porque estava sempre tirando as pessoas de confusões, mostrando-lhes o caminho mais rápido daqui para lá ou recuperando objetos perdidos. Mercúrio não tinha nada de inacessível, assim como você não tem nada de indiferente, pois sempre se dispõe a ajudar as pessoas, e é por isso que Virgem é o signo zodiacal do serviço.

Os virginianos são com frequência acusados de ser puristas, críticos exigentes que vasculham florestas inteiras em busca de uma vara reta. Isso vem da associação de Virgem à virgindade, e é por isso que seu Ascendente é muitas vezes descrito como pudico, corando diante da mera menção ao sexo e recusando-se a dar as mãos em público. É uma campanha de propaganda enganosa na qual você não deve acreditar. Virgem é o único signo do zodíaco que simboliza uma mulher, de modo que faz todo o sentido que dois mil e quinhentos anos de misoginia sejam empurrados para essa constelação, e é por isso que palavras como *manipulador*, *frio* e *megera* são empregadas para diminuí-la. Às vezes, pode parecer que há muito de que se esquecer ou de que se desculpar, mas não há. O maior desafio para qualquer um que tenha Ascendente em Virgem é se aceitar, com verrugas e tudo, mesmo que você já consiga ver que um pouco de ácido salicílico e talvez até mesmo um *peeling* facial não seja uma má ideia.

SOL EM VIRGEM/ASCENDENTE EM VIRGEM

A vida está cheia de problemas e você não poderia estar mais satisfeito. O fato de sempre haver um obstáculo, contratempo ou algo que não sai como o previsto significa que você nunca ficará sem trabalho. Você fica tão animado quando alguém o procura para contar-lhe algum percalço que sente até vontade de dar um grande abraço no coitado. Você está tão feliz por ele ter errado! E essa reação é a que você aprendeu a reprimir por medo de ser visto como alguém que se deleita com os infortúnios alheios. Você demorou muito para aperfeiçoar essa cara de preocupação. Ela esconde seu sorriso interior.

Os virginianos são tão irreverentes e malandros quanto qualquer geminiano. Ambos são regidos por Mercúrio, o deus dos truques. Porém, há uma diferença: a confiança. Os geminianos não conhecem nenhuma regra que não tenham conseguido burlar, ao passo que os virginianos morrem de medo de serem flagrados. No início, isso o fez andar nos trilhos. Talvez tenha passado a juventude seguindo meticulosamente todas as regras. Só que, depois que ganhou a confiança de todos e teve certeza de que ninguém o estava observando, você ficou esperto. Os geminianos costumam ser acusados de roubar e mentir, mas é com os virginianos que se deve ter cuidado. Eles são os mentores intelectuais. Você ensaia todos os passos com antecedência para entrar e sair sem que ninguém perceba nada. Não é à toa que Agatha Christie, a maior escritora de romances policiais cheios de mistério, nasceu sob o signo de Virgem.

Ter o Signo Solar duplicado no Ascendente implica que você está sempre "ligado". Quando você entra, todos os olhares se voltam para sua direção. Agora, alguns signos gostam disso. São os que gostam de desfilar por aí pelados – astrologicamente falando, é claro – com atitude de "gosta do que está vendo?". Como um nativo de Virgem e com o Ascendente em Virgem, você adotou uma abordagem conhecida como "esconder-se à vista de todos" e tornou-se exímio em desorientar as pessoas. Sabe se vestir com discrição e deixar um rastro de pistas enganosas que as leva à conclusão de que você queria que chegassem desde o início. E pelo fato de poder ser um grande cérebro do mundo do crime é que você é o primeiro especialista a procurar quando se trata de descobrir por que o plano à prova de falhas não funciona, ou detectar a falha que todos ignoraram. Os virginianos com Ascendente em Virgem são os pensadores críticos do zodíaco e muitas vezes você ocupa cargos nos quais suas contribuições nunca foram tão... críticas.

SOL EM LIBRA/ASCENDENTE EM VIRGEM

Você não pode deixar de perceber quando alguém está com problemas. A rotina da pessoa vai para o espaço, de repente ela fica incomunicável e você vê claramente que ela está fazendo de tudo para evitá-lo. Entretanto, a maioria de nós sequer registraria que houve uma mudança, mas não você. Sua atenção aos detalhes e seu sexto sentido para detectar que algo está fora do lugar não mentem, mas o desafio está em abordar o assunto sem assustar a pessoa com quem você está falando. Quem é de Libra com Ascendente em Virgem é como quem trabalha no resgate de animais: você fala em tom reconfortante, nunca faz pressão nem tenta puxar e sempre leva o tempo que for necessário para persuadir alguém a sair do canto em que se encontra encurralado. O resultado é que você constrói confiança, ganha segurança e sempre volta com seu prêmio na mão.

Sem dúvida, você tem todas as qualificações de um negociador de reféns, mas geralmente as situações em que há alto risco ou consequências graves demais não o atraem. Você prefere abordar as situações preventivamente para evitar que se transformem em problemas. Não é para cortar o problema pela raiz nem para destruí-lo, mas sim para redirecioná-lo de maneira orgânica e holística. No que lhe diz respeito, há poucas coisas na vida que estejam tão erradas que não possam ser reabilitadas. É por isso que você é tão bom em conversar com quem chegou ao fundo do poço, tem vergonha do próprio comportamento ou acha que não conseguirá consertar o que já se quebrou. Você lhe mostra que há, sim, como sair de qualquer poço, que a vergonha está nos olhos de quem vê e que a ruptura é o primeiro passo de um processo criativo. Você impressiona pela imensa capacidade que tem de encorajar sem julgar.

Porém nem sempre foi assim. Antes, era um crítico implacável, principalmente de si mesmo. Mas o que não podia curar dentro de si, podia curar nos outros e, com o tempo, foi aprendendo a não se tratar tão mal. Alguns signos precisam de palavras para identificar quem são e o que pretendem; você precisa de ferramentas. É por isso que sua profissão não é apenas um trabalho, mas sim uma expressão de quem você é. Ela está tão integralmente ligada a você quanto um pincel a um artista ou uma caixa de ferramentas a um carpinteiro. E quanto mais competente for em sua profissão – que visa ajudar as pessoas a se ajudarem –, melhor você se tornará como ser humano.

SOL EM ESCORPIÃO/ASCENDENTE EM VIRGEM

Muitas vezes, as pessoas têm que perguntar-lhe se está sendo sarcástico. Elas nunca sabem dizer se você quis ser engraçado ou se está falando a sério. Sua maneira discreta de dizer as coisas às vezes pode dar a impressão de que não está rindo com a pessoa, mas, sim, da pessoa. Sempre respeitoso e um pouco autodepreciativo, você ainda pode deixar essa persistente impressão de que nem tudo que disse foi em tom de brincadeira.

Você aprecia o fato de que ninguém saiba realmente em que pé está com você. Você é a única pessoa no escritório que se recusa a jogar o jogo. Na verdade, não precisa: pode comunicar mais com um olhar voltado para baixo, uma resposta educada ou uma saída invisível do que a maioria com todas as suas bravatas, reivindicações e declarações de missão. No seu caso, o que chama a atenção de todos é aquilo que *não* é dito. É assim que as pessoas queridas sabem que está chateado, os colegas sabem que está falando a sério e até mesmo um chefe difícil de agradar se perguntará se fez algo de errado. Você nunca teve que falar alto até porque, quando tem algo a dizer, as pessoas param o que estão fazendo e o escutam.

Os escorpianos com Ascendente em Virgem projetam uma imensa aura de "cuide de sua vida". Não chega a ser tão terrível quanto o estrangulamento de Darth Vader, mas basta para fazer pessoas repensarem a questão ou mudarem de assunto. O efeito disso é que ninguém consegue chegar perto de você... a menos que tenha sido convidado. E, depois de aceito, descobrirá uma pessoa muito diferente. Não inteiramente, mas diferente o bastante para dizer que o terno não combina com a roupa de baixo.

O Ascendente em Virgem não torna Escorpião mais cuidadoso. Na melhor das hipóteses, essa combinação lhe dá mais ousadia, pois lhe permite safar-se de praticamente qualquer coisa. Ninguém jamais suspeitaria de que você, com toda a sua discrição, estivesse mantendo um caso tórrido, traficasse mercadorias contrabandeadas ou criasse um serviço de acompanhantes por fora. E mesmo que nunca tenha feito nenhuma dessas coisas, certamente já pensou bastante nelas. É isso que faz dos nativos de Escorpião com Ascendente em Virgem grandes romancistas e roteiristas.

Por fim, quem é de Escorpião com Ascendente em Virgem costuma ser assombrado por algo que ocorreu na primeira infância que tem a ver com a mãe. Talvez tenha sido perda, separação ou rejeição. Seja qual for o segredo da família, você precisa lidar com isso se um dia quiser ser íntimo de alguém.

SOL EM SAGITÁRIO/ASCENDENTE EM VIRGEM

Você tem o hábito de surpreender as pessoas. Elas estão acostumadas a vê-lo entusiasmar-se com todos os tipos de ideias excêntricas e com belas, mas impossíveis, aspirações. Porém, algo a que não estão acostumadas é a frequência com que você está certo sobre as coisas. Você simplesmente tem essa habilidade inata de acertar na mosca, mesmo que não tente, como um atirador de olhos vendados que atira com um rifle sobre o ombro em um *show* do Velho Oeste. É difícil dizer quanto disso é intelectual e quanto é intuitivo, mas você também tem talento para achar chaves perdidas, descobrir a palavra certa no jogo de palavras cruzadas ou discorrer com fluência sobre um assunto que ninguém jamais pensou que pudesse interessar-lhe. O fato de você continuar surpreendendo aqueles que achavam que mais o conheciam é um de seus prazeres inconfessáveis favoritos.

A princípio, Sagitário e Virgem parecem uma dupla improvável. Como alguém pode esperar juntar um Sol em Sagitário "sem compromisso" com um Ascendente em Virgem "tudo conforme a regra"? No entanto, o que esses dois signos do zodíaco têm em comum é o amor pela aprendizagem. Você nunca para de ler, explorar, praticar e aperfeiçoar, além de trabalhar em várias coisas enquanto faz malabarismos com responsabilidades urgentes. Muitas vezes lhe perguntam onde você encontra tempo para fazer tudo isso, mas na verdade você pensa mais claro e trabalha mais rápido quando está dentro do prazo. É por isso que está sempre pronto para fazer alguma coisa.

Seu maior paradoxo é desejar uma família, mas nunca estar por perto. Os nativos de Sagitário com Ascendente em Virgem tendem a bater o cartão de saída física e/ou emocionalmente. Isso pode variar desde construir casas para as pessoas, mas raramente estar à vontade na própria casa, a ficar de plantão para os outros, mas precisar contratar alguém para cuidar dos próprios filhos. Parece completamente contraditório, mas assim é como seu mapa se mantém fiel a seus dois mestres. Os sagitarianos não querem limitar seus horizontes, e os virginianos continuam trabalhando porque não saberiam o que fazer se parassem.

Às vezes, você parece agitado e assediado e, de repente, surpreende a todos ao convidá-los para umas férias não planejadas. Você tem um jeito próprio de voltar à vida das pessoas quando parecia que havia sumido de vez. Você é o tipo de amigo que pode continuar de onde parou mesmo após anos sem se ver.

SOL EM CAPRICÓRNIO/ASCENDENTE EM VIRGEM

Você leva uma eternidade com um projeto. É por isso que os empregadores evitam entregar-lhe qualquer coisa de última hora ou que precise de atenção urgente. A maneira como revira materiais, vasculha dados e revisa cada detalhe deixaria louca a maioria das pessoas. Você leva uma manhã inteira para remover uma vírgula só para decidir recolocá-la à tarde. Seu processo pode ser de um tédio aflitivo para os demais, mas para você é quando o tempo para e você tem o máximo de liberdade.

O alinhamento do Sol em Capricórnio com o Ascendente em Virgem é perfeito para ocupações refinadas, como fabricar móveis personalizados, criar joias ou restaurar objetos de arte. Porém isso não quer dizer que, caso se empregue como instrutor de academia de ginástica, você não invista esse mesmo tipo de cuidado e atenção. Você não é de colocar uma lista de presença do lado de fora da sala de musculação e ficar esperando que as pessoas apareçam. Com antecedência, decide com quem vai trabalhar com base em entrevistas pessoais e avaliações físicas. Se os candidatos não atenderem a seus critérios específicos, você não os aceitará. O tempo é seu bem mais precioso e você não o desperdiça com gente que não esteja igualmente comprometida. Você leva o que faz muito a sério e é surpreendente como seus clientes pagam qualquer preço que exigir. Não há como contestar a altíssima qualidade de seu trabalho nem sua astúcia como vendedor.

A maioria acha que os capricornianos com Ascendente em Virgem são convencionais e bitolados até a medula, mas na verdade você é o oposto disso. Fora do trabalho, adora divertir-se e tem um senso de humor meio atrevido que às vezes é visto como inconveniente. Não há nenhuma parte de seu corpo que não possa mostrar ou fazer uma brincadeira. Famoso por comentários que não podem ser repetidos em salões, às vezes assusta as pessoas com seu lado *trash*. Talvez as pessoas achem que você está só desabafando, mas não, é assim que você é.

Você provavelmente tem origem humilde e nunca perdeu o contato com suas raízes. É por isso que sempre encontra uma maneira de retribuir assim que tem condições de fazê-lo. Você preza muito certas causas e doa a elas generosamente, não apenas assinando um cheque: assume papel ativo em seu crescimento e desenvolvimento, pois deseja que elas tenham tanto sucesso quanto você.

SOL EM AQUÁRIO/ASCENDENTE EM VIRGEM

As pessoas confiam em sua avaliação de uma situação. Ninguém consegue processar informações, pesar os prós e os contras e, em seguida, mapear uma série de opções viáveis mais rápido que você. Você tem uma compreensão concreta dos fatos e sua análise é fundamentada.

Isso pode deixar a impressão de que sabe exatamente o que fazer em todos os momentos, mas nada poderia estar mais longe da verdade. Ser contra ou a favor de alguma coisa não é o mesmo que dar um veredito final. Trata-se de um conjunto de habilidades completamente diferente. Nada na vida é aberto e fechado. Você está muito ciente das perguntas sem resposta, dos detalhes negligenciados e do viés inconsciente que está por trás dos julgamentos que a maioria das pessoas faz. Você se esforça para não deixar nenhum problema sem solução, mas sempre evita dar uma opinião. Prefere expor as evidências e deixar que os superiores tirem suas próprias conclusões. Você se sente mais à vontade em cargos que exijam seu aconselhamento ou sua recomendação.

Você passa muito tempo tentando descobrir quais são seus sentimentos, o que é interessante porque a maioria das pessoas que o conhece acha que você não tem nenhum. Aquário e Virgem são dois signos notoriamente cerebrais. Um vive na própria mente, enquanto o outro está constantemente suprimindo seus impulsos mais selvagens por medo de cometer alguma imprudência. Por isso, você pode parecer tão distante e desinteressado que faz a Alexa soar como uma pré-adolescente efusiva. Apesar disso, você passa muito tempo fugindo do que realmente está acontecendo dentro de si ou tentando entendê-lo. Seu mapa vem com uma reação emocional atrasada, e é por isso que as pessoas precisam dar-lhe duas semanas para responder se você gosta ou não delas.

Muita gente se arrepende do que faz. Você se arrepende do que *não* faz. É assombrado pelas vezes em que se calou quando queria falar ou se afastou em vez de ficar onde estava. Mas viver no momento simplesmente não é algo que saiba fazer. Seu *timing* não funciona assim. Aquário já luta para saber se está ou não em sintonia com o que está acontecendo, e seu Ascendente em Virgem – ou seja, sua propensão a criticar o que já foi feito – só faz exacerbá-la. Felizmente seu mapa não é avesso a novos começos nem segundas chances. Por mais erradas que tenham sido suas decisões quando era mais jovem, você sempre terá a chance de corrigi-las mais tarde.

SOL EM PEIXES/ASCENDENTE EM VIRGEM

Ninguém jamais adivinharia que você é pisciano, pois é pontual, consistente e bem articulado. Essas não são exatamente as qualidades associadas a um signo do zodíaco famoso por seguir os próprios sonhos aonde quer que o levem e depois catar os pedaços enquanto cambaleia de volta para casa. Filho do mar, você sente atração por cheias e vazantes, assim como por tranquilidade e imobilidade. Sua vida interior é igual àquela que você vive em terra firme – se é que não é ainda maior que ela – e sua fidelidade é dedicada integralmente ao mundo invisível das realidades eletivas, e não à rotina do dia a dia. No entanto, aí está você: batendo o ponto, fazendo a ronda e se oferecendo para cobrir um colega de trabalho que ficou doente. Então, o que aconteceu?

Você nunca deixou de ser pisciano. Sua imaginação é ilimitada e sua alma, insondável; entretanto, nasceu no pôr do sol, quando os raios solares se recolhem para dar lugar à noite. Virgem é o signo zodiacal da mãe solo. Muitas pessoas com Ascendente em Virgem foram de fato criadas por uma mãe solo. Ela pode ter sido abandonada, se divorciado, enviuvado ou simplesmente decidiu que faria melhor trabalho criando-o sozinha do que com um parceiro. De qualquer maneira, o pai – como o Sol em seu mapa – estava partindo. Ou estava sempre prestes a sair ou simplesmente nunca estava por perto. No entanto, não é tanto a ausência do pai que o assombra, mas é essa sensação de que você mesmo poderia desaparecer como um navio no horizonte se não fosse pelos compromissos, rotinas e responsabilidades que o ancoram.

Ironicamente, é seu Ascendente em Virgem que pode ajudá-lo a realizar seus talentos, se você permitir. Na Astrologia medieval, Mercúrio, o regente de Virgem, era patrono dos artesãos e regia escultores, pintores, entalhadores de madeira e pessoas que faziam instrumentos musicais. Mercúrio rege a coordenação entre o olho e a mão, que é o necessário à produção de um conjunto de obras. Isso junto com disciplina e um saudável respeito aos prazos. Às vezes, pode parecer que seu Ascendente age como uma babá, garantindo que termine seu trabalho a tempo, mas, se permitir que ele lhe mostre o caminho das pedras, você rapidamente dominará as habilidades necessárias para tornar sua visão criativa uma realidade.

SOL EM ÁRIES/ASCENDENTE EM VIRGEM

Ninguém pode fazer as coisas direito a não ser você. É por isso que está sempre tomando a frente quando algo se quebra ou inventando de última hora o plano que salva o dia. É você a quem as pessoas recorrem nos momentos de necessidade. Isso decorre do fato de que realmente sabe o que está fazendo e de todos confiarem em você. Porém todos sabem também o que acontece quando outra pessoa tenta ajeitar as coisas: você vai ficar em cima dela perguntando se essa é mesmo a melhor maneira de proceder, apontando os passos que ela ignorou e sugerindo com toda a amabilidade inúmeros métodos até que a pessoa desista e lhe passe as rédeas. É engraçado como você evita ativamente aproximar-se de qualquer posição de liderança, mas não deixa de questionar, desafiar e corrigir até acabar assumindo o controle da situação.

As pessoas olham para seu Ascendente em Virgem e veem um maníaco do controle. Um sabe-tudo. Um crítico exigente que não para de chutar os pneus até que o veículo desabe. O que não veem é o motivo disso. E não é porque você seja perfeccionista, mas sim por não querer ficar sob o controle de ninguém.

É da natureza do seu Signo Ascendente ser submisso. Os virginianos odeiam essa característica deles, e é por isso que fazem de tudo para aprender o trabalho de todos junto com o seu próprio. É esse conhecimento que lhe confere a palavra final. É assim que põe os chefes em seu lugar com um simples olhar, silencia os clientes com o levantar de uma sobrancelha e encerra uma discussão sem sequer entrar nela. Todo mundo sabe que não deve contrariar um Ascendente em Virgem mesmo que você ainda seja quem vai pegar o café.

Você não é nenhum tolo, o que também explica por que procura parceiros viciados no trabalho, casados ou com algum outro impedimento. Não quer que ninguém mande em você. Reunir-se por diversão e depois seguir cada um para sua própria casa é sua maneira de desfrutar da parte boa sem precisar lidar com a ruim. Quando sabe que é da natureza de Áries seguir e da de Virgem servir, então faz sentido criar situações nas quais você nunca perca a vantagem e possa gozar de liberdade e autonomia sob o nariz de todos. É como usar roupa de baixo *sexy*: só você sabe que está usando.

SOL EM TOURO/ASCENDENTE EM VIRGEM

Sua aparência é viçosa e saudável. Franco e descomplicado, as pessoas geralmente o tomam por um matuto do interior deslumbrado porque você é gentil de uma maneira antiquada e fala sem parar sobre conquistas alheias enquanto faz pouco caso das suas. É fácil confiar e se abrir com você por sua amabilidade e solidariedade. Além disso, tem ansiedade em aprender e essa é a razão pela qual tem tantos mentores em sua vida. Os mais velhos naturalmente querem levá-lo para debaixo de suas asas: eles veem que você realmente quer saber como é que eles fazem o que fazem e que está realmente interessado em seguir os passos deles. Pouca gente quer aprender um ofício hoje em dia, mas você quer ser um aprendiz. E os mestres que escolhe são generosos com seus segredos comerciais e fórmulas de sucesso. Sabem que, em suas mãos, seu legado estará seguro.

Embora essas associações muitas vezes procedam sem problemas, há momentos em que você vai entrar em conflito com aqueles que pensam que, em vez de você, devem ser eles os beneficiários dessas informações. Mercúrio rege rivalidades entre irmãos e Touro, abençoado por Vênus, não ignora os olhares invejosos que recebe. É fascinante vê-lo navegar nesse terreno acidentado. Você nunca age para se defender nem para confrontar. Pelo contrário, mostra-se modesto e deferente, pois aprendeu há muito tempo que as pessoas sempre querem o que não têm, mas, depois que o obtêm, logo perdem o interesse. Elas só precisam do reconhecimento de sua prerrogativa. Respeite isso e elas surpreendentemente passam a cooperar. É assim que abrir mão de um prêmio o faz recuperá-lo no fim.

Você nunca para de aperfeiçoar-se. Isso é algo que os nativos de Touro com Ascendente em Virgem têm como sagrado. Sempre se inscrevendo em mais um curso ou *workshop*, vocês são os eternos alunos do zodíaco. O cérebro também é um músculo e você sabe que, se parar de exercitá-lo, ele acabará ficando frágil e enferrujado. Você também trata seu corpo da mesma maneira, como qualquer pessoa que já tentou interromper sua rotina de exercícios aprendeu a duras penas. Os jovens o procuram como conselheiro e muitas vezes lhe dizem coisas que não contam aos amigos. Uma de suas maiores alegrias é transmitir seu conhecimento para a próxima geração. Além de sua maneira de preservar uma tradição, é também sua forma de retribuir o que já recebeu, beneficiando os mais jovens hoje como os mais velhos o beneficiaram a seu tempo.

SOL EM GÊMEOS/ASCENDENTE EM VIRGEM

Você sempre teve mãos hábeis. É por isso que lhe parece tão fácil tocar um instrumento musical. Onde os outros lutam para aprender as notas e praticar escalas, você simplesmente vai aprendendo à medida que avança. Sua mente é rápida, mas seu domínio físico é ainda mais rápido. Na verdade, os pensamentos chegam até seus dedos tão reflexivamente que é como se tivessem mente própria. Você tem esse mesmo talento com desenho, jogos, computação e prestidigitação. Mais artesão que artista, se orgulha mais da invenção que da inspiração. Não há nada de misterioso no que faz. Trata-se de refinar seu talento e aperfeiçoar sua habilidade.

Uma das grandes vantagens dos geminianos com Ascendente em Virgem é a persistência. Eles não são conhecidos por sua longa capacidade de concentração. Você perde rapidamente o interesse naquilo que está fazendo e, mais por alívio que por curiosidade, persegue alegremente o primeiro objeto brilhante que cruzar seu caminho. Os geminianos estão sempre procurando meios de escapar de alguma coisa. Porém, é seu Ascendente em Virgem que vasculha a superfície de uma rotina familiar em busca de novas facetas. Os virginianos se deleitam com processos. Talvez seja uma variação sobre um tema, impondo limitações pela remoção de certos elementos, ou fazendo algo ao contrário, qualquer coisa que misture tudo. A experimentação e a ludicidade o fazem reconhecer novas maneiras de aplicar o que faz. Mas esses caminhos para a descoberta não podem ser abertos demais; afinal, Virgem é um signo de terra, o que significa que é motivado por resultados. No fim das contas, você tem que ter algo para mostrar a si mesmo.

Como os outros signos de ar, Libra e Aquário, Gêmeos tende a ressaltar a mente diante da matéria em sua abordagem da vida. Adote uma atitude positiva, insista que há uma explicação para tudo o que você encontra e nada poderá derrubá-lo. No entanto, é seu Ascendente em Virgem que insiste em considerar seu corpo um parceiro em pé de igualdade. Reconhecer quando está exausto, realinhar sua postura, lembrar-se de respirar e confiar em seu sentimento instintivo em uma situação faz mais para dissolver bloqueios mentais do que para potencializá-los. Seu corpo é o ser que embala sua mente, e negligenciá-lo seria silenciar algo que sabe mais sobre a vida e o viver do que você jamais poderia conceber intelectualmente. Trate-o bem que ele lhe retribuirá o favor.

SOL EM CÂNCER/ASCENDENTE EM VIRGEM

A maioria das pessoas costuma afirmar que não há horas suficientes no dia. No que lhe diz respeito, não há horas suficientes na noite. Você está sempre falando sobre quando vai poder voltar para a cama. Sua tendência a cochilar durante uma crise ou bocejar no meio de uma conversa acalorada já levou alguns amigos e colegas de trabalho a perguntar-se se você não seria narcoléptico, só que esse não é o caso. Você só tem essa capacidade sobrenatural de fazer *log off* quando as coisas ficam repetitivas, como um celular que muda para o modo de baixo consumo de energia para preservar a vida útil da bateria. Você já foi flagrado roncando durante a aula de yoga. Mas isso não acontece porque é preguiçoso. Pelo contrário, é extremamente produtivo. Só que pensa melhor durante o sono.

Câncer é regido pela Lua, repositório de nossos sentimentos e memórias. A Lua ilumina a noite assim como o Sol ilumina o dia. A Lua se lembra de quem você é. É por isso que ela é o planeta dos hábitos e das rotinas – as coisas que repetimos todos os dias sem pensar duas vezes – e o planeta das tradições e das predisposições genéticas – coisas que são transmitidas invisivelmente de uma geração para a outra. A Lua nos orienta quando estamos perdidos, assim como nossos olhos se ajustam à escuridão. É por isso que você reúne, arquiva e coleciona. Você nunca jogaria fora uma lembrança, mesmo que a tivesse ganho de um ex. Os objetos têm mais valor que apenas o sentimental. São artefatos que o ligam ao passado como pegadas que nunca podem ser encobertas nem lavadas. Artefatos que se destinam a ser preservados para o futuro.

A Lua, assim como Mercúrio, regente de seu Ascendente, é um planeta de mensagens. Mercúrio rege pensamentos rápidos e palavras abreviadas, como *posts* e textos, enquanto a Lua rege os sonhos e toda a sua lógica confusa e imagens distorcidas. Você possui um dom singular para dar sentido a tudo isso. Os cancerianos com Ascendente em Virgem costumam trabalhar como psicólogos, pesquisadores e pediatras. Você tem jeito para lidar com crianças e consegue apelar à criança interior do adulto mais taciturno. Além disso, sabe interpretar, decifrar e decodificar com maestria. Mas talvez seu maior talento seja a escrita. Suas extraordinárias observações e sua atenção aos detalhes são tão personalizadas que os leitores têm a impressão de que você está falando com eles usando suas próprias palavras e a própria voz.

SOL EM LEÃO/ASCENDENTE EM VIRGEM

Como é que você pode ser o CEO de uma empresa de sucesso e ainda sentir-se tratado como funcionário temporário? E o pior é que você age como se realmente fosse um, pois organiza os pedidos de almoço das pessoas, verifica se todos ficaram satisfeitos com o que receberam e arruma a bagunça depois que terminam. Mas isso é mais que apenas uma questão de autoestima, já que remonta ao fato de que você realmente tem um problema em ser visto pelo que é. No fundo, você sabe que é especial, mas parece que quer fazer segredo de seus talentos e realizações. Isso porque Virgem é o signo zodiacal do trabalho e do serviço. Você não pode evitar dar um salto imediato da cadeira quando alguém lhe pede que vá buscar alguma coisa. Você é como Cinderela antes de conhecer a fada madrinha.

Para um leonino com Ascendente em Virgem, a maior lição a aprender é *status*. Sendo leonino, provavelmente você é muito bom em algo que a maioria das pessoas não sabe fazer. Você pode especializar-se em determinada linha de trabalho ou ser o especialista indiscutível em sua área. É algo que deveria render-lhe muito dinheiro, mas você constantemente se vende barato. E esse é um problema endêmico para todos os que têm Ascendente em Virgem. Você acha que cobrar pouco e trabalhar longas horas mostrará o quanto se importa, mas a única coisa que isso faz é convidar as pessoas a tirar vantagem de você.

Pare de ser tão acomodado. As pessoas que têm Virgem como Ascendente tendem a criar um verdadeiro problema quando se trata de olhar alguém nos olhos: olham para baixo ou para o lado quando alguém lhes dirige a palavra. Isso comunica subserviência. O que precisa fazer é explorar aquela altivez interior de Leão que insiste em que as pessoas venham até você e não vice-versa. Reconheça que é único, assuma o comando de sua situação e logo verá que os outros precisam muito mais de você do que você, deles. Claro, talvez precise excluir alguns clientes que ainda o tratam como trabalhador temporário, mas certamente receberá novos clientes que lhe pagarão regiamente porque ninguém entrega como você. É uma coisa difícil de aprender, mas se Cinderela algum dia vai se tornar rainha do reino, então precisa ficar longe das cinzas, mesmo que isso implique não fazer nada enquanto as criadas do palácio limpam a lareira.

ASCENDENTE EM LIBRA

♎

VOCÊ TEM UM ROSTO AGRADÁVEL. Há nele um ar de benevolência e compreensão que é quase santificado. É por isso que as partes rivais de repente se voltam para você no calor de uma discussão e começam a explicar-lhe suas queixas, mesmo que vocês nunca tenham se visto antes desse encontro. Instintivamente sabem que de alguma maneira você vai corrigir as coisas. E não porque tenha as respostas, ou seja, particularmente bom em resolver os problemas alheios. É mais como um efeito calmante. Libra é o signo do zodíaco que pesa as coisas na balança, e quando você está lá ouvindo atentamente, os ânimos começam a baixar, as vozes ficam menos tensas e a razão silenciosamente retorna à conversa – e tudo quando você mal disse uma palavra.

As pessoas não gostam de vê-lo chateado. E não é por recearem um desabafo raivoso nem o surgimento de lágrimas. É o fugaz olhar de decepção. Não dura muito tempo, talvez um milissegundo no máximo, mas é o suficiente para sinalizar a elas que acabaram de cair em sua estimativa. Isso é mais devastador do que qualquer remorso jamais poderia ser. Quem já viu essa expressão nunca mais quer tornar a vê-la.

Os que têm Ascendente em Libra fazem do mundo um belo lugar. Já que Vênus rege seu Ascendente, você sabe o que cai bem em alguém, como transformar o que é sem graça em desejável e como calcular

Os que têm Ascendente em Libra fazem do mundo um belo lugar.

instantaneamente qual o vinho mais indicado para qualquer que seja a refeição. Você já estava predestinado a ser culto e refinado, mesmo que inicialmente não o quisesse. Já que Vênus rege a lei da atração e seu Signo Ascendente é seu rosto astrológico, você terá atraído para sua vida pessoas que viram seu potencial. Como um exército de Pigmaliões,* elas se tornaram suas tutoras, o treinaram e lapidaram para torná-lo uma versão melhor de si mesmo. Talvez você secretamente quisesse ser a pessoa que elas viram, talvez não. Isso não importa muito porque teria obedecido de qualquer maneira, independentemente de qual fosse seu Signo Solar. A visão que elas tinham de você era mais bonita que qualquer coisa que você poderia ter inventado por conta própria. E essa é a desvantagem de ter Libra como Ascendente: você não consegue chegar a lugar nenhum sozinho. Precisa ter um parceiro a seu lado e esse parceiro pode exaltá-lo ou derrubá-lo. É por isso que você deve ser sempre muito exigente em relação à pessoa com quem se deita, seja por amor, seja pela carreira. Depois que se compromete – e demora muito para se comprometer –, vai manter seu relacionamento e fazer tudo que for preciso para que dê certo.

SOL EM LIBRA/ASCENDENTE EM LIBRA

Você tende a atrair pessoas dominadoras. Esse é o tipo de personalidade que menos lhe agrada, mas lá estão elas batendo à sua porta, pedindo

* Henry Higgins é o nome de um personagem da peça "Pigmalião" de Bernard Shaw, baseada na figura mítica de Pigmalião – que fez uma escultura da mulher perfeita que acabou ganhando vida pelos deuses. (N. da RT.)

uma resposta, implorando por um compromisso ou fazendo o que puderem para arrancar de você um "sim". É tedioso e exaustivo, mas você também nunca lhes diz que parem. Isso os leva a pensar que ainda têm uma chance, não importa quantas vezes você achar que tinha insinuado o contrário. Seria muito mais fácil se você simplesmente cortasse esses laços, mas não o faz porque seria grosseiro. Além disso, não pode deixar de perguntar-se se veem em você algo que você mesmo não vê ou se estão reagindo a sentimentos que ainda desconhece. Se tivesse um signo de fogo como Ascendente, você se deleitaria com toda essa atenção, mas o seu é um signo de ar, o que significa que está buscando uma conexão, mas não tem muita certeza sobre o que está acontecendo com você do ponto de vista emocional.

Na Astrologia, os relacionamentos são regidos pelo elemento Ar, enquanto o amor é regido pela Água. A razão pela qual se diz que o amor é incondicional é que você não precisa ter alguém em sua vida para senti-lo. Você pode nutrir um *crush* secreto, fantasiar sobre uma alma gêmea ou relembrar alguém de quem sente falta e vivenciar o amor sem que essa pessoa esteja presente. Um relacionamento não funciona assim. É preciso que haja outra pessoa. Você não pode estar acompanhado se estiver sozinho. É por isso que os signos de ar passam o dia entre contatos e conhecidos, constantemente se encontrando, se cumprimentando e fazendo *networking*. E por ser um libriano com Ascendente em Libra, você está sempre à procura do parceiro ideal. Porém, a natureza do ar é cerebral, enquanto a natureza da água é emocional – e é por isso que muitas vezes você acaba com pessoas que ficam bem no papel, mas das quais na verdade não está lá tão convencido. É como se torcesse para que elas pudessem ter uma ideia mais clara da razão pela qual vocês deveriam estar juntos.

Você é educado demais para seu próprio bem, e é por isso que precisa praticar dizer não. Ele limpa o campo e restringe as opções, dando-lhe o distanciamento e a objetividade que você deseja. E o que há de maravilhoso em nascer sob o signo zodiacal das boas maneiras é que existem milhares de formas de decepcionar alguém suavemente se você for inteligente o bastante para pensar nelas.

SOL EM ESCORPIÃO/ASCENDENTE EM LIBRA

Você aceitou há muito tempo que nunca vai ter o que realmente quer. Há algo intrínseco à sua vida que parece predestinado a frustrá-lo a todo instante. O que mais explicaria apaixonar-se por quem não retribui seu amor? Fazer sacrifícios que nunca valem a pena ou perseguir sonhos que teimam em permanecer além de seu alcance? Não é fácil refazer sua abordagem tantas vezes só para acabar novamente no mesmo lugar. A maioria das pessoas se sentiria amargurada e desanimada – e diga-se, a bem da verdade, que, apesar de já ter tido maus momentos, você sempre soube reconhecer suas derrotas com elegância. Você é o primeiro a parabenizar os outros pela sorte, mesmo que essa sorte tenha custado a sua.

Ninguém se torna uma pessoa melhor por conseguir o que quer. Pode ser até alguém bem-sucedido, mas isso não implica que valorize o que tem. De muitas maneiras, suas decepções o intensificaram como pessoa. Além de perseverar quando os outros desistem, você aprendeu a fazer o máximo com o que tem *agora*. E isso o tornou extremamente criativo. Embora não tenha escolhido voluntariamente matricular-se no curso mais difícil da vida, equipado com a resiliência de seu Sol em Escorpião e a lucidez de seu Ascendente em Libra, você irá mais longe do que iria se as coisas tivessem funcionado como esperado.

Então, o que explica a desconexão entre desejo e resultado? É o fato de Libra e Escorpião ficarem lado a lado no zodíaco. Isso cria um ponto cego entre os dois signos. Imagine sentar-se ao lado de alguém num vagão de metrô lotado. Você pode sentir a presença a seu lado, mas não pode ver o rosto da pessoa a menos que vire a cabeça abruptamente em sua direção, o que pode levá-la a olhar para você com expressão confusa. Signos que ficam lado a lado sentem a presença um do outro, mas não se veem, e isso dá lugar a tacadas erradas e juízos falhos. É da natureza de Libra dar passagem ao outro primeiro, o que essencialmente confisca a vantagem de Escorpião, enquanto a insistência de Escorpião em esconder qualquer sinal de vulnerabilidade leva Libra a mudar educadamente de assunto quando a necessidade de exprimir seus sentimentos é mais importante. Fale quando não quiser falar e vá em frente quando estiver morrendo de vontade de recuar e conseguirá que esses lados contraditórios de si mesmo trabalhem em conjunto.

SOL EM SAGITÁRIO/ASCENDENTE EM LIBRA

As coisas lhe vêm facilmente. Tem sido assim desde que era criança: oportunidades preciosas lhe caem no colo, circunstâncias adversas sempre se encaixam e, não importa o problema, tudo dá certo no final. É como dirigir por uma longa avenida da cidade sem pegar nenhum sinal vermelho. E isso não acontece por você ser especialmente respeitoso ou devoto. Na verdade, você é irreverente e imprudente. Mas a combinação de influências – Vênus rege Libra e Júpiter rege Sagitário – significa que o Destino lhe sorri como um pai ou mãe que baba pelo filho. Outros se preocupam que a sorte que têm acabe, mas você sabe que a sua sempre estará a seu lado. Você consegue senti-la como uma mão gentil que aperta a sua mesmo nos momentos mais sombrios.

É o Ascendente em Libra que evita que se transforme num pirralho mimado. Ele convoca para sua vida amigos especiais que o equilibram.

São eles que gentilmente o repreendem quando sai da linha, agem como a voz de sua consciência quando você está pensando em cometer algo imprudente e que lhe relembram as coisas que esqueceu na subida da escada do sucesso. Esses amigos representam tudo para você. São eles os responsáveis por você aproveitar ao máximo seus talentos, em vez de desperdiçá-los.

Quem tem o Sol em Sagitário não se apressa para estabelecer-se. Louco e divertido, sabe que pode conectar-se com praticamente qualquer pessoa que gostar – e isso você faz! Mas sua fobia a compromissos não vem de ser um idealista romântico nem um defensor de sua liberdade como se fosse uma prerrogativa moral; vem de sua insistência em encontrar a pessoa certa. Você sabe que há alguém por aí que foi feito para você, mas o problema com muitos sagitarianos é que há muita procura e poucos achados. Mas não se preocupe: você não precisa encontrar seu parceiro; seu parceiro é que vai encontrá-lo.

É provável que seja a pessoa que não cede a seus encantos; aquela que revira os olhos para suas piadas, boceja quando ouve suas histórias e se recusa a levá-lo a sério. A impressão que fica é a de um casal totalmente incompatível, mas é inegável que se trata de amor à primeira vista, mesmo que demore um pouco para que ambos aceitem. Mas não se preocupe, pois isso vai acontecer. Quem é sagitariano com Ascendente em Libra não está em busca de adeptos da doma gentil de equinos; quer alguém que saiba montar e sobreviver.

SOL EM CAPRICÓRNIO/ASCENDENTE EM LIBRA

Surpreendentemente, você é acessível. Não dá essa impressão do outro lado da sala, onde parece equilibrado e distante, mas de perto você é amável, solícito e sempre cortês, além de ter uma maneira própria de fazer os outros se sentirem especiais e à vontade. É um grande feito, tendo em vista que se veste melhor que a maioria, é bem-informado e, sem dúvida, mais refinado. Enxerga suas boas maneiras como um terno feito sob encomenda, habilmente ajustado para exibir o que você tem de melhor em todos os ângulos. Poucos podem ser tão elegantes sem parecer esnobes ou pretensiosos. Em vez disso, você inspira os outros a parecer um pouco mais altivos, a perguntar por outras pessoas antes de falar de si mesmos e a assistir àquele filme de Fellini que você elogiou com tanta generosidade. No entanto, apesar de ser tão afeito à conversa, a maioria das pessoas não tem a menor ideia de quem você realmente é.

Você é assim em casa? Anda pela casa com um robe de *chiffon*? Você é mesmo a pessoa fina que aparenta ser ou chuta seus animais de estimação quando ninguém está olhando? É difícil para os outros imaginar como você é quando não está "ligado", mas a verdade é que é em público a mesma pessoa que é na privacidade. Isso é ótimo para quem for convidado para um chá, mas bem diferente para os entes queridos que moram em sua casa de boneca.

Capricornianos com Ascendente em Libra não gostam de brigar. As vozes nunca se levantam, as diferenças sempre são conciliáveis e você acredita que tudo deveria ser falado. Parece bom na teoria, mas seu Ascendente em Libra também insiste em que o outro vá primeiro (mesmo que você tenha que ficar sentado esperando em silêncio) e em não reagir imediatamente. Você quer tempo para pensar bem nas coisas. Porém, ainda que diga que sua resposta será imediata, muitas vezes pode demorar dias ou até semanas. Os librianos são instintivamente diplomáticos e os capricornianos são famosos por procrastinar. Isso ocasiona conversas que deveriam ter ocorrido imediatamente, em vez de anos mais tarde na terapia.

Nada de bom pode vir de reagir com educação a uma falta. Isso o coloca sob um estresse desnecessário que você acaba internalizando, já que é um Sol da meia-noite. E pode provocar problemas de saúde e o abandono por parte de pessoas que achavam que você não se importava com elas. Ninguém está dizendo que você tem que perder a compostura (você jamais o faria), mas não há nada de errado em descer do pedestal de vez em quando e ser apenas um ser humano.

SOL EM AQUÁRIO/ASCENDENTE EM LIBRA

Você é um animal político, sempre colecionando nomes, alimentando contatos e ampliando sua rede de amigos. Quem entra em sua órbita social sempre sai com mais do que aquilo com que entrou. As pessoas não se sentem usadas nem exploradas por você. Na verdade, elas geralmente ficam lisonjeadas com sua vontade de abrir portas e fazer apresentações. Você tem um sexto sentido para combinar os talentos de uma pessoa com as capacidades de outra. Por isso, já produziu muitas colaborações bem-sucedidas, e cada membro do par é grato pelo que fez para uni-los. Tudo isso parece casual e momentâneo, mas a verdade é que você tem uma constelação de alianças meticulosamente construída na qual você ocupa o centro. Você conhece todos: todos os que as pessoas precisam conhecer e os que elas ainda precisam descobrir.

Entretanto, apesar de todas as suas graças sociais, no fundo você ainda é um inconformista. Na verdade, o trato cuidadoso de personalidades que habitam seu universo não tem o objetivo de promover seus interesses, mas mudar o mundo a seu redor. Misturar e combinar deliberadamente pessoas de todas as esferas da vida abala o *status quo*, expande os horizontes de todos e introduz todos os tipos de possibilidades.

Os aquarianos com Ascendente em Libra podem ser figuras tarimbadas do circuito de festas badaladas, mas também é igualmente provável que apareçam em laboratórios de ideias, coletivos de arte ou abrindo uma escola montessoriana no bairro. Nada é mais inebriante que a busca por uma nova ideia.

No entanto, apesar de todo esse aproveitamento do poder coletivo das pessoas, é irônico que saiba tão pouco sobre o que as motiva. E isso não ocorre porque você vive no mundo da lua ou está três passos à frente no jogo. Os nativos de Aquário com Ascendente em Libra têm um problema com a intimidade: sempre focado no bem-estar dos outros, você acha difícil estar emocionalmente presente para as pessoas em sua vida sem que isso pareça uma obrigação. As pessoas queridas não podem deixar de perguntar-se quando será sua vez de receber a atenção que dá a todo mundo e se estar perto de você é algo que funciona contra elas.

Quando se é aquariano com Ascendente em Libra, é preciso praticar estar perto. E você pode começar arrumando tempo em sua agenda para aquela pessoa especial. No início, vai ser estranho, talvez até inconveniente. Mas, com o tempo, isso se tornará rotina e seu coração se abrirá sem que você se preocupe tanto com isso.

SOL EM PEIXES/ASCENDENTE EM LIBRA

Você é bonito demais para este mundo. É por isso que as pessoas o tratam como um metal precioso ou o último sobrevivente de uma espécie ameaçada de extinção. Há uma sensação de que, depois que você se for, acabou-se. Tudo que era comovente e profundo desaparece com você. Alguns o veem como apático e sempre com olhos sonolentos, precisando desesperadamente de despertar de seu torpor; ao passo que outros o veem como poético e sábio. São eles que cuidam de você e garantem que qualquer um que queira seu mal nunca tenha essa chance. Incrível como consegue atrair hostilidade e inspirar tamanha lealdade ao mesmo tempo. É um mistério tanto para os outros quanto para você.

Os piscianos são enigmáticos. É claro que você se importa muito. Porém, confiando no fluxo da corrente emocional, não diz nada. Se as coisas tiverem que dar certo, então darão. E se não? Então provavelmente foi para o melhor. As pessoas têm dificuldade para entender essa aceitação passiva. Ela contraria uma sociedade que acredita em lutar pelo que se quer. No entanto, você aprendeu que lutar só causa dor e que, no fim, o que é melhor para você pode não ser o melhor para o outro. Isso é algo que é reforçado pelo seu Ascendente em Libra. A sua é a mais permissiva das combinações Signo Solar/Signo Ascendente, mas permissiva não significa que você não esteja criticando.

Para alguém que é tão sereno quanto uma estátua budista, você pensa muito sobre as pessoas e seus problemas. Às vezes, fica desnorteado com os dilemas e constrangimentos em que elas se metem e, em outras, as inveja pelo foco unilateral que exclui qualquer outro ponto de vista. Você não é indiferente às dificuldades alheias, mas não se deixa atrair por elas. Em vez disso, as trata como parábolas, como oportunidades de aprendizagem, por assim dizer. No entanto, você age em defesa de quem não tem condições de se defender; afinal, Libra é um signo de justiça.

Talvez a maior bênção de ser um pisciano com Ascendente em Libra seja ter um pé no momento e outro fora dele: isso lhe permite alternar seu peso entre um e outro, dependendo de onde precise estar. Isso lhe confere a acuidade de um intelectual juntamente com a sensibilidade de um artista.

SOL EM ÁRIES/ASCENDENTE EM LIBRA

Você dá a impressão de ser uma pessoa competente e emocionalmente estável. Confiante e direta, sua atitude nunca deixa as pessoas com margem para dúvidas a seu respeito: elas vão descobrir isso logo nos cinco primeiros minutos que passarem a seu lado. Você acredita em falar o que pensa e em expressar o que sente. De que adiantaria se conter? Para você, não ser totalmente honesto é um desserviço para a outra parte. No entanto, você o faz de maneira simpática, sem desdém nem maldade. O fato de poder repreender alguém com o mesmo sorriso amigável que usa para enaltecê-lo fala muito sobre sua equanimidade em todas as situações. Se você e alguém que acaba de conhecer se entrosarem, ótimo! Você sabe que encontrou um simpatizante. E se isso não acontecer? Você não vê por que não poderiam separar-se com o mesmo espírito positivo que originalmente os uniu. É isso que o torna a pessoa favorita de todos para terminar uma relação. Você não guarda rancor contra seus ex e é justo nos acordos de divórcio. Sim, seu coração já se partiu mais vezes do que conseguiria lembrar-se, mas isso não o impedirá de sair à procura daquela pessoa especial que você sabe que está por aí.

Ninguém é tão cavalheiresco quanto você. Quando falam sobre seus cavaleiros de armaduras reluzentes, as pessoas definitivamente estão descrevendo um ariano com Ascendente em Libra. Você não pensa duas vezes antes de segurar a porta aberta, oferecer seu assento ou tirar seu casaco para jogar nos ombros trêmulos de quem estiver com frio. Não contente em ser o primeiro a resgatar uma donzela (ou donzel) em perigo, você também sabe recitar poemas e dedilhar o violão enquanto aguarda seu pleno restabelecimento. Sua mistura de charme e bravata o torna um verdadeiro trovador. E como os menestréis de antigamente, tem propensão a apaixonar-se por pessoas que já são casadas ou têm um relacionamento com outra pessoa. Esse detalhe geralmente é omitido quando você compartilha seu currículo amoroso.

Os cavaleiros nunca ficavam no mesmo lugar por muito tempo. Eles podiam ter lugar marcado na Távola Redonda, mas raramente sentavam o traseiro nele. Isso é algo em que pensar antes de inscrever-se para sua próxima aventura. Pergunte a si mesmo quantas buscas de fato lhe permitiram encontrar alguma coisa? É legal se você simplesmente gosta de meter o pé na estrada, mas já não é tão legal se tem alguém o esperando em casa.

SOL EM TOURO/ASCENDENTE EM LIBRA

É difícil sentir-se obrigado a outra pessoa. Talvez seus pais sejam bem de vida, seu cônjuge seja bem-sucedido financeiramente ou sua empresa seja mantida pelas boas graças de um investidor anjo. Essas são as pessoas que financiam sua vida, não você. E, por mais que trabalhe e se sinta realizado, você nunca consegue gerar o tipo de renda que lhe permitiria tornar-se autossuficiente. O resultado sempre fica aquém da meta.

Agora, a maioria das pessoas perguntaria: o que há de errado em alguém bancar a conta ou dar-lhe respaldo no estilo de vida ao qual está acostumado? Touro é um signo de terra, e os signos de terra não gostam de dever nada a ninguém. É por isso que você sempre paga suas despesas, quita as contas em dia e nunca se permite contrair empréstimos. Alguns podem dizer que isso é uma coisa de controle, porém, na verdade, é uma coisa de amor-próprio. Dinheiro para um taurino é como sexo para um escorpiano ou compras para um geminiano. Você de fato é muito bom nisso. Assim, quando não é capaz de ganhar a vida, vai acabar achando que algo está errado com você. Você deveria adquirir mercadorias, em vez de ser uma.

O problema aqui é Vênus. Touro e Libra são signos de Vênus, mas a forma como seu Sol em Touro expressa a energia de Vênus é muito diferente da de seu Ascendente em Libra. Touro quer acumular uma imensa fortuna, ao passo que Libra quer acumular pessoas que acumulam imensas fortunas. Na verdade, seu Ascendente está fazendo o trabalho que lhe cabe quando o põe ao lado daqueles que já fizeram o trabalho duro, mas o que o seu Ascendente em Libra não consegue entender é que você goste de trabalhar.

Vênus é o planeta da parceria. Seu foco é reunir duas pessoas para que você alcance o dobro com a metade do esforço, assim beneficiando todos os envolvidos. Para um taurino, é difícil aceitar isso porque ele se vê como um provedor. Qualquer outra coisa lhe parece roubo. Mas mude a mentalidade de correr atrás para o que você leva para a mesa: dinheiro não é a única moeda. Há outras coisas, como boas ideias, apoio emocional e conselhos valiosos. Enquanto isso, ganhe o dinheiro que você ganha e honre-o pelo que ele é, por pouco que seja. Faça isso e verá as coisas crescerem com o tempo, pois um Ascendente em Libra, no fim, sempre garante que as coisas se equilibrem.

SOL EM GÊMEOS/ASCENDENTE EM LIBRA

Você não consegue deixar de se perguntar se não poderia fazer melhor. Desde criança, você queria estar entre os coleguinhas talentosos e promissores, em vez dos que assistiam às coisas de longe. E isso não porque você fosse elitista, embora muitas vezes seja acusado disso. Os geminianos são tão bons quanto as companhias que escolhem. Se estiver com perdedores, também será um perdedor; se estiver com pessoas que o desafiam intelectualmente e se recusam a aceitar menos do que esperavam, então você fará o mesmo. E pode até perder o interesse por elas – o que poderia explicar o vago mal-estar que se insinua na voz dos amigos quando o veem confraternizando com um novo melhor amigo: será que vamos ser substituídos pela versão 2.0?

Você nasceu com uma mente voraz. Além de devorar *posts*, textos e *reels*, você tem um apetite insaciável por estimulação mental. É por isso que nunca se satisfará com um só emprego, um só relacionamento ou mesmo um só lugar para morar. Você está constantemente em movimento. Se for bem canalizado, isso pode produzir uma carreira empolgante em mídia, vendas ou até mesmo direito. E se não for? Então, isso pode descambar para brigas internas, disputas e ações judiciais litigiosas. Gêmeos é um signo competitivo por natureza e isso não é nem um pouco amenizado pelo Ascendente em Libra. Quando muito, torna-se mais sutil.

Então isso faz de você um amigo falso e insidioso? Seria se você não acabasse se tornando melhor amigo das pessoas que inveja. Há uma estranha relação simbiótica que se desenvolve entre você e alguém que tem algo que quer. Não há dúvida de que vocês são rivais, mas essa pessoa continua a procurá-lo para falar sobre o próprio cônjuge (por quem você se apaixonou) ou pedir-lhe orientação sobre o próprio trabalho (que deveria ser seu). E você vai ajudá-la todas as vezes. Alguns podem dizer que isso é disfuncional, mas na verdade há algo de inexplicavelmente íntimo em merecer a confiança dessa pessoa, e essa confiança é algo que você nunca quebrará.

Enquanto isso, tome cuidado ao renunciar às alternativas pelas opções. Seu Ascendente em Libra é ruim o suficiente quando se trata de tomar uma decisão e, quando seu Sol em Gêmeos entra na equação, você não pode deixar de responder a uma pergunta com outra. Isso pode levar a dias (se não décadas) de esforço sem chegar a lugar nenhum.

SOL EM CÂNCER/ASCENDENTE EM LIBRA

Sua leitura das pessoas é excelente: você sabe decifrar seus humores, intuir seus pensamentos e até mesmo prever o que elas farão em seguida. Alguns juram que você possui poderes telepáticos, mas, na verdade, é um observador atento. Fala a linguagem corporal com fluência. Além disso, percebe nuances que os outros não veem e sabe que, se esperar o suficiente, a pessoa com quem está falando acabará divulgando tudo. Pode não ser na conversa de hoje nem na da semana que vem, mas haverá uma revelação. E a melhor parte é que você não fez nada para forçar o tema. As pessoas dizem-lhe o que querem dizer-lhe quando é chegada a hora certa.

Não é fácil ser considerado passivo em um mundo excessivamente agressivo. Os cancerianos acreditam que é mais sensato evitar situações desagradáveis ou perigosas e os librianos são famosos por deixar as decisões nas mãos dos outros. Isso pode criar a impressão de que você é um molenga. Porém, nada poderia estar mais longe da verdade, pois tanto seu Ascendente quanto seu Signo Solar são de natureza cardinal. Você não recebe ordens; dá ordens. No entanto, nem todos os signos cardinais batem de frente como um ariano ou saltam por cima das pessoas como um capricorniano. A maneira como alcança seus objetivos envolve concordar com as pessoas, deixar as pessoas acreditarem no que querem acreditar e até mesmo permitir que os superiores recebam o crédito por coisas que você fez. Isso nunca deixa de enfurecer parentes e amigos que acham que você capitula com demasiada facilidade, mas o que não reconhecem é que você sempre sai na frente. Quem é de Câncer com Ascendente em Libra acredita que é preciso dar para receber, e o melhor presente que você pode dar é a sensação de que se pode confiar em você. Por que invadir um castelo inimigo quando um pouco de gentileza, amor e atenção os fará drenar o fosso e baixar a ponte levadiça?

Os cancerianos, cujo Sol é o do meio-dia, sempre se sentem como se estivessem fora de seu elemento. Você se preocupa por ter subido alto demais ou por correr o risco de se queimar. Anseia por retornar à sua vida privada a cada chance que tem, só que geralmente é um sucesso apesar de si mesmo, pois seu trabalho atrai as pessoas. Simplesmente há algo no que você faz e na maneira como o faz que repercute em um nível profundo. Os cancerianos com Ascendente em Libra são o ímã do zodíaco quando se trata de atrair pessoas.

SOL EM LEÃO/ASCENDENTE EM LIBRA

Você gosta de cativar as pessoas: sabe como alegrá-las, quanto tempo de contato direto precisam, como elogiá-las e nunca chega a um jantar ou a um encontro de mãos vazias. Você sempre seleciona algum tipo de presente especificamente para a ocasião. É engraçado como, hoje em dia, a pessoa que se esforça para agradar aos outros é vista com maus olhos, mas não em seu caso. E não porque queira fazer todos gostarem de você, pois isso já fazem. Quando se é leonino com Ascendente em Libra, a última coisa com que você tem que se preocupar é em ser popular. Coroado com um halo solar e o *glamour* de Vênus, você *sempre* será requisitado.

A alegria desarma. E o fato de você sempre ser otimista, encantar-se com as conquistas dos outros e sinceramente desejar-lhes o bem dificulta o trabalho dos *haters*. Na verdade, quanto mais tentam desacreditar seus sonhos e suas aspirações, mais mesquinhos e invejosos parecem. A beleza tem um jeito engraçado de trazer à tona o que há de feio nos outros e expô-lo como de fato é.

Porém, o que os leoninos com Ascendente em Libra devem fazer é lembrar-se de manter o equilíbrio entre dar e receber. Quando se é leonino, as pessoas automaticamente giram em sua órbita, não você na delas. E isso não é uma coisa de ego, mas de magnetismo. Quem tem uma personalidade carismática como a sua atrai naturalmente as pessoas. Entretanto, alguns podem ressentir-se por sempre ter que ir até você, em vez do contrário. Isso pode parecer trivial, mas na verdade é um grande problema, porque o ressentimento pode acumular-se ao longo do tempo sem que você perceba. Felizmente, seu Ascendente em Libra é rápido em corrigir um passo em falso que lhe tenha chegado à atenção e imediatamente retribuirá um favor, estenderá um convite ou fará um gesto de boa vontade.

Não é preciso muito para reconquistar alguém, pois seus parentes e amigos odeiam ficar chateados com você. Você seria capaz de convencer o Gato de Cheshire a descer da árvore, e é por isso que precisa ter cuidado para não se arriscar demais. Tomados separadamente, Leão e Libra são fiéis e sinceros, mas e juntos? Há uma tendência a querer o melhor de dois mundos: usufruir da parte boa e evitar lidar com a parte ruim – e os números geralmente extrapolam as estimativas mais liberais.

SOL EM VIRGEM/ASCENDENTE EM LIBRA

Por que todo relacionamento parece um casamento arranjado? Essas lembranças são remanescentes de uma vida passada ou será que sua resistência em se entregar a alguém é tão arraigada assim? Virgem é um signo cheio de contradições. Notoriamente autossuficiente, você nunca vai depender de ninguém para nada. Mesmo que alguém pegue a conta, insistirá em dividi-la. E se for mais alta do que pode pagar, combinará como fará esse pagamento. Você se recusa a dever alguma coisa a quem quer que seja. No entanto, como também nasceu sob o signo zodiacal do serviço, não consegue dizer não a um necessitado. E isso não porque seja abnegado, tem coração mole ou sofre de baixa autoestima. Você naturalmente só quer ajudar. É tudo o que pode fazer para *não* acabar ajudando o garçom a tirar os pratos da mesa quando jantar fora.

No entanto, apesar de toda a sua implicância, as pessoas ainda o perseguem. Pode ser um pretendente que você continua recusando, um supervisor arrogante convencido de que você é a pessoa certa para o emprego ou um cliente endinheirado que melhora o contrato toda vez que você abre a boca. E é esta a dificuldade que enfrenta quem tem Ascendente em Libra: mesmo quando você rejeita alguém com todas as letras, ninguém acredita que esteja falando a sério. Todos acham que está só se fazendo de difícil. E, depois de algum tempo, conseguem convencê-lo pela persistência. Não é algo de que se orgulhe –, ceder à pressão do amor, da segurança ou de uma bela quantia – mas você tem Ascendente em Libra e está cosmicamente predestinado a ter um relacionamento. Sem nenhum, você não pode chegar aonde quer na vida.

É por isso que é melhor trabalhar com seu Ascendente que contra ele. Em vez de escrever uma lista de condições com as quais a outra pessoa tem que concordar ou detalhar infinitamente "o que é meu e o que é seu" para que haja uma contagem, você pode tentar abraçar a ideia de que seu relacionamento deve ser equilibrado. Vocês são um casal. Se for excessivamente dependente do seu parceiro ou se ele for exigente demais, você perderá esse equilíbrio. Se estiver sempre em fuga e seu parceiro sempre em seu encalço então vocês nunca se conectarão. Virgem gasta muita energia preocupando-se com o que está errado, coisa de quem tem espírito crítico. Tente passar mais tempo reconhecendo o que está certo. Além de uma perspectiva mais equilibrada, você pode descobrir também que há mais a seu favor do que contra você.

ASCENDENTE EM ESCORPIÃO

♏

> **Você é o primeiro a estabelecer contato visual.**

Você é o primeiro a estabelecer contato visual. E, uma vez estabelecido, vai mantê-lo por mais tempo do que seria confortável. Essa é sua maneira de afirmar-se sem dizer uma só palavra. Ele transmite para o outro que você fala a sério. Você pode estar avisando que não mexa com você, que agora é hora de dizer a verdade ou que está interessado. Seu olhar é fixo, intenso e penetrante e nunca sabemos ao certo se o interpretamos corretamente.

Quem tem Ascendente em Escorpião deixa os outros desconfortáveis. Você faz isso desde a escola, quando os colegas perguntavam o que estava olhando. Na época, provavelmente não sabia que seu olhar poderia ser tão poderoso. Você podia estar olhando para as outras crianças e morrendo de vontade de participar de toda a diversão do parquinho, mal percebendo que lhes parecia vagamente ameaçador. Isso decorre de ter um Signo Ascendente que é regido por Plutão, assim batizado em homenagem ao deus romano do mundo subterrâneo. Plutão tendia a deixar seus irmãos celestes um pouco incomodados, e é por isso que não costumava visitar com frequência o mundo acima da terra. É como levar seu pit bull para o parque dos *pets*: por mais que diga que ele é manso, todos vão manter uma distância segura. Quando se tem o Ascendente em Escorpião, é muito importante que entenda sua maneira de comunicar-se com as pessoas, sobretudo porque nove entre dez presumirão que você pretende fazer (ou já está fazendo) alguma coisa errada. Você precisa preparar-se para lidar com isso.

Entretanto, alguns dos que têm o signo de Escorpião no Ascendente gostam de cultivar a fama de perigosos: fazem cara de mau, usam *piercings* em lugares impublicáveis e gostam de mostrar sua tarântula de estimação nos jantares a que são convidados. Mas, para os que nasceram sob signos zodiacais mais despreocupados, esse Ascendente pode ser um obstáculo que faz as pessoas se questionarem se você é mesmo tão inofensivo quanto diz. Ser presumido culpado antes de provar-se inocente não é novidade para você, e é por isso que jamais quer ser forçado a se defender. A melhor coisa é olhar diretamente nos olhos daquele supervisor duvidoso ou pretendente amoroso suspeito e perguntar-lhe *por que* acha isso. Essa tática tem um de dois efeitos: ou os faz recuar ou os faz começar a falar sobre o que queriam falar desde o início. Há algo em quem tem Ascendente em Escorpião que leva os outros a divulgar desejos não ditos, segredos de família ou passado criminoso, independentemente de você querer ou não os ouvir. Eles simplesmente sabem que, de algum modo, você vai saber como são essas coisas e que, em suas mãos, o segredo deles estará em segurança.

SOL EM ESCORPIÃO/ASCENDENTE EM ESCORPIÃO

Você nunca diz qual é seu signo. E não importa quanto as pessoas o cutuquem e provoquem, só vai entregar o jogo quando finalmente – e só depois de horas de adivinhação – responder: “Gêmeos”. É mentira, mas não se importa porque sabe por experiência própria que a única coisa pior do que ser escorpiano é ser duplamente escorpiano. Diga isso em voz alta e terá todas as almas sexualmente aventureiras na sala tentando cantar você.

Por alguma razão as pessoas pensam que você sempre está pensando em sexo. E está mesmo, só que não no sentido de sempre querer transar. O nativo de Escorpião com o Ascendente em Escorpião é movido mais pela obsessão que pela paixão. Você tem cara de poucos amigos, um ar de durão e um magnetismo selvagem que faz os outros fantasiarem quando chegam em casa. É por isso que estão sempre planejando ficar a sós com você no mesmo quarto. Porém, assim como Heathcliff ficou fixado em sua Cathy, seu foco está na pessoa que foi embora. Essa é a dor no coração da qual nunca se recupera, por mais que finja o contrário.

Muitas vezes você é acusado de usar as pessoas para conseguir o que quer. Muitos dizem que você é amoral, premeditado ou manipulador. É verdade que aborda a vida com obstinação: ninguém investe tanto tempo em calcular todas as diferentes maneiras de atingir uma meta ou vingar-se de alguém quanto você, mas nunca força ninguém a fazer algo contra a própria vontade. Você não ameaça nem humilha, mas tenta persuadir ou coagir. Pelo fato de reger tanto seu Sol quanto seu Ascendente, Plutão o torna um especialista em farejar as segundas intenções dos outros. Você sabe todos os detalhes das coisas que querem, mas não admitem. Faz mal usar os desejos deles como um meio para seus fins? Os nativos de Escorpião com Ascendente em Escorpião são extremamente justos. Qualquer um que fizer negócio com você terá o que merece. Às vezes é bom e às vezes não é, e é aqui que nem sempre os escorpianos com Ascendente em Escorpião são gentis. Você sabe que as pessoas podem ser movidas por fúrias terríveis no calor do momento, das quais podem arrepender-se mais tarde. Você poderia avisá-las com antecedência, mas não faça isso. Se você aprendeu a fazer as pazes com seus demônios internos, então elas podem aprender a fazer as pazes com os delas.

SOL EM SAGITÁRIO/ASCENDENTE EM ESCORPIÃO

Você continua voltando, não importa quantas vezes já tenha sido derrotado. E é sempre maior e mais forte do que antes. Alguns dizem que você é um masoquista faminto por punição, enquanto outros se maravilham com seu espírito indômito, mas o que é certo é que há algo nas dificuldades que você enfrenta que ativa uma enzima oculta encontrada apenas em sua combinação de Signo Solar e Signo Ascendente. Essa misteriosa qualidade atrai desafios de vida que ameaçam esmagá-lo, mas que também são necessários para desbloquear o poder espiritual trancado dentro de você. Você percebeu há muito tempo que não pode ter a transformação sem a provação, e é por isso que corre para a crise, em vez de afastar-se dela.

Você não foi feito para coisas menores. A criação dos sagitarianos com Ascendente em Escorpião costuma ser humilde. Há algo na hora do dia em que você nasceu que parece gerar mapas com a predisposição a viajar para longe de onde nasceram, se não fisicamente, então do ponto de vista da criatividade ou da espiritualidade. A pessoa que você era quando veio ao mundo tem pouca semelhança com aquela que se tornará. Você pode acabar mudando de nome, morando em terra estrangeira ou passando por tantos altos e baixos que é difícil lembrar qual o sucesso que mais o definiu. Quem é sagitariano com Ascendente em Escorpião está sempre evoluindo para algo diferente, mas inerentemente familiar. E não importa se você não tem a menor ideia de como as coisas vão acontecer, pois sabe que vai acabar onde deveria ter estado desde sempre.

Como seu apetite é voraz, você agarra mais do que poderia dar conta. Pede mais comida do que precisa, compra mais roupas do que vai usar e leva para a cama mais amantes do que pode nomear. Quem tem Ascendente em Escorpião não costuma fazer coisas em excesso, mas pode levá-las a extremos. Alie a isso um Sol em Sagitário que acredita que é melhor ter muito do que pouco e é de surpreender por que você luta com seu peso, suas finanças e seus vizinhos que lhe dão as costas porque você seduziu seus parceiros? Felizmente, você é o tipo de pessoa que todos preferem ter a não ter na vida delas. Talvez seja sua exuberância ou paixão. Mas aí, talvez, seja a maneira como você vive sua vida com tanto gosto que eles gostariam de ter.

SOL EM CAPRICÓRNIO/ASCENDENTE EM ESCORPIÃO

As pessoas confiam seu dinheiro aos taurinos, seus filhos aos cancerianos e a organização da própria vida aos virginianos, mas deixam os assuntos sérios a seu cargo: cabe a você cuidar das coisas confidenciais. Você não apenas sabe onde os corpos estão enterrados, como se lembra de como foram parar lá. Notoriamente inescrutável e inabalável, não pensa duas vezes antes de participar das reuniões a que seu cliente não pode ir ou de lidar com as negociações delicadas que os tipos mais nervosos evitam. Você é exímio em dar um desfecho apropriado às coisas: limpa toda a bagunça, amarra as pontas soltas e resolve tudo que fica pendente. É por isso que você é designado, em tantos testamentos, como a pessoa responsável pela decisão difícil de desligar os aparelhos. Você é aquele em quem as pessoas confiam quando a situação chega ao limite.

Seu chefe é tudo para você. Você faria qualquer coisa por ele. Na verdade, as pessoas costumam comentar que os dois parecem irmãos siameses. Você está lá em todas as reuniões de negócios, trabalhando lado a lado até qualquer hora da noite e sentado ao lado da família em casamentos e funerais. Isso muitas vezes pode ser confundido com subserviência, mas não é. Seu chefe não faz nenhum movimento nem finaliza nenhuma decisão antes de consultá-lo. A colaboração entre vocês é imensamente criativa. Quem quer entrar em um relacionamento com você precisa aceitar que seu chefe está em primeiro lugar.

Mas nem todos os capricornianos com Ascendente em Escorpião são guarda-costas ou procuradores de negócios obscuros de terceiros. Há também um lado gentil que só se revela em sua vida particular: você pode adorar fazer tricô, ter talento para restaurar antiguidades ou oferecer-se como voluntário para dar aulas de reforço a crianças com diferenças de aprendizagem. É algo que as pessoas não sabem e que você gosta de manter assim. Você precisa de um lugar especial onde possa relaxar e ser uma versão mais gentil e bondosa de si mesmo. *Hobbies* e atividades extracurriculares são a válvula de escape perfeita, considerando a pressão que sofre e as difíceis decisões que lhe pedem que tome.

Você sonha com o dia em que poderá deixar para trás sua vida atribulada, mas isso não vai acontecer. Simplesmente não foi feito para isso. Seu mapa é atraído para situações estressantes como um artista busca os holofotes ou um místico se recolhe ao silêncio. É nelas que você se revigora. Você se sai melhor em relacionamentos nos quais seu companheiro é tão ocupado quanto você. Isso torna o momento de descanso juntos ainda mais precioso.

SOL EM AQUÁRIO/ASCENDENTE EM ESCORPIÃO

Nunca é uma boa ideia mentir para um aquariano com Ascendente em Escorpião. Você foi presenteado com um medidor de mentiras tão bem afinado e potente que está funcionando sem parar desde que sua mãe lhe falou pela primeira vez sobre o Papai Noel. Melhor que uma luz UV e mais revelador que uma análise forense, você está constantemente captando a linguagem corporal das pessoas, a escolha de palavras e os rastros que elas deixam. Quem tem Ascendente em Escorpião nunca perde um truque. Adicione seu Sol em Aquário à mistura e o resultado é alguém que nunca para de considerar cada possibilidade, cada alternativa e cada hipótese. Qualquer empresa de segurança cibernética que honre sua infraestrutura de detecção de ameaças ficaria feliz em tê-lo em seu quadro.

A verdade é um grande negócio para um representante da combinação Aquário/Escorpião. Se duas pessoas não têm nada a esconder, então não deve haver nenhum problema em dizer o que lhe vai na mente, enviar mensagens de texto a cada trinta minutos para saber se está tudo bem ou submeter-se voluntariamente a uma rigorosa análise cruzada dos acontecimentos do dia. Mas nem todos os entes queridos se sentem à vontade vivendo com uma câmera de vigilância humana e é aí que você precisa pegar leve. Ninguém está retendo informações porque guarda a própria privacidade nem se esgueirando de você porque quer conversar com os amigos. Quem tem o Sol em Aquário e o Ascendente em Escorpião tenta interpretar o estatístico desinteressado, mas a verdade é que você tem problemas de confiança profundamente arraigados.

Você nunca vai jogar tudo para o alto, mas esse é um dos mal-entendidos mais comuns a respeito de Aquário. As pessoas acham que você é descontraído e meio *hippie*, mas na verdade é bem tenso. Você tem muita energia nervosa, vive muito a vida mental (daí suas crises de insônia) e caminha sobre uma linha tênue entre a mecânica cartesiana e a teoria do caos. Há momentos em que abraça uma existência convencional e, de repente, vai na direção oposta, onde não quer nada que tenha a ver com seu antigo eu. Essas oscilações pendulares de controladas para enlouquecidas e novamente para controladas ocorrem sem aviso prévio a cada sete anos.

Você exige muito das pessoas em sua vida. Vive dizendo que elas são livres para ir e vir quando quiserem, mas é evidente que elas não têm essa liberdade. O fato de você ser possessivo em um momento e indiferente no outro também não ajuda. Encontre uma maneira de manter, mas sem pressionar. Isso permite que elas estejam com você quando quiserem estar, não porque precisam estar.

SOL EM PEIXES/ASCENDENTE EM ESCORPIÃO

Você gostaria de ser tão indulgente quanto dizem os livros de Astrologia. Mas cada ferida lhe parece tão fresca quanto no dia em que lhe foi infligida e cada insulto ainda ressoa em seus ouvidos. Os piscianos são capazes de muita compaixão e de uma tremenda empatia. É uma qualidade natural que decorre do dom de colocar-se na pele dos outros. Não é difícil imaginar como um pai ausente ou desprovido de amor pode contribuir para a crueldade e a violência de um filho no futuro. Na verdade, sua própria infância pode ter incluído decepções e traições semelhantes, mas você não acabou assim, pois não se tornou severo nem frio. Você estende a mão quando seria mais fácil mantê-la enfiada no bolso.

Seu Sol em Peixes perdoa, mas seu Ascendente em Escorpião nunca esquece. Você lamenta as histórias que ouve, mas isso não significa que vai revisá-las. Em vez disso, insiste em que todos se responsabilizem pelos danos que causam, e a melhor maneira de conseguir isso é fazê-los sentir na própria pele as consequências do sofrimento que infligiram aos outros. Os nascidos com Sol em Peixes e Ascendente em Escorpião são os anjos vingadores kármicos da Astrologia.

Entretanto, isso não quer dizer que passará a vida perseguindo ex-chefes e namorados cruéis. Você não vai se disfarçar para ganhar a confiança deles e depois os levar à ruína, como a personagem Lisbeth Salander no filme *Millenium: Os Homens que não Amavam as Mulheres*. Mas isso não o impedirá de escrever ou cantar a respeito. Nem de advogar social ou politicamente contra esse problema. Quem tem Sol em Peixes e Escorpião no Ascendente sente a dor alheia em nível molecular, e a única maneira de exorcizá-la é por meio de algum tipo de processo criativo ou transformador. Seu Ascendente em Escorpião nunca desvia o olhar dos erros que nunca poderão ser corrigidos. Isso lhe confere um propósito. E seu Sol em Peixes pega essa matéria-prima e a transforma em uma atuação espetacular, uma canção que chega ao primeiro lugar na lista das mais ouvidas, ou em um movimento de *hashtag* que fala para milhões. É ferida feita para a cura.

Só que você pode ficar um tanto obcecado pela luta moralmente justa, e é por isso que quer ter certeza de que não se transformará naquilo contra o qual está lutando. A indignação sempre será a droga preferida de um Ascendente em Escorpião, e é por isso que cabe ao Sol em Peixes lembrá-lo de que a questão reside em encontrar paz porque, caso contrário, você estará apenas jogando gasolina numa fogueira.

SOL EM ÁRIES/ASCENDENTE EM ESCORPIÃO

Com você, as coisas sempre acabam se tornando questões de vida ou morte. Não existe exercício sem munição, combate simulado nem brincadeirinhas. Você não se segura, nem espera que o outro lado o faça. Quando joga, você joga para derrotar os adversários sem piedade. O que ganha com essa dupla combinação de Marte – Marte é regente tanto de Áries quanto de Escorpião – é o hiperfoco, o instinto assassino e a disposição para o vale-tudo que faz os outros pensarem duas vezes antes de bater de frente com você. Você consegue intimidar muito quando quer. No entanto, o que perde por ter Escorpião no Ascendente é o velho e bom espírito esportivo que todo ariano tem: você não se aproxima do oponente para o aperto de mão depois da partida; você faz questão de ter certeza de que ele nunca mais possa usar as mãos.

Isso não contribui exatamente para que você conquiste amizades, e é por isso que precisa amenizar esse comportamento. E essa não é nenhuma novidade. As pessoas vêm dizendo isso desde o jardim de infância, quando você começou a derrubar os coleguinhas em corridas de velocípede com a fúria de um herói em ação dirigindo um veículo em meio a uma perseguição em alta velocidade. Seria uma coisa se você apenas ficasse nervoso com as situações, pois assim poderia procurar terapia para controle da raiva ou redirecionar seus impulsos agressivos para aulas de artes marciais. Mas, quando se tem tanta energia de Marte no mapa quanto você, o impulso é vencer a qualquer custo. E, no seu caso, ele não se restringe ao atletismo: você pode perseguir um interesse amoroso com precisão de rastreamento digna de uma unidade de operações especiais ou eliminar um rival no trabalho por qualquer meio que se mostre necessário. E, novamente, isso não acontece porque você é mal-intencionado ou maldoso. É porque precisa ter controle de tudo.

Quem o conhece bem entende isso: já foi intimidado, persuadido e ignorado o suficiente para saber que essa é apenas a sua natureza. E sabe que, uma vez passada a fúria, você se arrepende e não mede esforços para reconquistá-lo. Apesar disso, ainda cabe a você tomar uma atitude no sentido de evitar isso.

Administrar as próprias paixões não significa anulá-las; significa manter controle sobre cavalos em disparada para poder guiar a carruagem e não ser pisoteado sob as rodas. Também significa menos pedidos de desculpas no futuro, o que é bom porque desculpar-se nunca foi seu forte.

SOL EM TOURO/ASCENDENTE EM ESCORPIÃO

Você tem dificuldade para acreditar que é uma pessoa vingativa. Você se vê como gentil e bondoso. Ou, pelo menos, assim seria se os outros parassem de tentar mexer com suas coisas. Você deve mesmo ficar de braços cruzados enquanto eles olham seus bens com cobiça, provocam desavenças entre você e um ente querido ou entram em conluio para derrubá-lo no trabalho? Você tem o direito de se defender e de proteger seus interesses. E fará *haters*, concorrentes e amigos de duas caras se arrependerem do dia em que cruzaram seu caminho. Você não começa brigas, mas sabe acabar com elas. E depois que fizer o inimigo bater em retirada, as coisas poderão voltar a ser como eram antes, ou seja, até que outro tente invadir seu território.

Você tem essa reputação de criar suas próprias profecias autorrealizáveis. Sempre desconfiado dos motivos alheios, torna a conquista de sua confiança impossível para qualquer um. É do tipo que, quando joga palavras cruzadas, é capaz de pegar o bloco vazio que alguém acabou de usar para criar uma palavra de alta pontuação para conferir se não era um bloco que tinha uma letra por trás, só que virado de cabeça para baixo. E não importa que o bloco sempre esteja em branco. O fato é que um dia pode não estar e, até lá, você vai continuar verificando. Familiares e amigos estão acostumados há muito tempo e acham que isso é estranhamente cativante. Já nos primeiros encontros, nem tanto: várias foram as vezes em que lhe pediram licença para ir à toalete e não voltaram mais.

Você realmente se vê como descomplicado. E desde que as pessoas se comportem, as coisas não precisam ficar estranhas. Infelizmente, o que acontece com esse tipo de pensamento é que você atribui a responsabilidade de comportar-se aos outros, enquanto se exime da sua, e isso simplesmente não funciona em um relacionamento. A vida é uma via de mão dupla e em nenhum outro lugar isso é mais enfatizado do que quando seu Sol se opõe ao seu Ascendente. Você não pode simplesmente culpar quem quer que seja por fazê-lo reagir da maneira que reage. Isso cabe a você.

Seu Ascendente em Escorpião vai desistir se você lhe ordenar que desista. E, com o tempo, à medida que aprender que nem todo mundo está interessado em lhe causar problemas ou passá-lo para trás, é que realmente vai acalmar-se e relaxar.

SOL EM GÊMEOS/ASCENDENTE EM ESCORPIÃO

Para você, um mistério é uma charada que ainda não foi resolvida. Não há nada tão obscuro, abstrato ou sobrenatural que não possa ser explicado. Mas isso não o torna um sabe-tudo. Quando muito, você não medirá esforços para manter a mente aberta. Nada influencia um cálculo ou distorce um diagnóstico tanto quanto uma conclusão precipitada. Você tem fé em suas ferramentas e em seu processo. Se chegar à resposta errada, você não tenta fazê-la adequar-se como um pino quadrado empurrado à força num buraco redondo. Você vai refazer seus passos para buscar a inconsistência que deixou de ver, mas sabe que está lá. Ninguém trabalha mais para endireitar as coisas. E, assim que estiver pronto para apresentar sua defesa, ela será inquestionável e totalmente irrefutável.

Um geminiano com Ascendente em Escorpião gosta de chegar ao fundo do que o incomoda e consertá-lo. Suas profissões vão da matemática à psicologia, do repórter investigativo ao crítico gastronômico. Gêmeos é regido por Mercúrio, o mensageiro dos deuses. Arauto de Júpiter, somente Mercúrio poderia viajar do céu para a terra e para o inferno e voltar. Não havia lugar ao qual ele não pudesse ir. E, seguindo a mesma linha, você é levado a considerar todos os cenários, a explorar todos os caminhos e a esgotar todos os recursos em sua busca da verdade. É seu Ascendente em Escorpião que o orienta a farejar aqueles lugares secretos que as pessoas ignoram. Você não pensa duas vezes antes de fazer perguntas extremamente pessoais ou levantar temas considerados tabus.

Dado o terreno delicado em que pisa, seria de pensar que teria mais sutileza porque, às vezes, consegue ser bem cáustico. Mas você não quer morder ninguém; isso é decorrência da pressão que coloca sobre si mesmo. O estresse é algo que precisa ser levado a sério: o fato de exigir tanto de si mentalmente pode levá-lo a excesso de café pela manhã e de álcool à noite. Outra coisa com a qual deve tomar cuidado é a tendência a transformar as palavras em armas. Os geminianos são naturalmente impertinentes, mas seu Ascendente em Escorpião pode transformar um jabe em uma facada. Você precisa monitorar isso quando estiver se sentindo exausto, pois é quando deixa voar as farpas. Não importa o brilhantismo de sua mente se ninguém se dispuser a ouvi-lo. Não há mal nenhum em investir tempo extra para amenizar seus comentários. As pessoas o respeitarão ainda mais.

SOL EM CÂNCER/ASCENDENTE EM ESCORPIÃO

A julgar pelo quanto evita que tirem fotos suas, as pessoas poderiam pensar que você está inscrito no Programa de Segurança de Testemunhas dos Estados Unidos. Você não está nas redes sociais, raramente fornece seu endereço para correspondência e passa horas inventando apelidos e biografias fictícias que o acompanhem. As pessoas nunca vêm até você. Você vai até elas, materializando-se do nada e desaparecendo de forma igualmente misteriosa quando o encontro termina ou a conexão cai. Você se deleita em enganar os outros e mantê-los na dúvida, o que é irônico para alguém que é tão sentimental e popular quanto você.

Os cancerianos são maternais e afetuosos. Você mima demais, com a maior alegria, as pessoas com quem se importa e não pensa duas vezes em sacrificar seu bem-estar pelo delas. Seu sonho é encontrar o companheiro perfeito que saiba compreendê-lo e passar o resto da vida a seu lado criando filhotinhos, cultivando a terra e talvez até criando filhos. Infelizmente, há um porém (sempre há algum quando se tem Ascendente em Escorpião): talvez seja a bagagem emocional, as cicatrizes psicológicas ou um passado sórdido. Seja o que for, é sério e é isso que cria a sensação de precisar fugir ou esconder-se.

Felizmente, são seus demônios internos, e não pessoas reais, que o estão perseguindo, embora isso não torne as coisas muito mais fáceis. Não há signos tão ponderados quanto Câncer e Escorpião. Você passou mais tempo examinando atentamente as profundezas e enfrentando seus medos do que qualquer outra constelação no zodíaco. Mas isso só o torna mais reservado e cauteloso. Em vez de divulgar o que está acontecendo, você disfarça suas ansiedades apresentando-se como despreocupado. E as pessoas – justamente porque são pessoas – logo aceitarão as coisas pelo que aparentam.

Há em você uma parte que quer ser descoberta. É por isso que está sempre soltando dicas ou deixando pistas, mas o responsável por essa descoberta precisa ser a pessoa certa. Alguém que seja tão astuto, compulsivo e incognoscível quanto você. No entanto, o mesmo material que daria uma grande obra de ficção erótica nem sempre se traduz na vida cotidiana. Em algum momento, você precisará sair do esconderijo e mostrar seu verdadeiro rosto ao mundo. Pode parecer-lhe que isso seria entregar o mistério que o torna especial, mas, na verdade, o que você está fazendo é trocar uma existência espectral por outra mais real.

SOL EM LEÃO/ASCENDENTE EM ESCORPIÃO

Há uma excepcionalidade incutida nos leoninos que nascem por volta do meio-dia. É quando o Sol está no ponto mais alto do mapa, o que significa que você está acostumado a olhar as pessoas do alto. E não é por ser vaidoso ou cheio de si; é mais como a diferença entre morar num apartamento de cobertura ou num estúdio no subsolo. Você recebe mais luz, tem todo tipo de espaço e ninguém o espiará pela janela que dá para a rua. Você está acima de tudo. Seu Sol pleno não consegue deixar de chamar a atenção para si. Ele lhe confere boa aparência, um extraordinário talento ou uma sorte espantosa. Acostumado a ser admirado, elogiado e até estudado, você aceitou há muito tempo que sua vida está exposta 24 horas por dia, 7 dias por semana.

Seu Ascendente em Escorpião consegue saborear a inveja na sala. Ele sabe que não pode baixar a guarda e entende que as pessoas querem ser suas amigas porque você tem algo que lhes falta. Desconfiado e cético, pode-se dizer que seu Ascendente atua como guarda-costas quando estuda os rostos, avalia os personagens e introduz perguntas destinadas a expor as inconsistências de suas histórias. Tudo isso é feito de maneira cordial. O fato de quase todos acreditarem nisso só prova que desde o início você estava certo a respeito deles.

Seu ponto fraco está no coração: quando se apaixona por alguém, você mergulha de cabeça – e quase nunca é pela pessoa que todos esperavam que seria. Eles imaginavam que você só poderia estar com alguém glamouroso e intocável. Mas o que não esperavam era um diamante bruto. E é aqui que seu Ascendente em Escorpião desempenha um papel mais forte que seu Sol em Leão, pois ele consegue detectar uma alma gêmea, mesmo quando a embalagem está inteiramente errada. O que vem em seguida é você tentar convencer essa pessoa de que foram feitos um para o outro. É uma ironia conquistar com tanta facilidade o coração de todos, menos o da pessoa que mais o atrai. Essa é a única área de sua vida em que sempre é humilhado. Nunca é agradável, mas faz bem à alma. Plutão, o regente de Escorpião, é o planeta das crises e das transformações que delas decorrem. Ele diz que você não conseguirá o que quer sem antes atravessar o inferno. Felizmente, Plutão também recompensa aqueles que têm coragem para enfrentar suas provações.

SOL EM VIRGEM/ASCENDENTE EM ESCORPIÃO

Você é quem bebe água com gás enquanto todo mundo aproveita a festa. E não importa se é num clube de dança, num casamento em família ou no festival Burning Man; é sua inclinação natural abster-se. Prefere estar lúcido a correr o risco de embriagar-se. Mas você não dá a impressão de ser pudico nem moralista. Pelo contrário, pois se entrosa com facilidade. Você pode seguir os fios sinuosos da conversa, ajudar com a piada quando quem a conta se esquece da frase de efeito e até mesmo levar os foliões ao banheiro se tiverem bebido demais. As pessoas sentem-se à vontade para entregar-lhe as chaves do carro, os telefones e, às vezes, as roupas. Elas sabem que estão seguras em suas mãos. Essa mesma confiabilidade se aplica ao trabalho. Supervisores, colegas e até mesmo clientes sempre o procuram para aquelas conversas extraoficiais.

Virgem é notoriamente crítico, mas raramente demonstra isso se tiver Ascendente em Escorpião, pois essa é a maneira mais rápida de induzir alguém a não cooperar. Em vez disso, você seguirá em frente e, plantando sementes, implementará as coisas que acha que devem ser feitas. Aprendeu há muito tempo quanto vale deixar pistas que levem as pessoas à chegarem conclusão que deseja. Além disso, quando pode fazê-las achar que foram elas que tiveram a ideia primeiro, então é ainda melhor. Talvez digam que você está sendo manipulador, mas tudo bem porque é por uma boa causa.

Ninguém nunca o viu perder a compostura, e é improvável que isso aconteça. Você é mestre em desviar a conversa de si para os problemas alheios. E se há algo que as pessoas querem falar é sobre os próprios problemas. Entretanto, quem o viu perde-la foi quem o rejeitou. Essa é a pessoa que disse que não estava pronta para um compromisso ou decidiu que seria melhor vocês serem apenas amigos. Pois essa é a pessoa da qual você falou mal e contra a qual influenciou os outros; a pessoa que experimentou sua vingança e, mesmo assim, o tratou com gentileza. Seu maior segredo inconfessável.

O virginiano com Ascendente em Escorpião é uma criatura social, apesar do desejo de ser deixado em paz. É importante que se exponha a novas visões sobre as coisas; do contrário, você se tornará bitolado e pedante. Debates, discordâncias e discussões aprofundadas fazem bem à mente e à alma. Como também em colapsos ocasionais.

SOL EM LIBRA/ASCENDENTE EM ESCORPIÃO

Por que você só se reúne com as pessoas quando elas estão passando por uma crise? E por que, quando a crise acaba, elas seguem em frente sem sequer lhe agradecer? É incrível como você pode estar flertando inocentemente com alguém na fila do Starbucks e, em instantes, já saberá detalhes de seu relacionamento desequilibrado, de seu casamento sem amor ou de seus pais que estão sob cuidados paliativos. Então, isso talvez seja porque essa pessoa esteja guardando um grande segredo e você é a primeira pessoa com quem ela resolveu desabafar. Entretanto, isso deveria ser um sinal para que você se virasse e fosse embora o mais rápido possível – e, se fosse um libriano nascido em qualquer outro momento do dia, faria isso –, só que sabe que, na hora de pagar pelo café, já estará viciado. Para algumas pessoas, é um olhar. Para outras, é um sorriso. Mas, para você, é o segredo. E, depois que é compartilhado, ele o conecta a essa pessoa mais do que cem vidas passadas no antigo Egito jamais conseguiriam.

Libra e Escorpião é provavelmente uma das combinações mais desafiadoras de Signo Solar/Signo Ascendente de toda a Astrologia – e não é por causa dos signos, mas sim da parte do céu que estava surgindo quando você nasceu: "Via Combusta" ou "Estrada de Fogo". Aqui, as energias de ambas as influências maléficas são ampliadas – as de Marte porque ele rege seu Ascendente em Escorpião e as de Saturno pela associação com a casa onde reside seu Sol. Tradução? Você não conseguiria evitar a colisão entre esses carros emocionais nem se tentasse. E não é porque sofra de baixa autoestima, ou porque seja um masoquista nato que esqueceu qual era a palavra segura. É porque esses encontros fazem crescer seu coração quando o quebram.

Então sua vida amorosa é um pedaço de terra arrasada do início ao fim? Não. Na verdade, é exatamente o contrário. Ela o torna mais compassivo e mais esperto. A repetição de desgostos amorosos aprofunda a sabedoria e o humor, transformando-o em uma lufada de ar fresco entre os furacões alheios. E quando encontrar o companheiro certo (e você o encontrará, pois é disso que estamos tratando), não será alguém que o deixe na sarjeta depois que você o tiver ajudado. Será alguém que viveu uma vida parecida com a sua e chega até o ponto de onde você está vindo. Alguém que reconheça que vocês foram feitos um para o outro.

ASCENDENTE EM SAGITÁRIO

♐

> **Sua voz é a mais alta da sala.**

COMO ALGUÉM PODERIA DEIXAR DE NOTAR SUA PRESENÇA? Sua voz é a mais alta da sala.

Você é quem está contando a história mais inconveniente ou sem graça, jogando a cabeça para trás numa gargalhada, ou gritando mais que a pessoa com quem está discutindo. E, mesmo que não seja especialmente articulado, ainda por cima você é *espalhafatoso* – como a gravata que está usando, o sorriso rápido que lança ou a maquiagem que adora. Você aprendeu há muito tempo a parar de esconder seus talentos, pois eles vão brilhar, não importa o que faça. Seu espírito é irreprimível, como atesta sua longa história de afastamentos compulsórios, cenas em público e reprimendas profissionais. Ninguém passou mais tempo em maus lençóis que você.

No entanto, as pessoas sempre reagem a você com carinho. É incrível o que elas lhe perdoam e quantas vezes o fazem. E não porque as leve na conversa ou as fascine tanto a ponto de controlá-las. É porque, na verdade, você tem boas intenções. Sim, você vai gaguejar, tropeçar e muitas vezes aparecer atrasado para funções importantes, mas é tão efusivo em seus pedidos de desculpas e faz uma cara tão tristonha de remorso que os amigos e familiares não podem deixar de recebê-lo de volta em seus braços. É como tentar ficar bravo com seu personagem favorito de desenho animado.

Os que possuem Ascendente em Sagitário têm certa indiferença e um destemor que vem do fato de Júpiter ser o Planeta Regente de Sagitário. Júpiter era o rei dos deuses na mitologia romana. Todos lhe deviam reverência. No entanto, Júpiter odiava a pompa e a circunstância da corte celeste e, por isso, sempre se esgueirava para a terra em busca de prazer e diversão entre os humanos. Ele preferia a companhia dos mortais ao esnobismo dos deuses, e é por isso que você pode dizer a verdade às pessoas que estão no poder da mesma maneira descontraída que conversa com o motorista por aplicativo sobre seu dia de trabalho. A seus olhos, todos são iguais – exceto você, é claro. As regras que se aplicam aos demais nunca se aplicam a você. Você naturalmente está isento.

Você grita muito. Todos os que têm Ascendente em Sagitário fazem isso. É o deus da tempestade que há em você. É capaz de falar em tom doce e reconfortante num momento e depois gritar a plenos pulmões no outro. Mas, como uma chuva de verão, isso passa rápido e a vida logo volta ao normal. Agora, você sabe que não há ressentimentos e que estava só desabafando, mas seu temperamento pode ser assustador para algumas pessoas, especialmente porque sua mudança de humor é muito repentina e drástica. Não se sinta insultado quando elas correrem para proteger-se e certifique-se de dar-lhes tempo suficiente para reaparecer quando estiverem prontas.

SOL EM SAGITÁRIO/ASCENDENTE EM SAGITÁRIO

As pessoas recorrem a você quando buscam apoio moral, pois sabem que, por pior que se sintam, você consegue animá-las. Sua preocupação é sincera, seu otimismo, imperturbável, e você tem uma fonte infinita de piadas de mau gosto que podem estampar um sorriso em qualquer cara de tristeza. Não importa quanto a situação seja ruim ou difícil de consertar, você sempre se concentra no lado bom. E tem essa estranha capacidade de usar um desastre como um momento de ensino e explicar como uma situação que *não* sai como previsto pode ser uma dádiva de Deus. Às vezes, sua lógica parece improvável, mas a questão não é você ter todas as respostas para os problemas da vida, mas, sim, reacender os ânimos para que as pessoas consigam levantar-se e tornem a montar no cavalo que as derrubou.

Às vezes, você exagera nos discursos motivacionais: é o caso quando procura deliberadamente dizer coisas provocativas para irritar alguém. Você acha que essa tática lhe mostrará que ainda há nele espírito de luta, só que, muitas vezes, piora as coisas esfregando sal nas feridas. Você precisa desenvolver uma compreensão mais completa das diferentes maneiras pelas quais as pessoas processam as emoções: algumas adoram uma conversa motivacional e estimulante, enquanto outras precisam ser deixadas a sós por um tempo. E só porque se recolheram para suas tendas não significa que desistiram.

Você leva suas crenças a sério. Seja uma fé religiosa, um caminho espiritual ou um currículo de autoajuda, você não se convencerá a abandonar algo que sabe ser verdadeiro. E não importa em quantas brigas vai entrar: se há uma coisa que adora é um debate cheio de entusiasmo e convicção. Nada supera uma boa briga verbal com arremesso indiscriminado de estatísticas, fatos e citações. Você não está interessado em provar que aquilo em que acredita é certo, pois já sabe disso. No entanto, se conseguir convencer um negacionista a abraçar sua maneira de ver as coisas, então certamente terá se justificado.

Ninguém jamais o acusará de ser cínico, porém as acusações de confiar demais o ferem. E isso porque você é a vítima fácil para uma boa história sentimental que evoque empatia. Sua natureza crédula será sempre seu ponto fraco. Contudo, apesar de todas as decepções, nada consegue abalar sua fé na cura milagrosa de uma perspectiva positiva.

SOL EM CAPRICÓRNIO/ASCENDENTE EM SAGITÁRIO

É difícil acreditar que você seja capricorniano porque dá a impressão de ser alguém de alto-astral, e não o inverso. O entusiasmo que emana chega a crepitar. Quando começa a falar sobre algo que considera emocionante, seus olhos brilham, suas expressões vão ficando mais animadas e sua voz praticamente retumba pela sala. As pessoas se aproximam, atraídas por uma exaltação que consideram irresistível e secretamente desejam que seja contagiante. Você sonha alto, acredita que tudo é possível e não tem vergonha de liderar com suas maiores esperanças. Animação não lhe falta!

No entanto, você é tão capricorniano quanto pode ser. Nascido sob Saturno, o planeta do medo e da inibição, não se sente essa pessoa que todos veem e se preocupa com a possibilidade de lhes ter dado a impressão errada. É o que acontece quando se nasce nas horas que antecedem o nascer do Sol: as pessoas veem primeiro o Signo Ascendente e, depois, você – se é que o veem. Isso fica especialmente complicado quando os outros acham seu rosto astrológico muito atraente. Quem poderia culpá-lo por querer fingir concordar?

É fácil deixar as pessoas pensarem o que quiserem pensar. Elas se alegram em comprar qualquer coisa que você venda e não estão tão interessadas em isenções de responsabilidade. No entanto, tendo o Sol em Capricórnio, você vive com esse medo constante de ser descoberto, esperando o dia em que seu namorado vai perceber que você não é a pessoa por quem ele se apaixonou ou que um colega de trabalho o exponha como um "depressivo no armário". No entanto, esse dia não chegou e nunca chegará porque seu Signo Ascendente não é um disfarce que possa usar como se fosse uma barba falsa ou uma peruca loira. É você. Talvez não reconheça esse lado seu, mas ainda é parte de você.

Não é segredo que você tem propensão ao pessimismo e a outros humores sombrios. Seus amigos e entes queridos sabem desde sempre sobre sua insegurança paralisante e como se preocupa mais com os poucos centavos perdidos que com os dólares ganhos. No entanto, também sabem que você sempre volta a ficar *on-line*. Em algum momento, vai inspirar-se com um novo empreendimento ou dar asas à imaginação graças a uma proposta e aquela chama bruxuleante vai tornar a crepitar para a vida. Isso talvez seja algo que você nunca consiga entender, mas os outros o fazem e é assim que podem manter a fé até que você esteja pronto para acreditar em si novamente.

SOL EM AQUÁRIO/ASCENDENTE EM SAGITÁRIO

Você está totalmente em casa com pessoas que não são nada parecidas com você. Talvez tenha crescido em um país estrangeiro, se mudado muito quando criança ou sido enviado para morar com parentes ricos, como Will Smith em *Um Maluco no Pedaço*. Embora outros signos possam ter sofrido com a falta de raízes e sentimento de "alteridade", o seu acabou fazendo o oposto: fez você crescer! Isso porque poucos Signos Ascendentes são tão extrovertidos quanto Sagitário, e nascer com o Sol em Aquário significa que você aborda com mente aberta qualquer situação social que encontre. Para você, não existem estranhos, mas sim amigos que ainda não conheceu.

É difícil as pessoas o aceitarem pelo que aparenta. Você é mesmo tão descontraído? Por ironia, é sua astúcia o que as incomoda. Elas têm dificuldade em acreditar que você não esteja fingindo ou tentando enganá-las. Isso, você não está fazendo, pelo menos não de maneira consciente, mas a afabilidade nunca deve ser confundida com acomodação ou tolerância diante de situações que lhe causam incômodos. Você ainda é um aquariano com Ascendente em Sagitário e vai defender com firmeza suas opiniões sem piscar duas vezes se surgir a ocasião, ao passo que seu Sol em Aquário nunca teve vergonha de expor opiniões nem pontos de vista radicais.

Você acredita que todos merecem um lugar à mesa e que é preciso educá-los para isso. Todos os signos de ar se preocupam com as normas da etiqueta, e seu Sol em Aquário não é diferente. Muitas vezes retratado como rebelde, você nunca é indisciplinado. Os aquarianos notoriamente se empenham em garantir que todas as vozes sejam ouvidas. Isso é potencializado por seu Ascendente em Sagitário, que é hospitaleiro e acolhedor por natureza. A ideia de repartir o pão com os outros – especialmente com os que discordam de você – é um valor central. Procurar um terreno comum em nossa humanidade enquanto celebra sua diversidade é a sua missão.

Aquarianos com Ascendente em Sagitário gravitam em torno da assistência social e da organização comunitária. Há um forte senso de responsabilidade cívica e moral. Também pode haver uma propensão para o proselitismo. E, independentemente do que você defenda, muitas vezes os aquarianos com Ascendente em Sagitário são vistos distribuindo panfletos nas esquinas com o ar de solicitude e o brilho nos olhos de uma comissária de bordo distribuindo rosquinhas e salgadinhos.

SOL EM PEIXES/ASCENDENTE EM SAGITÁRIO

Você tem o que chamam por aí de "temperamento artístico". E não é preciso ser pintor nem músico para tê-lo. Seus agudos são tão arrebatadoramente transcendentes e seus graves, tão profundamente abissais que não pode haver meio-termo. Alguns podem achar vertiginosa sua maneira de rir em meio às lágrimas e de suspirar desejosamente a cada triunfo, mas isso é apenas porque são incapazes de apreciar todo o espectro de sua paleta psíquica. Como o misterioso reino para o qual Netuno, seu Planeta Regente, foi nomeado, você experimenta emoções que a maioria das pessoas nunca descobriu e nem sequer sabia que existia. E seu Sol em Peixes está mais do que satisfeito em manter sigilo sobre essas profundezas ocultas.

Mas não é assim que seu Signo Ascendente funciona. Sagitário é um signo de fogo, público e expansivo. Com você, tudo precisa ficar às claras. É por isso que continua batendo até que abram a porta, se intromete nas conversas das mesas vizinhas e é o primeiro a falar de sua experiência na terapia de grupo. Cabe a você fazer as pessoas falarem sobre os lados de si mesmas que querem varrer para debaixo do tapete. Você as inspira a basear-se em suas verdades interiores para poder viver vidas mais plenamente realizadas. É de admirar que os piscianos com Ascendente em Sagitário queiram ser pastores, gurus e instrutores de representação teatral?

Sua atração pelas lutas alheias contém a esperança de aprender a lidar com seus próprios altos e baixos (que, de fato, são literalmente altos e baixos). Seu Signo Ascendente é regido por Júpiter, planeta batizado em homenagem ao deus romano do céu, e seu Signo Solar é regido por Netuno, o deus romano do mar. A princípio, as diferenças parecem inconciliáveis, até que você se lembre de que os oceanos são a fonte das nuvens. As nuvens se formam quando a água evapora. E, quando ficam carregadas, trazem a chuva, devolvendo sua água ao mar. Essa parceria contínua entre o céu e a água reflete a relação cíclica entre seu Signo Solar e seu Signo Ascendente: um apoia o outro.

Depois que aceitar que seus altos e baixos são simplesmente o modo como sua psique inspira e expira, você se sentirá menos louco. Talvez ainda tenha problemas para explicar sua personalidade tempestuosa – mas, nesse caso, o que mais se poderia esperar de uma combinação Signo Solar/Signo Ascendente regida por dois deuses da tempestade?

SOL EM ÁRIES/ASCENDENTE EM SAGITÁRIO

Você nunca está por perto. Sempre viajando a negócios ou em alguma missão, você só fica em casa tempo suficiente para lavar roupas, refazer as malas e partir novamente. Você passa muito tempo longe das pessoas com quem se importa. Seria de se pensar que não importam, mas nada poderia estar mais longe da verdade. Alguns signos do zodíaco ficam perto de casa, sonhando com o mundo que está além do muro do quintal, enquanto outros vivem abrindo e fechando uma mala, à espera do momento em que vão poder reunir-se a seus entes queridos. Você é um deles.

Wanderlust (sede de viajar) é uma palavra frequentemente associada a seu Signo Ascendente, pois Sagitário é famoso por apaixonar-se por terras distantes e, em seguida, comprar um bilhete para o próximo voo. Porém seu Signo Solar raramente viaja só para se divertir. Geralmente há circunstâncias atenuantes: talvez você não possa fazer o que faz para ganhar a vida se ficar onde está, as oportunidades podem ser escassas em seu país natal e precisa enviar dinheiro para casa, ou a cultura do lugar onde foi criado desaprova pessoas como você. Muitas vezes, há um sentimento de autoexílio incutido nos arianos que têm Ascendente em Sagitário. Por outro lado, seu Sol em Áries pode ser atraído para uma carreira militar, esportiva ou de entretenimento, todas famosas por suas exigentes agendas de viagens.

Você é como uma criança em uma loja de doces quando se trata de assuntos do coração. É impossível escolher um só. Na verdade, o que você procura é o *único*, mas sempre descobre alguém mais doce, mais leve e mais delicioso. Você não quer ser infiel. Por ironia, seu signo é um dos poucos que são completamente honestos acerca de seus sentimentos. Quando está apaixonado, está apaixonado. E quando não está? Aí acabou.

Um ariano com Ascendente em Sagitário resiste a acomodar-se. Você receia que, no momento em que o fizer, seu fogo seja extinguido, e isso pode acontecer. Há uma razão pela qual os cavaleiros medievais partiram em missões de décadas em busca do Santo Graal ou dragões cuspidores de fogo: tudo se devia à sede de aventura. Quando perceber que o amor é a própria aventura, tão enriquecedor e tão cheio de encantamento quanto uma jornada épica, então você estará de bem com a ideia de voltar para casa. E poderá até guardar a mala e ficar por lá um tempo.

SOL EM TOURO/ASCENDENTE EM SAGITÁRIO

Você nasceu sem filtro. Facilmente irritado, reclama tanto das infrações e transgressões cotidianas toda vez que acontecem que chama a atenção de todos ao redor. É o mais propenso a começar a bater palmas quando se quebra um copo num restaurante, a bater no capô de um carro parado na faixa de pedestres ou a perguntar se ninguém está sentindo um cheiro engraçado em um elevador lotado. As pessoas podem lançar-lhe olhares de desaprovação, mas você só revirará os olhos. Por que deveria agir como se nada tivesse acontecido se todo mundo sabe que aconteceu?

Quem tem o Sol em Touro é conhecido por manter a calma, mas não se o Ascendente for Sagitário. A menor coisinha o detona. É como se seus sentidos, especialmente o paladar e o olfato, tivessem sido amplificados: você percebe a diferença de qualidade e de categoria imediatamente. Quando a maioria dos signos do zodíaco evita querer criar problemas, você não pensa duas vezes antes de insistir com o mecânico para que volte atrás no que acabou de fazer até descobrir o problema que você sabe que ainda está lá. Quando algo não lhe parece bom, então é porque não está. E geralmente você acerta cem por cento no alvo. É por isso que não para até que o que está errado tenha sido resolvido.

Entretanto, ninguém acha ruim você ser perfeccionista. Na verdade, todos ficam maravilhados por você estar mais bem informado que a maioria dos especialistas. Isso porque você gosta de pesquisas e até pesquisa por amor à pesquisa. Só que seus modos às vezes são meio bruscos: pode dar a impressão de ser exigente, belicoso e até mesmo de deleitar-se com os erros alheios, e isso é algo que vale a pena você reavaliar.

É por causa do posicionamento do Sol em seu mapa que você está convencido de que as pessoas não o estão ouvindo. Nascido quando o Sol tinha acabado de se esconder no horizonte, você é perseguido por essa sensação de algo ter sido esquecido ou deixado de fora e ninguém aparentemente se preocupar com isso. Isso faz seu Ascendente em Sagitário entrar em ação e soar o alarme vezes sem fim.

Você precisa confiar que as pessoas entenderam a mensagem da primeira vez. Você é uma presença muito expansiva e ninguém vai ignorá-lo. Porém o que quer fazer é exercer sua autoridade com confiança. As pessoas que confiam em si mesmas só dizem o que precisam dizer uma única vez. E se alguém não ouvir? O problema é dele, não seu.

SOL EM GÊMEOS/ASCENDENTE EM SAGITÁRIO

Se seus amigos lhe dissessem para pular de uma ponte, você faria isso? Sim. Só que não por fazer o que eles lhe dizem, mas porque acham que você nunca se atreveria a fazer algo assim. Quem tem Sol em Gêmeos e Ascendente em Sagitário adora provocar espanto e emoção como um acrobata de circo girando acima das cabeças da multidão. Quanto mais irado for o desafio, mais rápido você o aceitará. Embora as pessoas o julguem irresponsável e imprudente, isso não é verdade: simplesmente sabe que há um anjo da guarda cuidando de você.

Quem nasce com Ascendente em Sagitário confia piamente na Providência Divina. É por isso que, como se fosse a bala humana de um canhão, você mergulha no desconhecido, especialmente em suas relações pessoais e profissionais. É você quem primeiro diz "eu te amo", finaliza um contrato sem revisar as letras miúdas ou contrata alguém de cara porque parece ser confiável. Você tem essa fé inabalável: tudo na vida acontece por uma boa razão e, mesmo que as coisas não saiam conforme o esperado, tudo ainda acabará dando certo no final.

Não é preciso dizer que essa não é a maneira como seu Sol em Gêmeos vê as coisas. O coitado fica horrorizado diante da maneira alegre como você renuncia a seus direitos em uma explosão de magnanimidade ou concorda em receber menos dinheiro porque seu devedor precisa mais dele que você. Mas quem nasce ao cair do sol como você, tem o Signo Ascendente no volante de seu mapa; o Signo Solar precisa conformar-se com o banco do carona. Isso porque o Sol estava perdendo luz e força, ao passo que o signo do Ascendente se expandia. Pense no Grilo Falante e em Pinóquio. Seu Sol em Gêmeos pode tentar fazê-lo mudar de ideia o quanto quiser, mas seu Ascendente em Sagitário correrá à frente sem se deixar intimidar, pois quem é que gosta de ouvir um chato?

Você já cometeu muitos erros e provavelmente tem as ações judiciais e acordos de divórcio para prová-lo. Porém seus erros não são golpes contra você; são apenas sinais de uma vida bem vivida: não existe fracasso nos negócios, traição, nem dor de amor, desde que você tenha ganhado alguma coisa com a experiência. Talvez tenha sido um amor que só aparece uma vez na vida, aqueles doze anos de emoção e felicidade que viveu ou a chance de mostrar-se em sua melhor versão quando isso foi necessário. Todo mundo erra, mas quantos podem gabar-se de não se arrepender?

SOL EM CÂNCER/ASCENDENTE EM SAGITÁRIO

Seu toque cura. Seja dando sua mão a uma mão solitária ou passando um braço em torno dos ombros de alguém que sofre por amor, você instintivamente demonstra facilidade e compaixão para lidar com pessoas que recebem da vida duros golpes. Não se assusta diante do infortúnio: já passou tanto tempo por cima olhando para baixo, quanto no fundo do poço olhando para cima, e os outros imediatamente sentem isso. Essa condição lhe confere uma dignidade, uma espécie de reputação. A bênção de nascer sob Câncer, o signo do zodíaco que é regido pela Lua, é a sensação inerente de saber quando a sorte aumenta e quando diminui. Você é alguém que consegue tolerar os altos e os baixos.

Seu Ascendente em Sagitário lhe concede um halo de proteção. Embora você tenha tido dificuldades e sofrimentos, seu Signo Ascendente lhe confere um robusto sistema imune psíquico, capaz de livrá-lo de qualquer efeito nocivo. É por isso que você não tem escrúpulos em sentar-se com os escorraçados, abordar assuntos tabus sobre os quais ninguém quer falar ou convencer os avarentos mais obstinados a abrir as carteiras por uma boa causa. Se há alguém que pode tirar água de pedra, é você. Cancerianos com Ascendente em Sagitário são os bons samaritanos da Astrologia. É tão provável que você apareça em uma visita a alguém num leito de UTI quanto em um jantar de gala para arrecadação de fundos para uma instituição filantrópica.

No entanto, pode ser difícil saber quem você realmente é – até para si mesmo. Há muitas camadas em sua personalidade e você não é exatamente coerente. Presas nas correntes cruzadas de um Signo Ascendente indisciplinado e de um Signo Solar que nutre e reconforta, as pessoas se surpreendem ao descobrir um lado submisso. Isso se revela nos relacionamentos amorosos: há algo em seu mapa que está sempre alinhando você com parceiros aos quais está financeiramente vinculado. Talvez eles *ganhem* mais dinheiro, o que o deixa ressentido por sentir-se como se estivesse sob o controle deles, ou talvez eles *devam* mais dinheiro, o que implica que você os banque constantemente na esperança de que um dia a sorte deles mude.

Descobrir o estilo certo para viver é algo que leva muitos anos, sobretudo porque você quer sua casa e sua independência. Você pode ter que se casar e ir e voltar da cidade para o interior algumas vezes, mas, depois que chegar ao ajuste adequado, então tudo se encaixará.

SOL EM LEÃO/ASCENDENTE EM SAGITÁRIO

Seu rosto se ilumina imediatamente quando seu nome é chamado. Dotado de uma expressão alegre e de uma aura radiante, você é realmente um deleite para os olhos. Você poderia entrar em uma sala dentro de um barril com uma luminária na cabeça que todos continuariam sabendo que é você. A sua é uma das poucas combinações de Signo Solar e Signo Ascendente em que não importa muito como você é, quem conhece nem como se veste. Todo mundo quer desfrutar de sua companhia. Todos sabem que você tem algo que é como uma bênção da Providência e, se ao menos pudessem aproximar-se o suficiente, então parte dessa dádiva poderia cair também sobre eles.

A sorte lhe sorri quando você tem Ascendente em Sagitário, mas é especialmente pródiga se também for leonino. Você é o herdeiro do fundo fiduciário da Astrologia: portas fechadas abrem-se com um toque, oportunidades caem-lhe no colo e você está no lugar certo, na hora certa, com tanta frequência que pode muito bem ser um ponto de ônibus. É um bom problema para ter até que os demais comecem a vê-lo como a galinha dos ovos de ouro. Uma coisa é lidar com pessoas que cobiçam o que você tem; outro problema completamente diferente é quando o que elas cobiçam é você. É algo que deve observar em seus relacionamentos amorosos, mas também desconfie disso com supervisores e chefes. A falta de elogios da parte deles não tem nada a ver com seu desempenho no trabalho; o verdadeiro objetivo é mantê-lo para baixo. As pessoas não querem sair de perto de um leonino com Ascendente em Sagitário, pois reconhecem o que é bom quando o veem.

Infelizmente, não há como evitar armadilhas como apaixonar-se por tipos ciumentos, cair na manipulação de rivais e ser enganado por gestores de dinheiro. Porém, como o Sol, que é o seu Planeta Regente, você sempre se levantará em um novo dia. Além disso, seu Ascendente em Sagitário garante que você saia dessas situações ainda mais sábio e melhor.

Evite atividades suspeitas nos bastidores e esquemas comerciais ou políticos por baixo dos panos. Quando se está sob a luz dos holofotes como você, então tudo o que acontecer – por maior que tenha sido a sua discrição – sempre será descoberto. E não vai ser nada agradável. É como dirigir um carro vermelho: muita gente ultrapassa o limite de velocidade na estrada e sai impune, mas você será o único que os policiais vão mandar parar no acostamento.

SOL EM VIRGEM/ASCENDENTE EM SAGITÁRIO

Você consegue criar tiradas precisas e certeiras como a flecha de Guilherme Tell na maçã posta na cabeça do filho. Suas piadas, réplicas e insinuações sutis sempre atingem o alvo, e é por isso que há muito tempo as pessoas aprenderam a não mexer com você. Todo mundo sabe que você é extremamente inteligente e perigosamente engraçado, mas nunca dá a impressão de querer ferir alguém. Você chega perto disso, mas recua um pouco antes.

Precoce desde o nascimento, rapidamente avançou nas graduações da escola. Depois que descobriu o que se esperava de você, foi fácil dominar o currículo, voar pelos exames e sair com todas as premiações. Você teria passado toda a sua juventude marcado como queridinho da professora não fosse pela propensão a causar problemas de seu Signo Ascendente: ele tem um sexto sentido para adivinhar onde está a diversão e sabe que não é no clube de matemática. Exuberante, maluco e aventureiro, você deve agradecer a seu Ascendente em Sagitário por nunca se tornar um sabichão ou se transformar num pudico.

Mas nem mesmo seu Ascendente, que não se preocupa com as consequências, consegue desviá-lo de sua busca incansável pela excelência. Seu Sol em Virgem – destacado no alto de seu mapa astrológico – supera todo o resto. A maioria das pessoas vê o seu Melhor Eu como algo a que aspirar, um ser de padrão mais elevado infundido de propósito espiritual e integridade moral. Você vê o Melhor Eu como algo fora do alcance. Como um trabalho de Sísifo, é uma competição que não pode ganhar, mas a qual também não consegue furtar-se. Enquanto puder conceber algo melhor, qualquer feito será quase um fracasso.

Todos sabem que os virginianos são extremamente críticos, sobretudo em relação a si mesmos. Isso vem de ter uma mente que está um passo à frente da de todos os demais e que ansiosamente elimina defeitos e inconsistências. Viver com uma mente como essa não é fácil porque, embora brilhante, ela também pode tornar-se paralisante com sua fixação em detalhes, tecnicismos e catalogação exaustiva de tudo o que deveria ter sido feito, mas não foi. A beleza do Ascendente em Sagitário está em sua resistência a andar na linha. Ele está sempre procurando maneiras de testar limites, contrariar o sistema e agir livremente. Encontre uma maneira de aproveitar sua energia criativa e nunca ficará confinado e previsível. Além disso, garantirá que o cavalo permaneça na frente da carroça, e não o contrário.

SOL EM LIBRA/ASCENDENTE EM SAGITÁRIO

Você sabe como fazer uma pessoa se sentir a mais brilhante da sala. Atento a cada palavra dela, ri de todas as suas piadas e simplesmente sabe que pergunta fazer em seguida para mantê-la engajada. Você é um conversador experiente porque está genuinamente interessado na opinião que as pessoas têm a respeito de tudo. E pouco importa que esteja socializando com Kim Kardashian ou com o CEO de uma empresa de pré-moldados, você inevitavelmente abordará algum tópico pelo qual eles têm paixão. Talvez seja sua visão da vida, suas esperanças para o futuro ou sua preocupação com o rumo que o mundo está tomando. É incrível como mesmo o tipo mais calado se abre sobre temas filosóficos que não costuma discutir. É por isso que você é a pessoa ao lado da qual todos querem se sentar no jantar.

Em geral, os que têm Sol em Libra são bonitos e despretensiosos. Dotado de bom gosto e elegância, você prefere ser a joia, em vez de quem a usa. Muitas vezes, aparecerá nos braços de alguém que é importante, mas que bem poderia dar uma melhorada no quesito aparência. Você sabe que nasceu para adornar.

No entanto, tudo isso muda quando se tem Sagitário no Ascendente. Famosos pelo amor à extravagância e pelo espalhafato que não pede perdão, os librianos com Ascendente em Sagitário querem causar uma primeira impressão deslumbrante e inesquecível. Só que, às vezes, você pode empolgar-se. Por isso, sempre vale a pena dar uma olhada no espelho e retirar pelo menos de três a cinco acessórios antes de sair de casa. Você não quer parecer uma versão do vizinho na época do Natal, que tem vinte presépios e um monte de trenós de Papai Noel puxados por oito pequenas renas no gramado da frente, só que transposta para o conceito da moda.

O maior desafio para um libriano com Ascendente em Sagitário é confiar no próprio poder de atração: você não precisa agarrar um pretendente, impressionar o chefe nem laçar um cliente em potencial e jogá-lo no chão. Eles inevitavelmente irão até você por conta própria. É certo que *esperar para ver* não está programado no DNA de seu Signo

Ascendente: você gosta de mirar em potenciais pretendentes, chefes ou clientes e galopar em sua perseguição, mas experimente. Você vai acabar cercado de amigos em altos cargos que podem abrir-lhe portas e terão prazer em apresentá-lo aos amigos deles, que podem fazer ainda mais.

SOL EM ESCORPIÃO/ASCENDENTE EM SAGITÁRIO

Quando sorri, você sorri de coração *e* alma. Ele brilha como uma réstia entre nuvens densas ou o sol quando nasce entre as montanhas. É tão promissor que as pessoas não podem deixar de voltar-se em sua direção. Tudo nele é confiável. Seu sorriso é tão honesto que fica imediatamente aparente quando seu humor se alterou. Uma sombra cai em seu rosto. É irônico, para um signo do zodíaco famoso por guardar segredos, que seu Ascendente em Sagitário sempre o entregue.

Os escorpianos são de uma honestidade brutal. É por isso que você não é exatamente sincero quando lhe pedem que diga o que realmente pensa. Você demora a responder enquanto tenta descobrir com quanto da verdade acha que seu interlocutor pode lidar. Porém, a verdade se reveste de um propósito mais redentor quando se tem Ascendente em Sagitário. A verdade se destina a salvar, não a humilhar. É por isso que a verdade que você diz não vem de um livro sagrado nem de uma filosofia esotérica. É uma verdade pessoal cuja história nem sempre é bonita; provém de todas as vezes que você envenenou um poço, recusou-se ciumentamente a dar algo a alguém mais merecedor ou lucrou à custa de outro. Algumas pessoas podem safar-se de coisas assim, mas não você. Quando seu Planeta Regente é Plutão, assim batizado em homenagem ao deus romano dos mortos, você é julgado por seus atos nesta vida, não na próxima. E esses atos voltarão para assombrá-lo até que corrija as coisas.

Você está determinado a viver uma boa vida, não uma vida cheia de *mea culpa*, mas uma vida dedicada a elevar as pesscas. Você pode ajudá-las a enfrentar problemas que também enfrentou ou ser um agente da justiça na vida delas. Mas sua verdade pessoal também pode tocar os outros por meio de sua arte, sua fotografia ou sua escrita – expressões criativas que ressoam em nível profundo.

Todo escorpiano sabe o que é descer à noite escura da alma, mas os que têm Ascendente em Sagitário estão mais interessados na manhã seguinte. Sagitário é um signo que atravessará o pior que a vida possa atirar-lhe, desde que haja uma moral na história ou uma lição a aprender. É seu trabalho contar a nós essa jornada.

ASCENDENTE EM CAPRICÓRNIO

♑

> **Você sabe o que diz.**

VOCÊ É FAMOSO POR BALANÇAR A CABEÇA negativamente e dizer que as coisas nunca vão dar certo, de modo irrevogável, digna de Ió, personagem de O *Ursinho Pooh*. É severo e um tanto pessimista, e todos já sabem que é melhor não discutir com você. E isso não porque seja desagradável (embora possa ser); é porque tem razão. Você sabe o que diz. Nunca afeito a respostas rápidas nem a agir no calor do momento, submete tudo aquilo que considera digno de sua atenção ao mais minucioso escrutínio. Revisa os estudos mais recentes, pesquisa um tema com o rigor categórico de uma escavação arqueológica e faz as perguntas que ninguém mais pensou em fazer. É verdade que tem fama de apontar problemas nos sonhos das pessoas e esvaziar suas esperanças mais queridas, mas é porque está a serviço de libertá-las de ideias tolas. Num mundo em que todos colocam o pé no acelerador, você tem a invejável tarefa de pisar no freio. E já se acostumou a suportar as críticas por causa disso há muito tempo.

Ainda bebê, você já tinha uma cara séria. É por isso que seus pais tentavam fazê-lo sorrir apertando seus pés ou brincando de esconder e descobrir o próprio rosto com uma fralda ou almofada, mas bastava um olhar seu para fazê-los parar. E esse olhar é famoso até hoje. Talvez seja uma sobrancelha arqueada, um ar de quem não achou a menor graça ou uma expressão de tédio. Você pode não ganhar nenhum concurso de popularidade, mas é instantaneamente reconhecido pelos poucos e seletos que compartilham de sua visão sardônica do mundo. É um grupo exclusivo do qual se orgulha fazer parte.

Saturno, o planeta do tempo, rege Capricórnio. É por isso que você parece ser o mesmo de sempre a cada década. Outros podem ficar enrugados e grisalhos, mas você seria imediatamente identificado na quinquagésima reunião de sua turma do ensino médio. Quando as pessoas lhe dizem que não envelheceu nada, é exatamente isso que querem dizer. Além disso, você se sai bem melhor à medida que os anos vão passando do que em seus anos de juventude. Não é fácil: você assiste ao sucesso e ao florescimento dos outros enquanto vai deixando para trás os longos desvios e atrasos que fazem parte do currículo de Saturno. Porém, quando chega aos 40 anos, as coisas começam a dar certo para você. A princípio, é lento, mas a mudança é claramente perceptível, de modo que acaba celebrando suas conquistas num momento da vida que lhe permite realmente apreciá-las. Enquanto isso, todos os demais relembram os anos de ápice que já tiveram. Os capricornianos são como um vinho fino: se a garrafa for aberta cedo demais, seu sabor não será notável; mas quem o degustar depois de devidamente envelhecido verá que valeu a pena esperar.

SOL EM CAPRICÓRNIO/ASCENDENTE EM CAPRICÓRNIO

Se alguém lhe desse uma oportunidade numa bandeja de prata – um grande avanço, uma apresentação valiosa ou as chaves de um Jaguar –, você provavelmente a devolveria. E não porque seja ingrato ou se faça de difícil. Simplesmente não gosta de favores. Eles o deixam pouco à vontade. Você não quer dever nada a ninguém. É por isso que paga suas próprias despesas, nunca pede uma mãozinha e pede dispensa quando se trata de trocar presentes. Isso pode criar a impressão de que torna as coisas mais difíceis para si mesmo do que deveria, mas é só porque quer mostrar ao mundo que não é interesseiro nem aproveitador. Dignidade é algo que significa muito para você.

Os capricornianos pensam muito em dinheiro. As pessoas presumem que seja porque são avarentos, mas, na verdade, é porque nasceram sob a regência de Saturno, o planeta das provações e tribulações. Você sabe o que é privação, pois veio do nada ou sua família passou por um revés financeiro quando você era jovem. Capricornianos com Ascendente em Capricórnio não são alheios às dificuldades; elas criam uma marca que dura a vida inteira. Agora, você pode achar que os tempos de dureza o tornaram engenhoso e capaz, um individualista experimentado que sabe cuidar de si mesmo. Só que também o prejudicaram: os tempos de dureza o fizeram erguer muros.

É difícil viver sempre em guarda. Um belo dia, as pessoas param de tentar aproximar-se de você e simplesmente começam a interpretá-lo ao pé da letra. É mais prático assim. Se não quiser que a canção "All By Myself" se transforme numa profecia autorrealizável, terá que aprender a baixar esses escudos defletores e abrir frequências de comunicação. Um nativo de Capricórnio com Ascendente em Capricórnio pode ter tanto medo de perder que nunca se permite vencer. Testar as pessoas sem saber quais são as respostas ou se fechar em vez de expressar o que sente não propicia exatamente uma vida bem vivida. A maioria dos signos se torna mais rígida com o tempo, mas o seu precisa amenizar-se. Acredite nas pessoas quando dizem que não fazem ideia de como aproximar-se de você. Uma das grandes lições que tem para aprender é que a reciprocidade é tudo nos relacionamentos. Sem ela, não há intimidade. Afinal, é ou não é melhor abraçar uma pessoa que um cacto?

SOL EM AQUÁRIO/ASCENDENTE EM CAPRICÓRNIO

Há algo na sua forma de falar que deixa as pessoas se perguntando se você realmente acredita no que diz. Talvez seja a risada tensa, o sorriso forçado ou um visível sinal de alívio quando finalmente consegue o que quer. Elas não entendem o quanto você se estressa para fazer um simples pedido nem conseguem imaginar por que – depois de ter conseguido o que queria – você começa a listar todos os obstáculos que ainda existem e tudo mais que ainda pode dar errado. É uma reação tensa de sua parte, pois se sente pressionado e não quer decepcionar, só que as pessoas nem sempre percebem isso. Assim, sua ansiedade involuntariamente cria a impressão de que nada o deixa satisfeito.

Saturno rege Capricórnio e Aquário. E, em obediência à moda saturnina, ambos os signos tendem a concentrar-se nas falhas: Capricórnio se concentra no que falta, e Aquário, nas coisas que ficaram aquém. Juntos, demonstram intolerância em aceitar qualquer coisa *menos que* – como bem evidenciam seus suspiros de desânimo e expressões de desprazer e insatisfação. A decepção está incrustada em todos os signos de solstício. Agora, alguém com Ascendente em Capricórnio normalmente manteria suas ressalvas em silêncio, só que Aquário é um signo de ar, o que significa que seu raciocínio se processa em voz alta. Você acha que ser transparente é importante, pois demonstra honestidade e integridade. Porém, outros consideram isso um excesso de informação. Na verdade, eles só querem comer a salsicha; não têm o menor interesse em saber como é seu processo de fabricação.

Leva certo tempo para que os aquarianos com Ascendente em Capricórnio percebam que estão vestindo as roupas pelo avesso. Porém, depois que isso acontece, tudo se resolve rapidamente. Não mais propenso a pedir desculpas nem a isentar-se de sua responsabilidade, você se apropria de seus atos. Isso geralmente coincide com um momento de sua vida (depois dos 40) no qual passa de seguidor a líder. Um aquariano com Ascendente em Capricórnio não gosta de pensar em si mesmo como a pessoa que está no comando, pois lhe dá a impressão de estar de alguma maneira embarcando em uma tremenda canoa furada, mas na verdade ninguém faria isso melhor. Sua capacidade de ler o panorama geral, de avançar e tomar as decisões que ninguém mais quer tomar prova que você é um executivo nato. Além disso, você vai relaxar quando puser as mãos no volante. Você pode não fazer as grandes mudanças revolucionárias que todos esperam de um aquariano, mas encontrará um meio de fazer dar certo as que importam. Isso, seu Ascendente em Capricórnio garante.

SOL EM PEIXES/ASCENDENTE EM CAPRICÓRNIO

Você tem a paciência de um poeta para encontrar as palavras certas. Elas precisam ser simples, precisas e ressonantes. Você nunca diz nada de improviso nem por acaso. Uma conversa não é uma página em branco pedindo para ser preenchida com rabiscos. É algo que leva a sério, mais a sério que a maioria. É por isso que você soa tão livresco quando fala; não acadêmico, mas livresco pela maneira informada que transparece de suas frases quando fluem juntas como prosa refinadamente forjada. É por isso que as pessoas o ouvem com tanta atenção, literalmente presos a cada palavra sua. Tudo o que você comunica é feito com pensamento cuidadoso e um olho em como gostaria que as coisas acontecessem no fim.

Peixes aparece bem na fita quando alinhado com Ascendente em Capricórnio. Nada de olhares distantes, aparência desgrenhada, nem histórico de atos de desaparecimento. Os piscianos que têm Ascendente em Capricórnio são perfeitamente rápidos, educados e presentes. Como você é notoriamente confiável e responsável, as pessoas recorrem a seu apoio com pouca noção do que está acontecendo por dentro. Nascer sob o signo de Peixes implica que você não é alheio à dor nem à tristeza. Sofrer é da natureza de seu Signo Solar tanto quanto é da natureza de Capricórnio encobrir esse sofrimento. Ninguém jamais suspeita da profundidade de sua mágoa, nem mesmo seus amigos mais próximos e íntimos. Eles não intuem silêncios, como você faz, nem compartilham de sua capacidade de ler nas entrelinhas. Simplesmente assumem que você é tão calmo quanto sua expressão tranquila e tão inquestionável quanto seu ar pragmático.

Sua certeza de que os entes queridos sabem o quanto os valoriza não procede. Em seus esforços para nunca mostrar fraqueza nem falibilidade, você pode dar a entender que não precisa de ninguém. E isso é reforçado pela demonstração de seus consideráveis talentos. Você sabe muito bem como redirecionar uma conversa, levar os outros às conclusões que queria e até mesmo criar a impressão de que algo especial foi compartilhado quando, na verdade, não foi. Você não mostra seu jogo a ninguém, sabe o que tem nas mãos e faz uma boa ideia do que os outros têm nas deles. No entanto, nada disso é compartilhado da maneira que precisa ser se quiser que as pessoas permaneçam perto de você.

Ninguém está esperando que você desabafe tudo que lhe vai na alma, mas um vislumbre de como essa alma funciona por dentro ajudaria. As pessoas precisam sentir-se necessárias. E você, mais do que ninguém, sabe disso.

SOL EM ÁRIES/ASCENDENTE EM CAPRICÓRNIO

É difícil dizer qual é o sorriso que lhe vem primeiro: o do escárnio ou o da satisfação consigo mesmo. Você não tem pudor de verbalizar seu desprezo por pessoas que se acham melhores que você. Na verdade, fará de tudo para diminuí-las, mesmo que nunca lhe tenham feito nenhum mal. Inimigo juramentado de especialistas pretensiosos que ostentam suas credenciais e da elite privilegiada investida em cargos que nunca conquistou, você é implacável na missão de expô-los, desmascará-los e até mesmo vencê-los em seu próprio jogo. É uma ironia que sejam justamente as pessoas que você diz não poder aceitar que, sem querer, o pressionem a ser melhor do que poderia ser sozinho. Talvez seja competição, talvez seja inveja, mas essa mistura de energias de Marte e Saturno se recusa a desistir ou a ceder.

Os nascidos em Áries com Ascendente em Capricórnio são os durões da Astrologia. Você justifica sua fama de ser um professor exigente e um crítico severo dizendo que não é mais severo com os outros que consigo mesmo. Só que, aqui, é preciso tomar cuidado porque nem Áries nem Capricórnio sabem quando parar. Isso é ótimo quando se corre para a linha de chegada ou se ultrapassa um limite, mas não é tão bom quando se está lidando com as deficiências e inseguranças alheias. Áries não é um grande fã da fraqueza, e Capricórnio nunca se dispõe a facilitar as coisas.

Você se sente como se tivesse muito o que provar, algo que decorre de ter nascido por volta da meia-noite, quando o Sol está na parte inferior de seu mapa. Isso cria a sensação eterna de que sempre olhará para cima, do fundo do poço. E não importa que esteja por cima da carne-seca, que tenha se formado em primeiro lugar na sua turma ou que rotineiramente deixe seus concorrentes comendo poeira. Esse sentimento nunca vai desaparecer – e é por isso que cabe a você moderá-lo.

Você conhece sua própria força? Muitas vezes, essa pergunta é feita às pessoas que não percebem que são mais fortes do que imaginam. Você precisa entender o quanto realmente é forte. Precisa entender que pode fazer mal sem querer. Os arianos que têm Ascendente em Capricórnio muitas vezes se perguntam se algum dia chegarão aonde querem chegar na vida – sem reconhecer que já chegaram lá há muito tempo.

SOL EM TOURO/ASCENDENTE EM CAPRICÓRNIO

O sucesso lhe vem fácil. Você é talentoso e abençoado com uma forte ética de trabalho. É uma das poucas pessoas no planeta que sabe qual é seu forte, e o fato de isso ter sido reconhecido enquanto ainda era jovem garantiu que recebesse todo o apoio, incentivo e treinamento necessários para prosperar. O resultado é que não há dúvida de que você realizará o que decidiu fazer na vida. Entretanto, isso não quer dizer que não precise lidar com os problemas do dia a dia, que nunca se veja diante de um muro nem chegue a um beco sem saída, mas que sabe que as coisas vão dar certo no fim, com tempo, esforço e engenhosidade. É importante identificar o que você faz bem e partir disso; do contrário, vai desperdiçar sua energia tentando ser algo que não é.

Touro e Capricórnio são signos de terra, o que significa que você precisa ter algo para mostrar a si mesmo no fim do dia. Pode ser uma página escrita, um negócio fechado ou dinheiro em sua conta; mas, seja o que for, precisa ser tangível. Em seu caso, nada de revelação pessoal, percepção espiritual ou experiência catártica: seus resultados têm que ser concretos. Dito isso, você não tem muita paciência com gente que culpa as circunstâncias por roubar-lhe sua verdadeira vocação ou que mal pode esperar o dia em que finalmente estará livre para dedicar-se àquilo a que esteve predestinado desde sempre a fazer. Você é um taurino com Ascendente em Capricórnio, sabe que o tempo é curto e que tem que aproveitá-lo ao máximo enquanto puder. Você não fica indeciso, não desiste nem volta por onde veio. Por mais difícil que seja, vai até o fim porque só assim é que cria determinação e resistência para fazer as coisas acontecerem.

É importante lembrar que, mesmo que nunca tenha tido uma vida fácil (e ainda não tenha), não é desse modo que as pessoas o veem. Elas o veem como bem-sucedido. É por isso que toda vez que você tenta pregar o evangelho do trabalho, ele sempre soa falso. Procure mostrar-lhes como reverter suas circunstâncias e encontrar meios que lhes permitam fazer as coisas que querem fazer. É o maior presente que você pode lhes dar.

SOL EM GÊMEOS/ASCENDENTE EM CAPRICÓRNIO

Você teve que aprender a duras penas a simplificar as coisas e disfarçar sua inteligência. Levantar a mão toda vez que o professor fazia uma pergunta, resolver o problema de matemática que atrapalhava os colegas e inocentemente oferecer orientações sobre como os outros poderiam melhorar seu desempenho não lhe rendeu amigos. Em vez de subir na estima deles, você se tornou objeto de ridicularização – ou pior. É provável que tenha sido chamado de todos os tipos de nomes e sofrido a indignação que isso provoca. A infância não é fácil para quem tem Ascendente em Capricórnio. Você não pode deixar de destacar-se por ser mais maduro que seus colegas, o que implica pagar um preço por isso. É por isso que aprendeu a concordar quando claramente discordava, a elogiar pessoas que não mereciam e a agir como se não soubesse algo quando sabia. Era para conseguir sobreviver.

Ter uma vida dupla não é novidade para um geminiano; é algo que já vem meio embutido em seu signo. Mas, como acontece com as pessoas que se trancam no armário, passam-se por brancas ou não se identificam com o corpo em que nasceram, o estresse pode aumentar com o tempo. E o problema não é só viver uma vida inautêntica; é povoar sua vida com pessoas íntimas e amigos que não têm ideia de quem você é, pessoas com quem você tem que fingir no trabalho, no lazer ou no quarto.

O que começa como sobrevivência – editar partes de si mesmo para seguir adiante – acaba colocando-o em risco se você não fizer ajustes. Os mecanismos de sobrevivência são como roupas: com o tempo, não cabem mais em você. As escolhas que teve que fazer quando criança nem sempre se transpõem para a vida adulta, e talentos que antes vinham com tanta facilidade já não são tão acessíveis depois de anos de negligência.

Chega um momento na vida de um geminiano com Ascendente em Capricórnio em que é preciso resgatar aquela parte de seu mapa que foi suprimida. Não é diferente da reunificação da Alemanha após a queda do Muro de Berlim. Parece bastante simples – basta reunir dois lados de você que nunca deveriam ter sido separados –, mas será muito mais difícil na hora de fazer. No entanto, você conseguirá. Poucos mapas são tão engenhosos e inventivos quanto os de geminianos com Ascendente em Capricórnio. Em vez de uma vida que se dividiu contra si mesma, o que você obtém no fim é uma vida totalmente realizada.

SOL EM CÂNCER/ASCENDENTE EM CAPRICÓRNIO

Por que você sempre nega a si mesmo as coisas que mais quer? Assim que alguém demonstra interesse ou surge uma situação atraente que é sua cara, você recua. É incrível a quantidade de razões que inventa para manter a distância quem ou o que mais deseja. A julgar por todas as complicações que você introduz, seria de pensar que não quer que as coisas deem certo, mas não: na verdade, isso está embutido em seu mapa. A distância mais curta entre dois pontos é um círculo quando se é canceriano com Ascendente em Capricórnio. Nada é simples; o caminho é sempre tortuoso, o que muitas vezes significa que primeiro você tem que perder algo para reconhecer o que tinha. E só embarcando numa jornada para recuperá-lo é que você descobre a importância que isso tinha.

Pode-se dizer que esse é seu método de testar. Pessoas com Ascendente em Capricórnio costumam revirar as coisas para ver se há alguma armadilha por baixo, mas na verdade não têm nenhuma noção quando se trata de seus próprios sentimentos. Quem nasce ao pôr do sol como você tem muito mais facilidade para nutrir todos os demais que para nutrir a si mesmo. Seu foco está nos outros e, por isso, protege os interesses deles, salvaguarda seu bem-estar e os apoia em todas as circunstâncias, por mais difíceis que sejam. No entanto, quando se trata de seus próprios desejos e necessidades, não sabe o que fazer. Você recebe candidatos a namoro com cara de paisagem quando lhe revelam o que sentem ou os submete a monólogos confusos e longos demais que comunicam claramente seu incômodo diante do rumo que as coisas estão tomando. É irônico que consiga mostrar-se tão tranquilizador e reconfortante a um estranho, mas fique calado quando alguém quer se aproximar. Se pudesse, esguicharia uma nuvem de tinta e sumiria num passe de mágica.

Um Signo Ascendente que naturalmente busca distanciar-se combinado com um Sol que está o mais longe possível desse Ascendente mostra que você tem um problema de intimidade. E, como é difícil encontrar alguém que saiba fazer uma boa leitura mental, cabe a você comunicar o que está acontecendo por dentro. Isso leva tempo, geralmente mais do que a maioria das pessoas dispõe, mas você não vai decepcionar os poucos e seletos que estiverem dispostos a esperar. Depois que tiver certeza de que realmente quer alguém, moverá céus e terra para ficar a seu lado.

SOL EM LEÃO/ASCENDENTE EM CAPRICÓRNIO

Mesmo que seja mulher, você é o pai favorito de todos. Eles o veem como protetor e provedor, alguém que se dispõe a arcar com os fardos que os demais procuram tirar dos ombros. No entanto, você não faz isso para isentar ninguém das próprias obrigações, mas para mostrar como isso deve ser feito. Acredita que é preciso ter peito para fazer o que é necessário, mesmo quando prefere evadir-se. Também acredita que as pessoas são muito mais capazes do que pensam e, por isso, você não corre para salvá-las: primeiro, as deixa cometer seus erros. Muitas vezes criticado por lavar as mãos em momentos de crise, você sabe que, se tiverem espaço suficiente, as pessoas descobrirão a solução para seus problemas sozinhas. E, quando isso acontecer, elas lhe agradecerão. Você não tem nenhum problema em bancar o "vilão" se isso contribuir para que alguém aprenda a se virar. Afinal, suportar birras e insultos é o que fazem os pais.

Você fica perplexo e até magoado quando lhe dizem que é rigoroso e exigente demais. Sim, você pode ser difícil de agradar, mas não por ser inflexível. Os leoninos são, por natureza, ambiciosos. Como o Sol, você sobe até o ponto mais alto do céu para ser o melhor que pode. Isso se coaduna com seu Ascendente em Capricórnio, que instintivamente escala todas as montanhas que vê. A excelência é algo pelo qual você se esforça, mas não vai alcançá-la se baixar o nível de expectativa. É por isso que nunca elogia ninguém por ter dado menos de si do que poderia. Seria decepcionar quem acredita em você.

Os leoninos com Ascendente em Capricórnio assumem a responsabilidade pessoal de dar o exemplo. Você nunca pediria a ninguém algo que não pediria a si mesmo. É por isso que tantas vezes se vê fazendo os sacrifícios que faz e levando os golpes que leva. Amigos e familiares já perderam a conta das vezes em que você agiu movido por princípios, resistiu a conformar-se ou reagiu com determinação e bravura só para, no fim, ser punido por isso. Você já foi recriminado muitas vezes por agir com ética quando agir sem escrúpulos já bastaria. Mas sua resposta é que não conseguiria perdoar-se. Felizmente, os astros sorriem a esse tipo de bravura, assim como todas as pessoas que seguem seus passos.

SOL EM VIRGEM/ASCENDENTE EM CAPRICÓRNIO

Você tem orgulho de suas realizações. Tudo o que já fez, fez sozinho. Essa constatação lhe confere uma confiança que ninguém pode tirar ou minar. Você não recorreu a esquemas nem a manipulações para chegar aonde está hoje. Você ignorou os atalhos, recusou as "mãozinhas" e dispensou os passes livres. Você veio de baixo, da extrema pobreza à extrema riqueza, o que significa que é dono de quem é. Mas seu sucesso provém de mais que apenas ambição e disciplina: é seu modo de pensar. Você dimensiona cuidadosamente cada ponto de apoio antes de usá-lo, como um alpinista que escala solitário a face de um penhasco. Você não deixa nada ao acaso, mas, apesar disso, vive no momento. E é por isso que é tão evasivo quando as pessoas lhe perguntam qual é seu segredo. Como poderia dizer-lhes que nunca traçou um plano e que ainda está inventando as coisas à medida que avança?

Com dois signos do zodíaco notoriamente identificados com microgestão e repressão, é até uma ironia ver como os virginianos com Ascendente em Capricórnio podem ser espontâneos. Os virginianos são conhecidos por investir mais tempo nas notas de rodapé que no livro que estão lendo, e os capricornianos são tão calculistas que correm o risco de acabar com qualquer empreendimento criativo. Porém, de alguma maneira, juntos, esses signos conseguem lidar bem com o medo e a apreensão e acabam produzindo algo magnífico. Talvez seja seu empenho em dominar os passos que o libere para dançar sem pensar mais neles ou sua repetição constante que resulta em uma fluência virtuosa. De qualquer modo, a sua é uma das combinações de signos mais ousadas e criativas, mesmo que você nunca diga isso em voz alta.

Sua experiência fala por si. Ela transparece em sua perícia e sua atenção aos detalhes. Sua decisão de encontrar a única coisa que sabia fazer bem e depois destacar-se nela valeu a pena. E não importa se é contabilidade ou música: você a cerca com um foco obstinado que muitas vezes se confunde com paixão. Mas não é paixão. Não há nenhuma animosidade ou obstáculo no que você faz. A palavra mais provável seria *devoção*. Só devoção poderia explicar por que você nunca se cansa nem se entedia, por que aborda cada novo projeto com o mesmo frescor de quando começou. Essa mesma devoção se aplica também ao seu relacionamento. Como os cisnes, vocês se acasalam para toda a vida.

SOL EM LIBRA/ASCENDENTE EM CAPRICÓRNIO

Quem pensar que vai receber uma resposta sua logo de cara, que pense de novo porque está errado. Sua ponderação cuidadosa de prós e contras, junto com uma avaliação refinada das possíveis consequências futuras, significa que você não tem pressa para dar seu veredito. E não importa o quanto as pessoas o pressionem a decidir-se. Você não se deixa influenciar. E encara seu pedido de almoço com a mesma seriedade que dedica a seus investimentos. Familiares e amigos já sabem que é melhor abster-se de fazer-lhe solicitações de última hora, pois você simplesmente não responderá. Você é como o Supremo Tribunal Federal: não analisa nada que não tiver seguido os trâmites adequados. E, como no Supremo Tribunal Federal, qualquer decisão que venha a tomar será definitiva.

Inúmeros namorados já ficaram esperando sentados, para não falar de vendedores esperando uma resposta sua e de empresas obedientemente revisando, mais uma vez, um contrato. Obviamente, muitas oportunidades já foram perdidas porque nem todo mundo é tão paciente. Mas você não se importa. Qualquer coisa que lhe pareça malfeita ou feita às pressas não valerá a pena. Você faz as coisas em seu ritmo e só se dá com quem entende isso.

Tudo o que faz tem um olho no panorama geral. O Sol no alto de seu mapa lhe confere um ponto de vista que permite literalmente avistar quilômetros e quilômetros. Você pode ser tentado por coisas no aqui e agora, como uma diversão agradável ou uma saída fácil. Porém, acabará por colocá-las de lado em favor do que mais importa. Às vezes, isso pode parecer às pessoas uma abnegação que beira o masoquismo. Mal sabem elas que tudo é cuidadosamente calculado com base em quanto a mais você ganhará no fim.

Vênus, regente de Libra, lhe confere o apelo de um prêmio altamente cobiçado. Adicione o Ascendente em Capricórnio, e esse prêmio certamente será colocado em uma prateleira inalcançável. É por isso que tanta gente o trata como algo exclusivo, inatingível. Porém, se permitir que isso aconteça, você pode acabar seduzido pela ideia de pensar a seu respeito assim também. Se não quiser acabar trancado em alguma torre de marfim, você precisa aprender a se soltar mais, a agir com mais espontaneidade. Não com qualquer um, evidentemente, mas você precisa se soltar.

SOL EM ESCORPIÃO/ASCENDENTE EM CAPRICÓRNIO

Você quer estar no topo. Isso não é o mesmo que destacar-se em sua área ou ganhar todos os concursos de que participar. Você não quer *status*, prêmios nem elogios: o que quer é controle. Você tem plena consciência do que acontece quando abre mão de seu poder. Já sofreu nas mãos de namorados que não o valorizavam, chefes que não o reconheciam e pais que não sabiam o que fazer com você. Passou anos tentando encaixar-se nas expectativas alheias só para saber que elas estavam muito aquém das que tinha para si mesmo. Até seu medo de rejeição foi mais alimentado por seu pavor do que por qualquer outra coisa que realmente o arrasasse. Isso porque você é mais resistente e tolera mais a punição que a maioria. Depois que percebe que é você mesmo quem está impedindo o seu progresso, tudo muda: namorados fazem-lhe as vontades, chefes entregam-lhe as rédeas e clientes fazem o que você lhes manda. É incrível como é fácil conseguir o que quer quando sua perspectiva muda.

A ambição dos escorpianos com Ascendente em Capricórnio costuma ser descrita como assustadora. Parte Maquiavel, parte Gordon Gekko, é consenso que não se contentará com nada menos que o domínio total do mundo. Você é louco por poder. Desnecessário dizer que nativos de Escorpião com Ascendente em Capricórnio são realistas demais em seus objetivos e éticos em suas abordagens. Você quer alcançar sua meta, não exceder seu alcance. Além disso, não é a criatura cruel que outros signos do zodíaco andam espalhando por aí. Os escorpianos com Ascendente em Capricórnio são profundamente emotivos, mas relutam muito em mostrar isso. Você é quem mais tende a fazer um favor a alguém que falou mal de você, pois entende que esse comportamento veio de um lugar de sofrimento. Claro, o faz de maneira invisível e nunca alardeia o fato.

Rude e *mal-humorado* são palavras muito usadas para descrevê-lo. E não à toa: Marte é irascível por natureza e Saturno nunca teve fama de ter paciência com tolos e chatos. Alguns escorpianos com Ascendente em Capricórnio tentam esconder isso com um verniz de cordialidade que nunca é exatamente convincente; sempre dá a impressão de ter sido forçado. Felizmente, sua presença de espírito está sempre a postos para fazer uma piada em tom sério de modo a recuperá-lo rapidamente de qualquer gafe social. Quando muito, os que se sentirem magoados serão os primeiros a rir, pois isso os fará parecer inteligentes.

SOL EM SAGITÁRIO/ASCENDENTE EM CAPRICÓRNIO

Você continua até muito depois que todo mundo já desistiu. E não tem apenas a coragem de suas convicções, pois elas se aprofundam com os dilemas que você enfrenta. Agora, isso não quer dizer que defenda aquilo em que acredita. Muitas vezes você abandonou uma causa ou recusou-se a falar quando mais precisava e nunca conseguiu aceitar esses fracassos. Você nasceu com uma consciência constante que não o deixa escapar. Ela sempre o leva de volta àquela encruzilhada onde você virou à esquerda, em vez de à direita, até que corrija a situação.

Você aprende tanto com seus defeitos quanto com seus méritos. Talvez ainda mais, já que é sagitariano com Ascendente em Capricórnio. Nenhum desses signos do zodíaco quer estar errado. Sagitário é capaz de um fanatismo inesgotável, que grita mais alto que qualquer um que tente contradizê-lo, enquanto Capricórnio é tão equilibrado e polido em sua apresentação que todos simplesmente presumem que você sabe do que está falando. Isso poderia se transformar em uma combinação perigosa se você não insistisse em ser responsável. Pode ser angustiante às vezes, principalmente quando seria mais fácil não dizer nada, mas você sempre assumirá a responsabilidade pelo que fez, mesmo que isso lhe traga vergonha e ostracismo.

Seu caminho na vida pode ser aleatório e tortuoso. Cheio de contratempos e tangentes confusas, muitas vezes parece que você está deliberadamente tentando perder-se. Entretanto, se olhasse para trás por sobre os ombros, para onde já esteve, reconheceria uma linha contínua. Muitas pessoas escolhem uma carreira ou uma vocação e excluem todas as demais possibilidades. Elas nunca se desviam de seu rumo. Você, por outro lado, continua voltando para o seu – não importa os erros de cálculo nem de julgamento – e, toda vez que o faz, descobre algo novo e inspirador. Os que têm Ascendente em Capricórnio estão sempre de olho no nível que está sempre sendo elevado. Sua inclinação é mais espiritual: seu foco está no significado das coisas, não na recompensa. Se houver uma lição a aprender com tudo o que já passou, então essa lição fará a experiência ter valido a pena. Vendo por fora, suas realizações podem não parecer muita coisa, mas isso não impede que as pessoas busquem sua sabedoria e orientação.

ASCENDENTE EM AQUÁRIO

♒

> **As pessoas sentem que você é diferente.**

As pessoas sentem que você é diferente. Há algo em você cuja sabedoria está além de seus anos, que é mais sofisticado do que permitiria sua criação e que é mais acelerado em seu desenvolvimento. É uma qualidade peculiar que diz: "Eu não sou daqui". E, mesmo que todos os seus familiares presenciassem seu parto, não poderiam deixar de perguntar-se se você não foi trocado no nascimento ou não é fruto de DNA alienígena. Você sempre dará a impressão de ser "uma dessas coisas que não é como as outras". É uma ironia e tanto do destino para um Signo Ascendente que anseia por encaixar-se.

Palavras como *excêntrico*, *estranho* e *esquisito* são usadas com frequência para descrever alguém com Ascendente em Aquário. Há essa suposição geral de que você resolve ser estranho e rebelde e que o faz só para chamar a atenção. Nada poderia estar mais longe da verdade. A infância pode ser um momento particularmente cruel, pois as crianças não são muito gentis com os que não se adaptam. Algumas pessoas com Ascendente em Aquário reagem tornando-se ainda mais extravagantes, anticonvencionais ou *geeks*, enquanto outras conscientemente removem de seu comportamento as partes que consideram socialmente inaceitáveis. Porém, mesmo que consiga tornar-se mais apresentável – vestindo-se como todo mundo ou simplificando o que diz –, ainda assim não convencerá ninguém de que pertence ao grupo. Aquário é um signo ferrenhamente divergente.

Aquário é regido por dois planetas: Saturno e Urano. Saturno é tão convencional quanto Urano é anticonvencional, o que significa que nada lhe cai bem, pois você tem que honrar ambas as energias. Há muitas pessoas com Ascendente em Aquário felizes em viver com visões conservadoras e moralmente estreitas como há outras com o mesmo Ascendente que nunca param de conspirar para derrubar o *establishment*. Mas basta olhar um pouco mais de perto para ver tipos conservadores introduzindo reformas progressistas em estruturas tradicionalmente corporativas e tipos revolucionários plantando as sementes de cooperativas que crescem e se transformam em instituições bem financiadas e respeitáveis.

O maior problema de quem tem Ascendente em Aquário é ser visto como frio e indiferente. Vem de ter um signo fixo de ar como rosto astrológico. E, mesmo que seja exuberante e simpático, as pessoas simplesmente presumem que você não tem sentimentos – pelo menos, não os do tipo que pode ser ferido. Elas também não acham que você gosta de ser tocado ou abraçado e, por isso, sempre mantêm uma distância educada. Se quiser mais intimidade em sua vida, então cabe a você fazer algo a respeito. É estranho porque você não consegue deixar de sentir-se egoísta só por pedir a alguém que lhe dê a mão. Mas, se não for desse jeito, ninguém se aproximará de você de outra maneira. Você desempenha tão bem o seu trabalho para parecer estar acima de tudo, que todos acabam achando que gosta disso.

SOL EM AQUÁRIO/ASCENDENTE EM AQUÁRIO

Todo mundo nota seus olhos imediatamente. Deslumbrantes e sobrenaturais, ninguém consegue deixar de admirar sua beleza elétrica. Você tem um olhar penetrante que vê através das pessoas. É quase como a sensação de estar sendo examinado com visão de raio X. Isso é ótimo se estiver num encontro com alguém que queira tirar a roupa, mas pode ser incômodo para colegas de trabalho que acham que você está lendo a mente deles ou para chefes nervosos por manter sua posição de superioridade na hierarquia. A maioria das pessoas é instruída a baixar a voz. Quando se é aquariano com Ascendente em Aquário, muitas vezes lhe pedem que baixe o olhar.

Tudo com você é transparente. E é isso que ocorre quando se tem o Signo Solar duplicado no Ascendente. Não há como desviar a atenção nem criar uma cortina de fumaça. E nada é mais importante para um aquariano com Ascendente em Aquário que a verdade. Mas não se trata de uma verdade pessoal fundamentada só no que você pensa ou um credo nascido da fé espiritual. O que você busca é uma verdade indiscutível que transcenda opiniões, sentimentos e privilégios. Você quer que tudo esteja exposto para o mundo inteiro ver. É por isso que você divulga irrestritamente informações que fariam corar uma celebridade de *reality show*, acolhe críticas que outros recusariam e sugere uma linha de questionamento ainda mais dura do que a que já está sendo usada em uma entrevista. Outros se perguntam se você não obtém uma satisfação arrogante agindo dessa forma, mas não. Seu pensamento é bastante simples: como poderia pedir total responsabilidade de qualquer outra pessoa se você mesmo não demonstrar isso?

Os aquarianos tendem a vir de um ambiente selvagem e louco. Em seu caso, duplamente. As pessoas não ficam tão espantadas com as histórias que você conta, mas com as reviravoltas e revelações inesperadas. E talvez as revelações sejam as mais surpreendentes. Você vai narrar friamente alguns episódios bastante angustiantes de perda e traição como se todos tivessem acontecido com outra pessoa, nunca demonstrando tristeza ou sofrimento. Com essa atitude de vítima de acidente pronta para se afastar dos destroços, ninguém pode deixar de se perguntar se você ainda está em choque.

Você pode não admitir suas cicatrizes emocionais, mas os outros as reconhecem. É por isso que namorados e amigos estão sempre falando com você sobre seus sentimentos. Essa é a única verdade que você tem dificuldade em ver, mesmo que esteja diante do seu nariz.

SOL EM PEIXES/ASCENDENTE EM AQUÁRIO

As pessoas se perguntam o que você está pensando. Você tem um olhar tão profundo e distante que sempre lhe perguntam se está tudo bem. Há algo em você que é difícil de entender.

Pensar que alguém nota lhe aquece o coração. Geralmente você presume que não se importam. Os piscianos com Ascendente em Aquário se sentem invisíveis: não como uma presença ausente – você é sem dúvida uma presença que deixa pegadas e impressões digitais –, mas uma presença pouco digna de nota pela qual os outros passam. Isso vem do fato de que Peixes e Aquário são altruístas por natureza: Peixes extrai empatia de uma fonte inesgotável, enquanto Aquário nunca acha que fez algo especial para merecer atenção.

Porém, você nasceu com a alma de um poeta e a mente de um cientista. Seu Sol em Peixes lhe confere amor aos símbolos, e é por isso que é bom em música e matemática. Sua afinidade com notas, glifos e números permite organizá-los e reorganizá-los em inúmeras variações. Você daria um codificador de *software* ou um músico de *jazz* fantástico. Normalmente, quem tem Sol em Peixes adora devanear com todas as possibilidades; é o Ascendente em Aquário que o impulsiona a organizar as ideias e a esboçar alguma coisa no papel. Há um gênio inconfundível nessa combinação zodiacal, mas a pergunta é: você o reconhece?

O dinheiro é um problema para quem nasce pouco antes do raiar do sol. Talvez você tenha sido criado por pais que lutavam para sobreviver. Isso pode tê-lo levado a aceitar menos do que esperava; a escolher a segurança em vez da aspiração. O bom de ter Ascendente em Aquário é que as coisas que lhe foram negadas logo no início chegam às suas mãos mais tarde na vida. Muitas vezes, os nativos de Peixes com Ascendente em Aquário voltam à escola para tirar seu diploma ou cultivar seu talento após anos de labuta. Mesmo assim, ainda há relutância em mostrar tudo que você realmente sabe fazer.

Temos que agradecer aos piscianos com Ascendente em Aquário por serem os anjos não mencionados em nossa vida. São vocês que revertem causas perdidas, põem comida em mãos famintas ou fazem doações anônimas retiradas das economias escondidas sob o colchão para as instituições de caridade preferidas. As pessoas sempre se perguntam por que você não faz mais por si mesmo. Elas não entendem o panorama geral: fazer pelos outros *é* fazer por si mesmo, pois torna o mundo um lugar melhor.

SOL EM ÁRIES/ASCENDENTE EM AQUÁRIO

Você é o jogador mais valioso da Astrologia. Pode não ser o atleta estelar que leva o time à vitória, mas todos sabem que a vitória não poderia acontecer sem você. Você é o interbases que intercepta o jogador que saiu da base, o bailarino do corpo de baile que pode saltar para qualquer papel na última hora ou o campeão do concurso de soletração com quem os companheiros de equipe podem contar para ganhar no último minuto. O público em geral pode nunca saber quem você é, mas é lendário para as pessoas da área.

Você gosta de desempenhar um papel coadjuvante. Pessoas em posições de liderança podem receber toda a glória, mas não há como negar o incômodo nem a chateação que vêm junto com ela. Você não lhes inveja o fardo da responsabilidade nem a pressão de desempenho. Depois que localiza esse ponto ideal entre o mandachuva e o resto da tropa, você estará livre para fazer o que faz de melhor, sem precisar ser simpático com gente que nunca viu, sem ter que puxar o saco de ninguém nem participar da campanha que se exige do número um.

Mas você não seria ariano se não tivesse uma veia competitiva. Regido pelo planeta Marte, você está sempre à procura de um oponente digno: alguém cuja proeza o desafie a melhorar seu jogo e que esteja mirando em você. Os arianos com Ascendente em Aquário confundem seus contemporâneos porque estão sempre fazendo amizade com o inimigo. As pessoas tentam explicar que precisa ficar do seu lado da cerca, mas você se recusa a fazê-lo. Por quê? Porque gosta de estar na companhia delas. Há um respeito mútuo que vem de entender o que é estar no lugar do outro. Você sabe que um oponente lhe dirá coisas que seus amigos não dizem. Os amigos dizem o que quer ouvir porque querem protegê-lo, mas um oponente lhe dirá coisas que você precisa ouvir porque não se importam com seus sentimentos. Ele sabe muito a seu respeito porque o estudou.

Aquário está sempre aprendendo com as pessoas. Os astrólogos dizem que é porque é o signo do humanitarismo, mas isso não é verdade. Sagitário e Peixes são muito mais generosos e propensos a perdoar. O que Aquário faz é sempre evitar que o preconceito atrapalhe. Ninguém é capaz de aprender se achar que é mais inteligente do que todo mundo; assim o que se consegue é preparar-se para o fracasso. E quando se é ariano com Ascendente em Aquário, a última coisa que quer fazer é perder sua vantagem competitiva.

SOL EM TOURO/ASCENDENTE EM AQUÁRIO

Você está aqui para ajudar as pessoas a estabelecerem-se na vida. Talvez você seja o corretor de imóveis que lhes vende sua primeira casa, o banqueiro que aprova seu financiamento empresarial ou o proprietário de um imóvel comercial que aluga o espaço. Touro é o signo mais territorial do zodíaco, e o posicionamento de seu Sol na base de seu mapa astrológico fala da sua necessidade de raízes, de um lar e de segurança. Essas são as coisas que criam uma sensação de permanência em um mundo onde as coisas muitas vezes desmoronam inesperadamente. Ninguém tem sucesso sem uma base sólida, e é por isso que você está nesse ramo para ajudar as pessoas a se estabelecerem.

À primeira vista, isso parece contradizer a fama de invadir as barricadas que se atribui a seu Signo Ascendente. Aquário não deveria ser um radical de olhos selvagens, o inimigo juramentado da elite endinheirada? Talvez. Mas, no fundo, você é taurino, não aquariano, o que significa que precisa ver algo sólido em troca de seus esforços. Deixe que os outros se envolvam em embates ideológicos, se assim quiserem, pois seu foco é transformar a paisagem. Touro é o signo zodiacal do jardineiro e, como um jardineiro, você trabalha do zero. Não tenta impor, anular nem forçar um ajuste. Tudo o que faz é orgânico e, se demorar um pouco para produzir resultados, que assim seja. Você não tem pressa. Os nativos de Touro com Ascendente em Aquário são os revolucionários silenciosos.

Os taurinos com Ascendente em Aquário aparecem muito no planejamento urbano. Também gostam de *design* arquitetônico e curadoria de exposições de arte. Aquário é conceitual e Touro gosta de sujar as mãos em trabalhos manuais ou mesmo braçais. Mas o espaço físico não é o único tipo de espaço que precisa de zoneamento; os espaços seguros também. Signos ferrenhamente protetores, Touro é o guardião do santuário, enquanto Aquário é o defensor inabalável dos direitos humanos.

Touro tem a fama de ser materialista, mas ainda é um signo regido por Vênus, o que significa que gosta de fazer as pessoas felizes. E o que mais faz as pessoas felizes do que prazeres e deleites? Estabilidade. Você provavelmente é o parente que dá títulos de capitalização em vez de jogos de computador, mas isso porque é impossível para quem é de Touro com Ascendente em Aquário deixar de assimilar o panorama geral. Você sabe muito bem que, se der às pessoas o que elas querem, simplesmente vão consumir o que receberam e voltarão com mais fome. Mas, se as informar sobre o cultivo de seus recursos, elas aprenderão a fazer seu jardim crescer.

SOL EM GÊMEOS/ASCENDENTE EM AQUÁRIO

Você não se destaca na multidão. E isso não é porque sua aparência seja difícil de notar. Na verdade, você é bem estiloso e, muitas vezes, com um toque vanguardista. Não, a razão pela qual não se destaca na multidão é que não fica parado. Quando alguém pergunta por você numa festa, por exemplo, é provável que todos o tenham visto, mas não sabem exatamente onde está. Eles dirão que estava aqui agora mesmo, que o viram pela última vez lá ou que provavelmente você acabou de sair. Muitas vezes você recebe mensagens preocupadas de amigos perdidos que não percebem que estão praticamente a seu lado.

Estranha mistura de irreverente e respeitável, de Gêmeos com Aquário no Ascendente são contrários por natureza. Você assume o lado oposto de um argumento sem pensar duas vezes se está certo ou não. É tomado pelo impulso de falar pelo lado que não tem porta-vozes. Seria de pensar que isso decorre de uma obrigação moral de defender quem não pode se defender, mas seu investimento não é pessoal. Você imediatamente mudaria de lado se surgisse a ocasião. Isso o faz parecer leviano e desleal aos olhos de quem não o conhece. As pessoas não entendem como você poderia ser a favor de algo num momento e contra no outro. O que não percebem é o compromisso com a verdade de seu Ascendente em Aquário. A verdade não está gravada em pedra. Ela tem que ser buscada, questionada e contestada. A verdade não deve ser *a* resposta, mas um momento "eureca" que surge brevemente na briga do debate rigoroso.

Entretanto, nem todo geminiano com Ascendente em Aquário vai ser advogado, cientista ou ativista político. Pode ficar prolixo e exaustivo demais. Porém, você gravitará em torno de cargos que utilizem essa sua mente maravilhosa. Há pessoas que nascem com imaginação ativa. Você nasceu com um intelecto ativo que precisa de desenvolvimento e ajuste; caso contrário, ficará ansioso e irritável.

Pense em praticar algum tipo de atividade física como correr ou nadar. Os signos de ar tendem a desconsiderar o próprio corpo. Seu lema realmente é "a mente sobre a matéria". Isso pode ajudá-lo a superar obstáculos no momento, mas cobra seu preço a longo prazo. Construir uma relação forte com seu corpo o ajudará a habitá-lo mais confortavelmente e a vê-lo como algo mais que apenas um mal necessário.

SOL EM CÂNCER/ASCENDENTE EM AQUÁRIO

Câncer é o signo do zodíaco que põe a família em primeiro lugar. O sangue é mais espesso do que a água, como demonstra o fato de você colocar sem hesitação as necessidades de seu filho, pai ou irmão acima das de um chefe ou mesmo de um namorado. E não importa que tenha sido criado em um lar disfuncional. Você larga tudo para cuidar de sua tribo, não perde um aniversário e marca assiduamente em sua agenda as confraternizações em feriados. Qualquer pessoa que namorar tem que ser aprovada por seu clã. E, caso decida se casar, é preciso que o pretendente tenha a mesma origem que você. Alguns cancerianos são conhecidos por se casar fora de sua fé, mas somente depois que o futuro cônjuge se converteu ou concordou em criar a prole como manda a tradição.

Nascer com Ascendente em Aquário significa que você não pode fechar a porta para ninguém. Não se trata tanto de um mandato moral, mas astrológico. Você se verá em situações em que precisará ajudar pessoas que não são como você, e isso é bom porque o fará expandir seu mundo. Talvez faça amizade com o garoto que é pirraçado por todos os outros, seja companheiro de quarto de alguém vindo de um país estrangeiro ou trabalhe ao lado de pessoas com quem nunca confraternizaria de outra forma. Isso não apenas o estimula a questionar suas suposições, mas também o faz reconhecer seus preconceitos e, por fim, descartá-los. É difícil fechar o coração para as pessoas com quem você convive.

É o Ascendente em Aquário o responsável por transmitir a impressão de que você é apenas um altruísta ingênuo. É a parte de você que não consegue deixar de ler tudo que encontra a respeito das maneiras certas de ser e depois dizer às pessoas como viver. Aquário pode ser um pouco bitolado em seu modo de falar, especialmente quando se sente pouco à vontade. É por isso que é melhor ficar com o que vem naturalmente do que com o que acha que deve fazer. Não deixe de lado os instintos do Sol em Câncer; eles nunca o enganarão.

Muitas vezes, os nativos de Câncer com Ascendente em Aquário veem-se vivendo em lares muito diferentes daquele que imaginavam, mas enraizados no melhor que a família pode oferecer. Família não é aquela em que você nasceu; é aquela que você cria e, quando se é canceriano com Ascendente em Aquário, há espaço na mesa para todos.

SOL EM LEÃO/ASCENDENTE EM AQUÁRIO

Você sempre foi o estranho. Talvez você fosse o cérebro, tivesse o nome engraçado ou amadurecesse cedo demais para não conseguir encobrir o fato de estar fisicamente adiante do resto das crianças. Qualquer dessas possibilidades teria feito de você objeto de escárnio, mas isso nunca aconteceu, pois você projetava uma fixidez de propósito. E faz isso até hoje. Em outros mapas, isso poderia parecer soberba ou superioridade, mas no seu só denota alguém com um lugar para ir. E, como acontece com a maioria dos que pretendem chegar a seu destino, você nunca vacila em seu curso.

Sucesso é algo que todo leonino experimenta uma vez na vida. Por ser leonino com Ascendente em Aquário, você experimentará o sucesso várias vezes, cada uma de um modo novo e definitivo. Para outros, pode parecer que você tinha um plano desde o início, mas para você esses sucessos são um mistério permanente, ocorrências imprevisíveis que acontecem apenas no momento e no lugar certos. No entanto, isso não quer dizer que não trabalhe duro para alcançá-los, pois você o faz.

Mas eles são tão aleatórios, e suas circunstâncias, tão improváveis, que você não pode deixar de pensar que está numa caça ao tesouro cósmica na qual cada sucesso aponta o caminho para o próximo.

O pai desempenha um papel de peso na vida de todos os leoninos, mas, como você nasceu quando o Sol estava se pondo, é provável que o seu não estivesse por perto. Isso cria um desejo de aprovação que realmente não combina com seu Ascendente em Aquário. Quando muito, ele o afasta de tudo que for convencional ou sentimental. No entanto, essa necessidade ainda existe, o que pode explicar sua estranha devoção a figuras paternas que não a merecem – ou pior, exploram você. No fim, como Aquário é um rebelde irreprimível, que precisa fazer as coisas a seu próprio modo, você se afastará dessas pessoas, mas não sem ter aprendido algo valioso com elas ao longo de sua convivência. Você pode tê-las dispensado em público, mas ainda se apega a elas em particular.

Seu relacionamento é muito importante para você. Pode demorar uma eternidade até encontrar a pessoa certa, mas quando isso acontecer, será por toda a vida. Isso não quer dizer que não tenha seus casos, pois o Ascendente em Aquário o torna uma pessoa muito sociável. Porém, o casamento sempre virá em primeiro lugar.

SOL EM VIRGEM/ASCENDENTE EM AQUÁRIO

Você se recusa a ser rotulado. Entende que essa é a taquigrafia automática da maioria das pessoas, uma forma de lembrar quem você é para referência futura, mas também é sensível às suposições e associações que acompanham esse tipo de categorização. Depois que concorda com um rótulo, você assina embaixo do histórico que constar nele e desiste do seu próprio. É por isso que não hesita em apontar que a principal função dos rótulos é reforçar vieses institucionalizados. Isso às vezes pode criar momentos constrangedores quando o apresentam socialmente ou no trabalho, mas você os suportará. No que lhe diz respeito, é a mesma coisa que corrigir alguém que o confundiu com outra pessoa ou sempre pronuncia seu nome da maneira errada. Você não considera isso uma grosseria, mas sim uma ajuda.

Esse impulso de educar se reflete no compromisso de seu Signo Solar com a precisão e na missão de seu Signo Ascendente, que é levar esclarecimento onde puder. É um impulso proveniente de um desejo sincero. Infelizmente, ele também pode dar às pessoas a impressão de que você se julga um sabe-tudo. A maioria das pessoas não aceita correções de bom grado, especialmente quando se sentem criticadas. Então é natural que se mostrem defensivas ou até retaliatórias. É por isso que é tão importante exercitar as habilidades de comunicação de que dispõe.

Uma das maiores qualidades de Virgem é a humildade. A humildade desarma as pessoas. Você fala sem problemas sobre os momentos mais mortificantes de sua vida e, ainda por cima, os narra em detalhes engraçadíssimos. Porém, você faz mais que apenas *assumir* seus erros: aprende com eles. E é demonstrando que o resultado desse processo o tornou uma pessoa melhor que pode ajudar os demais a fazer o mesmo. O autoaperfeiçoamento é sua cruzada. É por isso que gosta tanto de mostrar suas fotos de antes e depois.

O que você tem que trabalhar é paciência e respeito pelos processos dos outros. Quem é de Virgem com Ascendente em Aquário tende a ser militante em sua abordagem. Você acredita que, se conseguir convencer as pessoas a seguir certos passos específicos, chegarão ao resultado desejado. Mas nem todos sabem agir da mesma maneira – o que é um ponto cego peculiar para uma combinação Signo Solar/Signo Ascendente que celebra a diversidade tanto quanto você. Somente deixando de lado a teorização e focando na mentoria individual é que você alcançará resultados que sejam tão individuais quanto singulares.

SOL EM LIBRA/ASCENDENTE EM AQUÁRIO

Você causa uma primeira impressão peculiar. Talvez seja o seu jeito formal, o sotaque difícil de identificar ou sua maneira de falar como se alguém mais estivesse ouvindo. Às vezes, sua expressão se torna tão distante e penetrante que o interlocutor não pode deixar de olhar para trás para saber se você está vendo outra pessoa. Você não quer impressionar por seu autocontrole nem por seu porte majestoso, mas isso não pode ser evitado. É o que acontece quando se é constantemente examinado.

Você pode literalmente se ver como um objeto no espaço, pairando fora do corpo como uma projeção astral. Todos os que têm Ascendente em Aquário têm essa capacidade de mudar para o modo de visualização remota, para observar-se como se assistisse suas interações por meio de uma câmera de segurança. É por isso que você é seu melhor crítico quando se trata de revisar o próprio desempenho no trabalho. Você sabe o que estava ligado, o que estava desligado e o que pode ser aprimorado na próxima vez. Você está tão por dentro de tudo que até mesmo seus críticos têm dificuldade para encontrar algo que criticar.

Os librianos com Ascendente em Aquário são tão elegantes que as pessoas naturalmente espicham as costas e erguem a cabeça ou murcham a barriga com mais força quando você entra na sala. Elas querem ter tanta classe quanto você. Entretanto, apesar de todo o seu requinte e sofisticação, nunca perdeu a capacidade de se comunicar com as pessoas. Você poderia estar usando o traje mais chique do mundo que, mesmo que um pneu de seu carro furasse no meio do nada, você estaria bem: logo chegaria alguém que tivesse prazer em ajudá-lo a resolver esse problema e liberá-lo para seguir seu caminho. Você ama as pessoas e elas o amam. É por isso que você não evita andar sozinho tarde da noite nem participar de eventos sociais onde não conheça ninguém.

Ironicamente, ser amigo de todo mundo o deixa vulnerável ao que os outros pensam. O Sol está mais fraco em Libra, o que significa que para você é difícil contrariar a opinião dominante. Felizmente, seu Ascendente em Aquário é renegado o bastante para que qualquer relacionamento, que a princípio tenha sido malvisto, seja aceito no fim, porém isso leva certo tempo, o que o coloca na incômoda posição de ter que se desculpar com um parceiro amoroso até que a ficha finalmente caia.

SOL EM ESCORPIÃO/ASCENDENTE EM AQUÁRIO

Você tem uma boa ideia do que as pessoas são capazes de fazer, e não é nada bonito. Isso pode decorrer de sua própria criação pessoal ou das injustiças que testemunhou na vida. Aconteceram com você muitas coisas que ninguém deveria ter que suportar, mas você aceitou tudo sem reclamar. Na verdade, ao ouvi-lo contar essas histórias, nada parece perturbá-lo. Quando outros podem cobrir os olhos ou enterrar o rosto no ombro do namorado durante a parte sangrenta de um filme de terror, você se senta e se obriga a assistir tudo. Quem tem Sol em Escorpião e Ascendente em Aquário nunca desvia o olhar.

Alguém tem que contar a história, e essa pessoa é você. Só que ninguém vai acreditar nela se você estiver demasiado envolvido emocionalmente ou não conseguir esclarecer os fatos. É por isso que você se empenha assiduamente em apresentar um relatório desapaixonado. Você deliberadamente remove todas as especulações e deixa as informações falarem por si. A maioria das pessoas tem que treinar para ser tão exata e exigente, mas você consegue isso naturalmente. Talvez naturalmente demais.

Sol em Escorpião e Ascendente em Aquário é uma combinação única de ceticismo e idealismo. Seu Sol em Escorpião sabe que é melhor não julgar nada pelas aparências. Todo mundo tem assuntos pessoais ocultos, uma motivação para camuflar o que mais quer no mundo. Talvez decorra da ganância, do sofrimento ou da autopreservação. Mas, seja como for, essa segunda intenção está lá. A questão não é tanto saber se pode confiar em alguém, mas sim saber se suas necessidades são afins. Essa é a variável que sempre é considerada em seu cálculo.

Seu Ascendente em Aquário, por outro lado, se recusa a aceitar que todo mundo seja um oportunista em busca de lucro rápido à custa da desgraça alheia. Aquário é capaz de fixar-se tanto na busca de trazer à tona o melhor da humanidade quanto Escorpião na de expor o que ela tem de pior. E, embora precise curvar-se diante do Sol (você nasceu com o Sol no ponto mais alto de seu mapa), seu Ascendente ainda tentará fazer seu olhar voltar-se para cima. É por isso que seu coração nunca poderá endurecer, por mais justificadas que sejam as razões, e também porque o sabor da vingança nunca será tão doce quanto você inicialmente imaginava.

Os escorpianos com Ascendente em Aquário muitas vezes parecem frios e indiferentes, mas como um vulcão adormecido que se finge de montanha tranquila, essa impressão é superficial e passageira. Você sempre vai pensar – e sentir – demais.

SOL EM SAGITÁRIO/ASCENDENTE EM AQUÁRIO

Deve ser delicioso nunca perder essa sensação de maravilhamento que você tem ao ver fotos de países exóticos muito diferentes daquele em que você vive, ao saber de espécies recém-descobertas que estiveram escondidas nos bolsos da criação desde que o mundo é mundo ou ao olhar para estrelas que não se parecem em nada com as que as pessoas veem a meio mundo de distância. Você está em casa em toda essa grandeza, e é por isso que ainda faz aquelas perguntas destinadas a descobrirem a verdade que os universitários ponderam às quatro e meia da manhã muito depois que a festa acabou. Seu mundo nunca fica pequeno, mesmo que isso aconteça com algumas das pessoas a seu redor.

Você está acostumado a conversar até altas horas da noite. Começou com aquele estudante de intercâmbio que namorou e continua até hoje com clientes espalhados por diferentes fusos horários. As pessoas acham que você é notívago por causa da marcação de data e hora de seus *e-mails*, mas isso não é verdade. Quem é sagitariano com Ascendente em Aquário está conectado o tempo todo. Você nunca sabe quando seus olhos vão se abrir e sua mente vai começar a baixar todas as últimas preocupações urgentes. Você sabe exatamente o que são vinte e quatro horas em um dia porque já se divertiu em cada uma delas.

Você daria um ótimo piloto ou comissário de bordo. Sair para ver o mundo é o sonho de todo sagitariano. Mas é igualmente provável que trabalhe no mercado financeiro, em uma empresa global, em um hospital ou em qualquer outro lugar que nunca tenha ouvido falar em expediente das nove às cinco. Essa mudança constante das horas lhe cai bem. Você nasceu com seu próprio ritmo circadiano. Além disso, a capacidade de seu Signo Ascendente de desconectar-se do corpo o torna quase imune ao *jet lag* ou até mesmo à privação de sono.

Você demora muito a acomodar-se. Os que têm Sol em Sagitário e Ascendente em Aquário são notoriamente inquietos e geralmente são do tipo que não quer casamento. Isso tem menos a ver com a proteção de sua liberdade e mais com sua possibilidade de encontrar um parceiro que consiga acompanhá-lo. Você não quer ver seus horizontes se reduzirem só porque alguém perdeu o espírito de aventura. Muitas vezes, você cria relacionamentos duradouros com pessoas de lugares distantes (fazendo de tudo para conseguir dormir em aviões) e, se tivesse filhos, iria querer ter pelo menos um de cada continente. Inclusive da Antártida.

SOL EM CAPRICÓRNIO/ASCENDENTE EM AQUÁRIO

Você só quer ficar em paz, mas isso não vai acontecer. Não importa que esteja escondido numa biblioteca, recolhido a um mosteiro ou vivendo num fim de mundo: ainda assim, as pessoas vão procurá-lo. E não por causa de um passado secreto nem de algum suposto escândalo. Você emana uma sabedoria e um conhecimento que atrai os outros. É por isso que o seguirão, por mais que tente iludi-los. É um problema que atormentou os padres do deserto no antigo Egito, de modo que você está em boa companhia.

Capricórnio é um signo solitário, decorrência de ser regido por Saturno, planeta famoso por manter-se distante. Entretanto, isso não quer dizer que seja misantropo nem que sofra de agorafobia. Você gosta de gente. Mas também valoriza seu tempo longe de todos, quando pode ficar sozinho com seu trabalho e seus livros. Estudioso e contemplativo, se deleita com a profundidade de pensamento que só o silêncio traz.

No entanto, seu Ascendente reservou-lhe outros planos. Como um pai preocupado pelo fato de você estar ficando antissocial, seu Ascendente em Aquário está sempre conduzindo pessoas para sua vida. Está sempre colocando-o em contato com almas perdidas, casos variados de disfunção severa ou pecadores penitentes em busca de redenção. Mas esses não são simplesmente perdedores cuja sorte está em baixa; são diamantes brutos que precisam de sua atenção. Por ter Sol em Capricórnio e Ascendente em Aquário, cabe a você trazer à tona os melhores atributos do caráter humano.

Sua influência é maior do que imagina e você precisa considerar isso. Algumas pessoas fazem barulho sem ter nada a dizer, enquanto outras são carismáticas sem precisar provar nada. Elas ocupam muito espaço. Sua influência é como uma voz na escuridão. Sua maneira de falar faz os outros sentirem como se você estivesse falando diretamente com eles. Evocativo e reconfortante, o tom de sua voz ressoa a um nível que atinge a alma. Você pode não acreditar que tem esse dom, mas deveria.

O que exige seu cuidado é a abnegação. Os padres do deserto gostavam de vestir cilícios, açoitar-se e passar longos períodos sem comer nem beber. É duvidoso que você chegue a esse extremo, mas a tendência ainda está aí. Cuide muito bem de seu bem-estar e de sua satisfação.

ASCENDENTE EM PEIXES

♓

As pessoas veem em você o que querem ver.

As pessoas veem em você o que querem ver. Como o oceano que muda de cor conforme o céu acima, você reflete o que elas projetam. Agora, isso não quer dizer que você atue como um espelho ou uma tela em branco.

Você não é uma expressão vaga à espera de que alguém apareça e olhe para você. Pelo contrário, desperta sentimentos nos outros sem fazer nada de especial. É por isso que sempre surgem estranhos que lhe perguntam se vocês não se conheceram em outra ocasião ou juram que você se parece com um ex-namorado ou amigo de infância. A água rege memórias e sonhos para que as pessoas não pensem duas vezes antes de contar as coisas mais íntimas sobre si mesmas. Adicione Netuno, o regente de Peixes, à mistura, e há um elemento de fantasia envolvido que pode ser louco e divertido, mas também o leva a perguntar-se se, no fim, elas têm mesmo algum interesse em conhecê-lo.

Ninguém quer ser um fruto da imaginação alheia. E, por ter Ascendente em Peixes, você está constantemente nadando contra a corrente do fascínio dos outros, que tem direção contrária à sua. Eles veem em você coisas que você mal consegue adivinhar. Às vezes é bom, como quando você é um objeto de desejo ou a musa de um artista. Não há como negar que é melhor ser adorado que insultado, mas na maioria das vezes é cansativo porque isso o obriga a pisar em ovos. Basta um movimento em falso para quebrar o encantamento e, então, como ficaria? Competir com versões romantizadas suas é tedioso.

Agora, você poderia emitir avisos com isenção de responsabilidades e minimizar seus atributos e pontos positivos, mas isso seria como abdicar da qualidade mais preciosa de seu mapa. Alguma estrela de cinema deixaria outro encarregar-se de seu nome, imagem ou marca? Quem tem Ascendente em Peixes tem algo que os outros querem: pode ser uma mística, profundidade ou uma forma mágica de estar no mundo. Seja o que for, não pode ser engarrafado, e é por isso que você precisa estar ciente da imagem que projeta e do efeito que ela exerce. Não é uma boa ideia deixar de conscientizar-se de algo que impacta tão profundamente o subconsciente das pessoas.

Os que têm Ascendente em Peixes muitas vezes parecem não estar inteiramente aqui. Lânguidos suspiros e olhares distantes deixam os parceiros perguntando-se se você quer mesmo um relacionamento e os chefes, se você não estaria mais feliz se trabalhasse em outro lugar. Verdade seja dita, você não sabe ao certo. Quem nasce com Ascendente em Peixes não consegue deixar de desejar aquilo que não pode ter. E o fato de que ainda estaria ansiando por algo diferente, mesmo depois de conseguir realizar seus sonhos mais caros, é difícil de explicar, inclusive a você mesmo.

SOL EM PEIXES/ASCENDENTE EM PEIXES

Você tem esse problema de ser convencido a fazer coisas das quais vai se arrepender. Os piscianos são muitas vezes acusados de ser ingênuos

– têm uma imaginação tão fértil que acreditam em qualquer coisa – e, na verdade, isso deriva do fato de não quererem decepcionar ninguém. Você consegue ver o quanto um desejo ou uma esperança significam para outra pessoa e, portanto, fará o que puder para ajudá-la a alcançá-lo. E se isso exigir-lhe que se afaste, faça um sacrifício ou morda a língua quando chegar a hora de falar, você o fará. É impressionante o número de oportunidades que jogou fora porque isso privaria alguém de algo que queria. Achou que estava fazendo a coisa certa naquele momento só para perceber depois que aquela oportunidade era para você. Aquele trabalho era sua cara. Aquele namorado queria você e mais ninguém. Aquele projeto criativo era ideia sua, e é por isso que se dissolveu nas mãos de um colega que não tinha sua visão artística.

Tudo isso se somaria a uma série de amargas decepções se não fosse pelo fato de ser pisciano com Ascendente em Peixes. Peixes tem um problema em ser sua própria prioridade. As pessoas acham que é por altruísmo, mas, na verdade, é uma decorrência de sentir as coisas tão profunda e expansivamente que leva uma eternidade para descobrir o que você realmente está sentindo em seu coração. Seria como perguntar ao oceano qual a gota d'água de que mais gosta. Felizmente, o Sol raiava quando você nasceu, o que o empurra para a frente da fila. Você *deve* conseguir as coisas que quer e, por mais que atire no próprio pé, no fim isso acontecerá.

Netuno não é o único regente de seu Ascendente; Júpiter também rege Peixes. E é Júpiter, o planeta da sorte e do propósito maior, que garante que tudo vai dar certo. Você pode ter que vagar pelo deserto por um tempo ou fazer penitência pelos erros que cometeu, mas acabará descobrindo que negar a si mesmo as bênçãos que o destino lhe deu é tão criminoso quanto tomar algo que não é seu. Deixar de ser o que deveria ser priva você e os demais de seus dons, seus talentos e seu amor.

SOL EM ÁRIES/ASCENDENTE EM PEIXES

Por que sempre o convocam tarde demais para ajudar, bem depois do ponto em que poderia ter chegado a tempo e salvado a situação? É claro que nada pode ser feito, mas as pessoas ainda olham para você com a esperança de que talvez ainda consiga fazer algum tipo de milagre. Você sabe que é melhor nem tentar, que deveria apenas dizer que está fora de seu alcance, mas nunca faz isso. E não importa quantas vezes fique aquém das expectativas, como um bom ariano com Ascendente em Peixes, você nunca encontrou uma causa perdida à qual pudesse dizer não. Elas são simplesmente irresistíveis.

Isso o torna autoderrotista? Na verdade, não. Essa ideia de que está fadado a chegar depois que o navio já zarpou não é algo inventado por você. Na verdade, é uma predisposição associada a seu mapa. Você tem Sol em Áries, o primeiro signo do zodíaco, ao passo que Peixes, seu Signo Ascendente, é o último. Isso significa que as coisas têm que terminar para que você possa começar, porque na ordem zodiacal Peixes precede Áries. Ou seja, só depois que alguém já pôs tudo a perder é que você é chamado. A prova disso está num padrão de vida repetitivo: substituir um pai ou uma mãe ausente, cobrir um supervisor incompetente ou herdar uma situação da qual todos querem distância. Seria o caso de dizer que estão armando para que você se dê mal, porém, poucos signos do zodíaco estão à altura desse desafio como Áries. É assim que você cresce. Esses "exercícios de futilidade" fortalecem os músculos e a resiliência para que ressurja com um refinado conjunto de habilidades para administrar fiascos e conter seus efeitos colaterais. Você pode não chegar a tempo de evitar uma crise, mas certamente ajudará as pessoas a lidarem com as consequências.

Ironicamente, sua maior luta está em permitir-se fazer as coisas que deseja. É difícil ter um relacionamento ou trabalhar em projetos próprios quando se é o primeiro socorrista da Astrologia. Você sofre continuamente de "*Cosmicus Interruptus*" – interrupção cósmica. No entanto, você precisa treinar-se para criar algo que seja seu; do contrário, continuará para sempre adiando as coisas que lhe importam. Se ficar esperando o momento certo para, finalmente, começar a viver sua vida, nunca a viverá. O lado bom de ser chamado para longe do que você preza é ter algo para o qual voltar quando terminar de apagar os incêndios dos outros.

SOL EM TOURO/ASCENDENTE EM PEIXES

Você não se considera especialmente criativo até porque tudo lhe vem com muita naturalidade. Você tem um dom natural para juntar texturas que combinam, harmonizar e misturar cor e luz e descobrir o melhor posicionamento de um móvel para criar uma sensação de equilíbrio e fluxo no espaço. É quase como se tivesse um toque místico para tornar as coisas mais bonitas. Mas dificilmente seus talentos se restringem às artes decorativas. Você pode aplicar esse mesmo senso de fluxo à ciência, à matemática ou ao plano de negócios mais desprovido de imaginação. Não são os materiais que importam; é sua visão. Você pode ver coisas que os outros não veem e, depois que se interessar, vai desconstruir e reorganizar com a segurança de uma criança prodígio brincando com um cubo mágico. Simples assim.

Ninguém saberia que você tem essas habilidades se não o conhecesse pessoalmente. Você provavelmente não era muito bom na escola, não alardeava suas conquistas e pode até ter evitado a competição. Embora Touro seja metódico por natureza, não há nada que diga que precise fazer as coisas da maneira que os outros querem que sejam feitas. Quando muito, você pode esperar até que ninguém esteja por perto para arregaçar as mangas e começar a trabalhar. Você não gosta de ninguém olhando por cima de seu ombro nem influenciando seu estilo com suas expectativas. Você prefere sair e fazer seu negócio para voltar depois com o produto acabado em mãos.

Como quem tem Ascendente em Peixes reluta em promover-se, felizmente sua obra fala por si. Sua capacidade de fiar a palha até transformá-la em ouro deixa todos atônitos e querendo mais. No entanto, seu Ascendente em Peixes é tão humilde e modesto que dá às pessoas a impressão de que só faz o que faz por amor ao ofício. E isso é verdade, mas graças aos céus seu Sol em Touro sabe que nada é de graça neste mundo. Quando outros tipos artísticos se estressam quando se trata de falar em dinheiro, seu Sol em Touro simplesmente dirá que seu preço não é negociável. O lado positivo de ter seu Signo Solar e seu Signo Ascendente regidos por influências benéficas – Vênus rege Touro e Júpiter rege Peixes – é que as pessoas acabarão pagando o preço que pediu. Você sabe que aquilo que produz tem alta qualidade e que elas não conseguirão encontrar nada parecido em nenhum outro lugar.

SOL EM GÊMEOS/ASCENDENTE EM PEIXES

Muitas vezes, as pessoas o confundem com algo que você não é. Elas acham que você é superficial quando é profundo, conservador quando é liberal e homossexual quando é hétero. No início, você achava que precisava corrigi-las. Mas, à medida que o tempo foi passando, descobriu que é muito mais divertido ver para onde vai a conversa. Você nunca sabe o que pode surgir. E, embora seja repetidamente acusado de ser dúbio, você é extremamente cuidadoso para não dizer nada que possa confirmar ou negar. Rotular é problema dos outros, não seu.

Seu visual está sempre mudando. Parte disso decorre de seu amor à moda, mas, na verdade, sua aparência muda conforme a peça de roupa que você usar: se for um suéter vários números maiores, você fica ótimo; se for um terno poderoso feito sob medida, todos jurariam que você era um membro da Fortune 500. Você faz mais do que arrasar no visual. Você se torna o visual, e é por isso que tem tanta facilidade para desaparecer em qualquer personagem que interprete. A combinação do Sol em Gêmeos com o Ascendente em Peixes é o mapa preferencial de atores, agentes secretos e falsificadores.

É essa capacidade de dissimulação que os outros acham meio... suspeita. Mudar de assunto, esquivar-se de perguntas e raramente dar uma explicação direta e clara criam a impressão de que você não está sendo inteiramente sincero. E não está mesmo, embora não necessariamente porque tenha algo a esconder. Um geminiano guarda suas opções tão obstinadamente quanto um sagitariano defende sua liberdade. Você reage visceralmente a ser preso a qualquer coisa. Mesmo que seja algo que planejava fazer de qualquer maneira, vai mudar de ideia deliberadamente se sentir que está contribuindo com as expectativas alheias. Você pode até mentir sobre seus sentimentos só para não dar a ninguém uma ideia de quanto eles lhe importam.

Os geminianos sabem usar muito bem as palavras. Você sabe dizer as coisas que as pessoas querem ouvir sem as dizer de fato. Adicione a isso o dom de Peixes para nuances e insinuações e é de admirar que não haja duas pessoas que consigam concordar com a conversa que você acabou de ter? Mas cuide para não se concentrar tanto nas brechas a ponto de nunca se comprometer com o que queria inicialmente. Você não vai querer deixar que as coisas que realmente importam lhe escapem pelos dedos como água.

SOL EM CÂNCER/ASCENDENTE EM PEIXES

Se pudesse adotar todas as crianças órfãs e resgatar todos os animais maltratados, você o faria. Seu coração é tão grande e sua compaixão, tão ilimitada que a ideia de alguém ser deixado do lado de fora, no frio, o mantém acordado por noites a fio. Ainda bem que não era você quem estava no comando da Arca de Noé. Você nunca teria parado em dois de cada. É você quem dirige centenas de quilômetros para levar um cachorro para viver com seu novo amigo para sempre, patrocina a plantação de árvores em países que nunca visitará e se recusa a desistir de um ente querido, mesmo que esteja em sua sexta internação para reabilitação. Os cancerianos não costumam ser tão magnânimos. Proteger a família é sua prioridade número um e, embora famosos pela devoção e pelo amor materno, os cancerianos não hesitam em levantar a ponte levadiça e encher o fosso quando se trata das dificuldades de pessoas que "não são como nós". É seu Ascendente em Peixes que o leva a cuidar dos desfavorecidos, reunir os perdidos e, em alguns casos, infringir a lei para oferecer abrigo.

Muitas vezes você entra em apuros com amigos e vizinhos que constantemente o veem abrindo a porta para qualquer coisa que a arranhar. Além de o considerarem um coração que sangra sem remédio, eles se perguntam se você não está tentando antagonizá-los ao defender deliberadamente causas que você sabe que são indesejáveis e contrariam o *status quo*. Você já perdeu a conta de quantas vezes esteve do lado errado das discussões e, no entanto, persiste. E não é por rebeldia nem para provar nada: é por uma profunda devoção. E é por isso que lhe dói tanto ser forçado a escolher lados ou a conter seus impulsos caridosos.

Pessoas com Ascendente em Peixes no mapa historicamente têm tido problemas com a igreja *e* com o Estado. É porque você responde a uma autoridade superior que não aparece nas escrituras ou ainda não foi consagrada na lei. Você segue os ditames de sua consciência. É uma coisa difícil de defender e ainda mais de explicar, mas você sabe que está certo. E só porque não há nada que o respalde agora não implica que não haja algum dia. O mundo não foi mudado por homens fortes nem militantes, mas pelos quietos, pelos humildes e pelos mansos.

SOL EM LEÃO/ASCENDENTE EM PEIXES

Não há nada de discreto em você. Embora possa considerar-se tranquilo e descontraído, alguém com quem as pessoas podem simplesmente se dar bem, isso não é verdade. Sua manutenção é altíssima. Mesmo que prometa ficar sentado em silêncio, ainda encontrará uma maneira de chamar a atenção para si: pode suspirar bem alto, fazer muito barulho para virar as páginas de uma revista ou rir ruidosamente de um vídeo que está em seu *smartphone*. As pessoas geralmente presumem que aja assim porque é leonino e os leoninos precisam ser o centro das atenções. Mas não é só isso. Você tem um medo mortal de desaparecer. E não importa que tenha sido o centro do universo de seus pais enquanto crescia, pois esse medo de ser deixado para trás teima em permanecer. Chamar a atenção para si mesmo por meio de pequenos atos inofensivos é sua maneira de dizer "ainda estou aqui".

A razão para isso tem a ver com a hora de seu nascimento, logo após o pôr do sol. É quando o Sol escorrega sob o horizonte, levando consigo o último suspiro do dia. É um aspecto desafiador em qualquer mapa porque o Sol está o mais longe possível do Ascendente, mas é especialmente difícil para você porque o Sol é o seu regente. Você não pode deixar de sentir que a luz está deixando sua vida e que você vai ser deixado sozinho no escuro. Por isso, está sempre ligando ou acompanhando: é para garantir que as pessoas ainda estejam onde disseram que estariam.

Gerenciar esse tipo de ansiedade não é fácil, mas pode ser feito centrando-se em seu corpo e entrando em sintonia com seu próprio ritmo. Yoga é uma boa ideia por causa do trabalho de respiração, e natação é outra. São disciplinas físicas que acalmam a mente.

No fim, a única pessoa que pode tranquilizá-lo é você mesmo, e a melhor maneira de fazer isso é servindo aos outros. Pode parecer estranho buscar a companhia de pessoas ainda mais complicadas que você, mas isso tem um efeito notavelmente calmante por fazê-lo exprimir as qualidades leoninas do calor e da orientação. Quanto mais incutir confiança nos outros, mais a incutirá também em si mesmo, e mais fácil se tornará deleitar-se com seu próprio brilho.

SOL EM VIRGEM/ASCENDENTE EM PEIXES

As pessoas muitas vezes interpretam mal sua vontade de ajudar. Nascido sob o signo zodiacal do trabalho e do serviço, você é pré-programado para dar uma mão. Você sai de seu caminho para ajudar alguém a reerguer-se e, quando termina, dá-lhe um tapinha nas costas e continua seu caminho. É como soltar um animal de volta à natureza. Você supõe que as pessoas necessitadas naturalmente retomarão a própria vida quando acabarem a parte mais difícil. Infelizmente, o contrário é verdadeiro.

Você coleciona casos de caridade da mesma maneira que um robô aspirador coleta poeira. É um risco ocupacional para qualquer pessoa com Ascendente em Peixes. As pessoas veem que você se importa. Mesmo que faça questão de minimizar sua preocupação, ela ainda transparece nas perguntas que faz e na maneira como você ouve. Além disso, o Ascendente em Peixes lança essa aura empática que faz as pessoas sentirem que podem contar-lhe seus problemas em detalhes explícitos. E, não importa que esteja com pressa ou cheio de outras preocupações urgentes, você vai parar e ouvir toda a triste saga. O pior é que vai até enviar-lhes uma mensagem de texto com seu número e convidá-las a manter contato.

Você já analisou esse seu ponto fraco várias vezes. É necessidade de agradar? Complexo de salvador? Culpa? Na verdade, vem de um lugar de altruísmo; no entanto, a ideia de altruísmo de seu Ascendente em Peixes é diferente da de seu Sol em Virgem. A abordagem de Peixes é mais universal, tem uma mentalidade coletiva de "estamos todos juntos", que é duas partes compaixão e uma parte comiseração. Além disso, adora sentir as sensações. O altruísmo virginiano é mais utilitário. Sendo um signo de terra, Virgem reconhece os benefícios de ajudar os outros porque, no fim, também se ajuda. Porém, o que se perde nessa versão é saber se você se importa ou não. A maioria das pessoas não vê, mas os íntimos, sim.

É por isso que estão sempre perguntando se realmente importam – e, claro, quanto mais formal for sua resposta, mais chateados ficam. Namorados, filhos e amigos querem ser a principal prioridade em sua vida, sentir-se diferentes de todos os demais. Tomara que um dia você reconheça a importância disso e, quando o fizer, lhes dará bons motivos para ficar por perto.

SOL EM LIBRA/ASCENDENTE EM PEIXES

Você não tem noção do que as pessoas veem em você. Quando se olha no espelho, vê alguém que é bastante comum; apenas mais um peixe nadando num cardume de almas parecidas. Você não se considera um bom partido, não se deixa guiar pela ambição e realmente gosta de sua própria companhia. Uma de suas atividades favoritas é perder-se. Isso pode significar perder-se num livro, numa música favorita ou numa rua da cidade nunca explorada antes. Seus momentos mais preciosos são quando ninguém está por perto. É aí que você se sente livre para andar sem destino, vaguear e flanar.

No entanto, você tem esse talento para estar no lugar errado na hora certa para o escândalo. Como um espectador inocente encontrado com a faca na mão, você aparece em situações em que as pessoas não podem deixar de presumir o pior. Felizmente, elas não envolvem assassinatos, mas incluem cônjuges de melhores amigos tentando beijá-lo, supervisores confessando seus sentimentos românticos e triângulos amorosos em que não imaginava que essas duas pessoas estavam realmente brigando por você. Parentes e amigos balançam a cabeça com ceticismo, pois isso já aconteceu várias vezes, e não aceitam mais essa história de que você só estava sendo gentil. Para quem é libriano com Ascendente em Peixes, é impossível dizer não. Você não quer que ninguém se machuque. Infelizmente, é por *não* dizer "não" que você se vê nesses dilemas.

Você precisa assumir a responsabilidade pelo efeito que provoca. Seu Ascendente em Peixes lança um feitiço poderoso e Vênus, seu Planeta Regente (batizado em homenagem à deusa romana do amor e da beleza), não pode deixar de seduzir, e é por isso que cabe a você ser sincero com as pessoas quando não tiver nenhum interesse amoroso por elas. Isso não é fácil, pois seu Sol em Libra quer manter a porta aberta e seu Ascendente em Peixes não pode deixar de se perguntar "e se"?, mas é exatamente isso que precisa fazer se quiser manter seus amigos e seu emprego.

Por fim, pare de tentar encaixar-se nas expectativas alheias. É uma invenção da imaginação que as pessoas projetam em você. Você sabe quem é quando está sozinho. É por isso que gosta de ficar sozinho e reservar-se. Você precisa trazer essa pessoa para suas interações diárias. A vida fica muito mais fácil quando você é transparente, em vez de esconder-se atrás de algum dispositivo de camuflagem.

SOL EM ESCORPIÃO/ASCENDENTE EM PEIXES

As pessoas adoram olhar nos seus olhos. Eles têm um efeito calmante e hipnótico. De fato, estar perto de você as faz desinibir-se, como se soubessem que você entende o que elas realmente são. Elas têm a sensação de que seus segredos estarão em segurança com você, de que entende sentimentos que elas mal conseguem entender e de que estão livres para dizer o que quiserem porque não há julgamento nem medo de recriminação. É realmente incrível a maneira como as pessoas lhe contam coisas que nunca contariam ao melhor amigo ou a um parceiro íntimo. Você é como um diário pessoal vivo, e é por isso que as pessoas mal podem esperar para confidenciar a você o que está acontecendo desde a última vez que se viram.

Como pode imaginar, isso nem sempre agrada aos que estão na vida dessas pessoas. Eles podem vê-lo como um manipulador ou até um predador. Desconfiam de suas motivações e têm ciúmes do vínculo entre vocês. Apesar disso, você também não faz nada para dissipar suas apreensões. Parte dessa reação decorre do fato de que, como um sacerdote, você é um livro fechado quando se trata de confissões particulares de alguém – você nunca as trai – mas também há uma parte sua que desfruta de seu *status* especial, principalmente se quem confia em você for o amigo do chefe, o irmão de um ex ou o cônjuge de um rival. Escorpianos com Ascendente em Peixes costumam andar sobre a linha que separa o duvidoso do repulsivo e, embora seu Signo Ascendente descreva a impressão que os outros têm de você e não quem você realmente é, continua sendo algo que não deve ser tratado casualmente. O mundo está cheio de confidentes que foram empurrados para debaixo do ônibus quando demoraram a perceber que sua presença já não era desejada ou começaram a apresentar um problema de visão.

Você se preocupa com a vida espiritual das pessoas e tem uma afinidade especial com as que estão em crise. Não importa qual fé professe, você é profundamente religioso e já passou muito tempo em profundezas abissais. Não há como evitar isso, dada a propensão de Peixes para a autossabotagem e a sede de Escorpião por catarses. Essas experiências o enriqueceram e conferiram-lhe certa dignidade. As pessoas sabem que já foi ao inferno e dele retornou, e é por isso que confiam em você. Você não pode salvar as pessoas de si mesmas, nem tentaria, mas ficará ao lado delas na beira do penhasco e as apoiará quando quiserem afastar-se.

SOL EM SAGITÁRIO/ASCENDENTE EM PEIXES

Você vive uma vida maior que a própria vida. Não há como se conter ou agir com segurança. Você sabe que foi feito para grandes coisas e seu objetivo é experimentar cada uma delas. Sua confiança é suprema, sua fé, inabalável, e sua ambição beira a arrogância. Faz sentido, dado que nasceu na hora do dia em que o Sol está no ápice. Some a isso Júpiter, o planeta da sorte, regendo tanto seu Ascendente quanto seu Signo Solar e vai começar a achar que nada está fora de seu alcance. Você acredita em seu próprio entusiasmo e, para desespero de seus rivais e concorrentes, ele nunca o decepcionou.

É difícil dizer se você transborda tanto otimismo que não resta espaço para dúvidas ou se realmente tem tanta sorte quanto diz: na verdade, as duas coisas. Os livros de Astrologia estão cheios de advertências sobre o que acontece com quem é extremamente confiante ou orgulhosos de si mesmo: torna-se egocêntrico, cada vez mais imprudente e propenso a cometer erros. Felizmente, nada disso parece afetá-lo. Nascer sob a regência de Júpiter lhe propicia um mapa de aço que faz as flechas e os golpes do destino ultrajante ricochetearem em você da mesma forma que uma saraivada de balas no Super-Homem. E, ainda que algo de ruim acontecesse, você sempre ressurgiria sem nenhum indício de danos recentes.

Sagitário sabe que todos nós viemos das estrelas; que o espírito ardente que anima nosso corpo está aqui por pouco tempo. É por isso que há uma imprudência feroz em tudo o que faz. Não vem de um sentimento de invulnerabilidade, mas de um conhecimento profundo de que nada pode prejudicá-lo porque você é feito da matéria das estrelas e que, uma vez livre desse vale de lágrimas, seu espírito retornará aos céus, onde deve estar. Isso é algo em que seu Ascendente em Peixes, com seu anseio de planos mais elevados e mundos invisíveis, pode ser deixado para trás e é aí que você precisa ter cuidado. Essas escapadas por pouco e resgates de última hora não vão durar para sempre, o que levanta a questão: por que a pressa? Faça um balanço de sua vida e das pessoas e lugares maravilhosos que há nela. Talvez não se compare ao firmamento, mas o faça querer tirar os sapatos e ficar um tempo.

SOL EM CAPRICÓRNIO/ASCENDENTE EM PEIXES

Sua aparência transmite a falsa impressão de frieza e falta de expressão que os românticos inveterados acham cativante. Quanto mais franzir o rosto, mais arrebatados ficam, convencidos de que são os únicos que entendem a mágoa que você carrega dentro de si. É por isso que estão sempre especulando sobre seu último comentário monossilábico. Para você, foi uma rejeição direta e clara. Porém, para eles, traiu uma centelha de interesse, um indício fugaz de reconhecimento e talvez até um pedido codificado de ajuda. É incrível quanta atenção você gera para alguém que quer ser deixado em paz. E não são apenas os que o cobiçam que seguem cada passo seu: os que estão convencidos de que você é a resposta para suas orações também o fazem. Há algo em você que irradia profundidade e alma. É por isso que as pessoas o tratam como uma relíquia sagrada.

Os capricornianos são filósofos relutantes. Você não se vê como especialmente sábio ou reflexivo. Na verdade, sua vida é dominada pelo trabalho. Quem tem tempo para especular se você é uma pessoa sonhando em ser uma borboleta ou uma borboleta sonhando em ser uma pessoa quando há tantos prazos urgentes? No entanto, sua capacidade de descrever conceitos esotéricos na mais simples das linguagens é o que constrói sua reputação. Você pode estar no degrau mais baixo da escada corporativa, mas, ainda assim, os CEOs virão até você em busca de ideias e conselhos. Eles veem em você uma fonte de conhecimento que permanece curiosamente inconsciente de si mesma, uma combinação única de ingenuidade e sagacidade.

Superiores e pessoas influentes desempenham um enorme papel em sua vida. São eles que defendem seus esforços e o apresentam a amigos que podem abrir-lhe portas. É tudo muito emocionante, exceto pela desanimadora sensação de dever algo a alguém. Sendo um capricorniano com Ascendente em Peixes, você não pode deixar de registrar cada centavo que foi gasto em seu nome e pretende pagar um por um. É um pensamento nobre, mas impossível de honrar, tendo em vista o quanto os outros farão por você. Quem tem o Sol em Capricórnio com o Ascendente em Peixes tem uma propensão para a culpa. É seu cilício psíquico favorito. E tudo bem, desde que não deixe que a culpa atrapalhe a gratidão. Em vez de preocupar-se em ressarcir as pessoas, experimente dizer "obrigado". É algo que vale muito. Tanto que pode até fazer os cegos verem e os coxos voltarem a andar.

SOL EM AQUÁRIO/ASCENDENTE EM PEIXES

É difícil acreditar que você seja de verdade. É quase como se tivesse o poder de ler a mente das pessoas, a julgar pela facilidade com que intui seus pensamentos e emoções. Além de bem-informado, pode ajudar, os que têm dificuldade para articular o que querem dizer, a encontrar as palavras certas para argumentar. Você é igualmente hábil em apelar para a consciência dos que dizem que não têm nenhuma e induzi-los a não pensar só em si mesmos e considerar o que é bom para todos. Metade empatia e metade Vulcano, você pode oscilar entre apelos sinceros e análises estatísticas. Ser aquariano com Ascendente em Peixes significa que tem um pé em ambos os mundos.

Muitas vezes o acusam de desaparecer. Suas ausências são tão frequentes que seus colegas de trabalho se perguntam se você não estaria vivendo uma vida dupla ou alimentando uma dependência de drogas. A queixa crônica deles é nunca conseguir encontrá-lo quando precisam de você. Porém, seja como for, o trabalho sempre é feito. Você pode chegar atrasado à reunião ou deixar as coisas para a última hora, mas o que apresenta é sempre algo que vale a pena ter esperado. É por isso que, quando se trata de desempenho no trabalho, as pessoas abrem exceções em seu caso. Você nunca será eleito funcionário do mês por causa de seus atrasos, mas qualquer empresa que o contratar sabe que se beneficiará de sua perspicácia, criatividade e visão.

Porém, quando se é aquariano com Ascendente em Peixes, sempre há um tipo de loucura que acompanha esse gênio: você simplesmente não resiste a sabotar seus próprios esforços. Seja correndo riscos desnecessários, sendo extremamente ambicioso ou se dispersando quando mais precisa estar focado, há uma espécie de prazer em ver as coisas oscilarem à beira do abismo quando estão prestes a se encaixar. É difícil dizer se isso decorre de um medo do sucesso ou de um medo de perder a liberdade se for bem-sucedido. Em qualquer caso, trata-se de um impulso que precisa domar para não ser derrotado por ele.

Quem nasce com o Sol em Aquário e o Ascendente em Peixes acredita em negligência benigna. Você nunca estará tanto à disposição quanto os demais gostariam, mas isso não significa que não esteja trabalhando nos bastidores para criar as circunstâncias – e até mesmo o ambiente – para que as pessoas cresçam e prosperem.

PARTE 3

Cara a Cara: Como seu Signo Ascendente se Relaciona com os Demais

Como você pode imaginar, o Signo Ascendente desempenha um papel forte em qualquer tipo de relacionamento, seja ele amoroso, profissional, familiar ou entre amigos. A maioria dos livros de Astrologia fala sobre a compatibilidade entre Signos Solares ou a influência da Lua, mas nada disso vai entrar em jogo se você não conseguir conectar-se com o Ascendente da outra pessoa. Essa primeira impressão é o principal gancho entre os mapas. Se o Signo Solar de uma pessoa não é reconhecido pelo Signo Ascendente da outra pessoa, então não haverá nada que os atraia para a órbita um do outro. Eis o que você precisa procurar.

QUANDO SEU SIGNO SOLAR É O ASCENDENTE DO OUTRO

Se seu Signo Solar estiver "ascendendo" no mapa astral da outra pessoa (ou seja, se seu Sol estiver em Leão e ela tiver Ascendente em Leão), vocês esbarraram numa mina de ouro. Existe um reconhecimento instantâneo, uma harmonia fácil e um vínculo difícil de romper.

QUANDO SEU SIGNO SOLAR E O ASCENDENTE DO OUTRO SÃO DO MESMO ELEMENTO OU DE ELEMENTOS COMPLEMENTARES

Digamos que você nasceu sob Leão, um signo de fogo. Isso lhe confere afinidade imediata com os outros dois signos de fogo, Áries e Sagitário. Vocês são como uma família! O mesmo vale para seu elemento complementar, o ar. Isso significa que se dará bem com Gêmeos e Libra. O único Signo Ascendente que lhe trará certa dificuldade é Aquário. A razão disso é o fato de Leão estar oposto a Aquário na roda zodiacal, o que coloca seu Sol em posição de "descendência" no mapa astral de alguém cujo Ascendente seja Aquário. Isso cria a impressão de que você está sempre se afastando, nunca está por perto ou é difícil de conhecer. Nessa posição, o Sol está o mais longe possível do Ascendente. Por isso, ela é chamada de Descendente.

QUANDO SEU SIGNO SOLAR ESTÁ AO LADO DO ASCENDENTE DO OUTRO

Se seu Signo Solar flanquear o Ascendente da outra pessoa (ou seja, se estiver no signo zodiacal que imediatamente precede ou sucede a seu Signo Ascendente), isso promove uma intimidade que se baseia na proximidade. Já vi isso surgir em mapas de vizinhos, colegas de trabalho e até do barista que recebe seu pedido de café todas as manhãs. Vocês podem ou não ser grandes amigos, mas se veem diariamente e é a isso que se refere essa "proximidade".

Em seguida, se seu Signo Solar estiver em qualquer dos dois signos do zodíaco que ladeiam o Descendente da outra pessoa, isso explica por que é difícil vocês se entrosarem. Agora, isso não significa que seu relacionamento seja ruim ou inadequado. É mais como uma sensação de estar falando com alguém que não o vê. Não é lá grande coisa, pois todos os dias vemos muita gente de passagem quando estamos a caminho do trabalho ou na fila do caixa do supermercado. Mas isso pode magoar quando seu Sol flanqueia o Descendente no mapa de um chefe ou de seu pai ou mãe. Isso cria um ponto cego que lhes dificulta reconhecer seus méritos, por mais que você seja elogiado.

Por fim, o posicionamento do Sol em relação ao Ascendente da outra pessoa descreve a maneira como essa pessoa o vê. Como mencionado anteriormente, se seu Sol estiver perto do Ascendente, significa que você está bem ao lado dela, o que a fará vê-lo como um igual. Se seu Sol estiver acima do horizonte (perto do meio-dia, por exemplo), significa que ela o respeita e admira, pois estará literalmente olhando para cima para poder vê-lo. Se seu Sol estiver no Descendente, significa que você está indo embora ou não está por perto, e se seu Sol estiver abaixo do horizonte (perto da meia-noite), significa que ela não o considera importante, pois precisa olhar para baixo para poder vê-lo. Agora, isso não significa que essa pessoa seja condescendente; é mais como se o visse como um elemento fixo de sua vida. Você é alguém que sempre estará lá para apoiá-la.

Ao ler as combinações de Signo Ascendente/Signo Solar a seguir, tente lembrar-se de que não se destinam a julgar se os relacionamentos descritos são bons ou ruins, mas descrever o grau de *afinidade* entre o Signo Solar de uma pessoa e o Signo Ascendente de outra. Algumas combinações se entendem e funcionam imediatamente, enquanto outras são como fogo de palha.

SE VOCÊ TIVER ASCENDENTE EM ÁRIES...

E O OUTRO FOR ARIANO:

Vocês são como companheiros de equipe. Um dá cobertura ao outro. Além disso, são competidores saudáveis que se desafiam a fazer melhor na próxima vez.

E O OUTRO FOR TAURINO:

A teimosia de Touro não o incomoda. Ambos estão acostumados a bater de frente. O que o incomoda é a lentidão dele. Metódico e deliberado, o taurino vai ajudá-lo a descobrir como construir aproveitando o que já tem para não ter que ficar sempre reinventando a roda.

E O OUTRO FOR GEMINIANO:

Fala demais e faz de menos. Embora seu vocabulário seja espantoso (como é que ele sabe tantas palavras?), mais impressionante ainda é sua maestria para esquivar-se das coisas.

E O OUTRO FOR CANCERIANO:

Hipersensível! Tudo o que você diz e faz fere os sentimentos dele. Você não consegue parar de pisar em ovos quando ele está por perto.

E O OUTRO FOR LEONINO:

Os leoninos sabem ler seu coração. Com eles, pode falar abertamente sobre o futuro e todas as aspirações que reluta em compartilhar. Eles "entendem" a pessoa que você quer ser.

E O OUTRO FOR VIRGINIANO:

Os virginianos são os treinadores, mentores e tutores perfeitos. Reconhecem seu potencial e querem mostrar-lhe como transformá-lo em realidade. Por nunca conseguir agradá-los, você está sempre voltando em busca de mais.

E O OUTRO FOR LIBRIANO:

Este é o signo com o qual você tem mais problemas, pois os librianos são muito ambivalentes. Sem dúvida, também são bonitos e atraentes, mas o fato de nunca se sentir uma prioridade dele não combina com você.

E O OUTRO FOR ESCORPIANO:

Os escorpianos são sua criptonita. Ambos têm o mesmo Planeta Regente (Marte), e você simplesmente não consegue tirar as mãos de cima deles. Só que eles guardam rancor, e você não, e jogam sujo, algo que imediatamente o faz puxar o freio. Nem sempre você tem certeza se confia neles financeiramente.

E O OUTRO FOR SAGITARIANO:

Ele nunca está por perto. Isso é ótimo se for seu chefe, porque você fica livre para fazer as coisas a seu modo, mas não tão bom se houver algum envolvimento amoroso. Único signo que valoriza mais a própria independência que o seu, Sagitário sempre abrirá seu mundo e ampliará seus horizontes.

E O OUTRO FOR CAPRICORNIANO:

Você quer tanto o amor e o respeito dele que chega a doer. Isso pode provocar ressentimento, já que os capricornianos costumam ser reservados e calados, mas sua paixão acabará por desmanchar a fachada dele. Você só precisa dar muito tempo a essa relação. Existem eras glaciais que já passaram mais rápido.

E O OUTRO FOR AQUARIANO:

Vocês entram e saem da vida um do outro. Talvez sejam melhores amigos desde a infância, tenham trabalhado um para o outro em diferentes funções ao longo dos anos, ou se reuniram, se separaram e sempre tornam a ficar juntos. Essa amizade "ata e desata" de vocês é para toda a vida.

E O OUTRO FOR PISCIANO:

Sua donzela ou príncipe favorito em perigo. Você odeia a maneira como Peixes é sempre a vítima, mas isso não o impede de entrar correndo num prédio em chamas para resgatá-lo.

SE VOCÊ TIVER ASCENDENTE EM TOURO...

E O OUTRO FOR ARIANO:

A força imparável para seu objeto imóvel. É por isso que é bom ter um mediador por perto que possa ajudá-los a resolver suas diferenças.

E O OUTRO FOR TAURINO:

Essa é a única pessoa confiável de sua vida.

E O OUTRO FOR GEMINIANO:

Ele tem uma capacidade singular de transformar o convencional em algo novo, ajustando um detalhe aqui ou fazendo uma variação ali.

E O OUTRO FOR CANCERIANO:

As coisas crescem e prosperam sob a influência de suas energias nutritivas. Essas coisas podem ser jardins, empresas ou filhos.

E O OUTRO FOR LEONINO:

Um dos melhores signos se você quiser estabelecer-se. Você entra com a casa, e ele a transforma em um castelo.

E O OUTRO FOR VIRGINIANO:

Você gosta de ser o provedor, mas o virginiano pode julgar essa atitude dominadora demais, pois precisa sentir que também está fazendo sua contribuição. Deixe-o pagar uma ou duas contas sozinho para satisfazê-lo.

E O OUTRO FOR LIBRIANO:

Vocês vêm de dois mundos à parte: você se veste nos saldões das lojas de departamentos e o libriano, nos salões de alta-costura. Se não quiser que essa associação se transforme em uma guerra de classes, então demonstre algum respeito pelos redutos dele e mostre-lhe o que é divertido nos seus.

E O OUTRO FOR ESCORPIANO:

Depende do escorpiano. Se ele reclamar constantemente de que o objetivo da vida é ferrá-lo, então aguarde o próximo. Você não precisa que ele contamine suas pastagens verdejantes com a toxicidade lamacenta dele. E se ele for do tipo que já comeu o pão que o diabo amassou e ainda conseguir rir disso? Você será só dele.

E O OUTRO FOR SAGITARIANO:

Há uma razão pela qual o vaqueiro e o fazendeiro não se dão bem: um é nômade e o outro tem endereço fixo. Apesar disso, juntos, vocês fazem mágica quando se trata de tarefas e projetos. Qualquer produção que tenha a sorte de contar com os dois será um sucesso.

E O OUTRO FOR CAPRICORNIANO:

Seu maior desafio é fazer um capricorniano afastar-se do trabalho e passar algum tempo a seu lado. Você conseguirá, mas precisará insistir nas tentativas. E você ainda se achava viciado em trabalho...

E O OUTRO FOR AQUARIANO:

Um aquariano sempre o fará pensar grande. Talvez seja o professor que viu algo especial em você, o treinador que fomentou seu talento ou o cônjuge que não o deixou contentar-se com menos. Todos eles são tipos que inspiram, mas seria bom se conseguissem deixar essa missão de lado de vez em quando.

E O OUTRO FOR PISCIANO:

Peixes sempre será seu ponto fraco. Você é mais generoso e complacente com ele do que com qualquer outro signo. Outros reclamam porque o tratamento que ele recebe é preferencial, e você não discordaria.

SE VOCÊ TIVER ASCENDENTE EM GÊMEOS...

E O OUTRO FOR ARIANO:

Não importa quantas vezes você comece com "Suponhamos que, só para fins de argumentação...", um ariano sempre levará essa introdução para o lado pessoal.

E O OUTRO FOR TAURINO:

Seu cúmplice secreto. O taurino sabe o que é preciso para pôr esses planos em ação e o faz de um modo que jamais levantaria suspeitas de envolvimento em suas tramoias.

E O OUTRO FOR GEMINIANO:

Seu "falso amigo". A dinâmica gêmeo bom/gêmeo mau é impossível de romper, então é bom saber que os dois podem se revezar.

E O OUTRO FOR CANCERIANO:

No início, ele pode ser paupérrimo. Mas fique com ele porque, com o tempo, ele vai apoiá-lo da maneira com a qual você está acostumado.

E O OUTRO FOR LEONINO:

Você adora criar pegadinhas para os leoninos. São alvos tão fáceis! Mas o fato de eles verem isso com tanto humor ensina-lhe a diferença entre rir com alguém e rir de alguém.

E O OUTRO FOR VIRGINIANO:

Ele é tão tenso! Mas o que você faria sem ter alguém que banque o pai ou a mãe de sua criança travessa? A vida não seria tão divertida sem ele.

E O OUTRO FOR LIBRIANO:

Por mais que você tente, um libriano sempre terá mais classe que você. A melhor coisa a fazer é parar de tentar competir e aprender com ele.

E O OUTRO FOR ESCORPIANO:

Os escorpianos falam a sério quando lhe dizem que se afaste porque não vai conseguir lidar com eles. Se você for inteligente, não os obrigará a falar duas vezes.

E O OUTRO FOR SAGITARIANO:

Vocês são muito parecidos, mesmo que um acabe irritando o outro sem querer. Você não consegue deixar de fazer piadinhas para gozar com a cara dos sagitarianos e eles sempre reagem com exagero a qualquer coisa que diga. Com o tempo, vocês podem construir um respeito ressentido. Será melhor para ambos morar bem longe um do outro.

E O OUTRO FOR CAPRICORNIANO:

Suas brigas sempre serão por dinheiro. Você quer que o capricorniano cuide de suas finanças, mas depois o critica por enquadrá-lo num orçamento apertado. As coisas melhoram quando você para de tratá-lo como um pai que lhe dá a mesada toda semana.

E O OUTRO FOR AQUARIANO:

A maior revelação ocorre quando você descobre que os aquarianos são ainda mais brincalhões do que você. Isso lhe permite relaxar e começar a se divertir de verdade.

E O OUTRO FOR PISCIANO:

Há algo nele que você admira. Talvez seja a profundidade, a imaginação ou a facilidade com coisas que não podem ser facilmente explicadas. Em qualquer caso, você os considera mágicos.

SE VOCÊ TIVER ASCENDENTE EM CÂNCER...

E O OUTRO FOR ARIANO:

Autoritário e mandão. A melhor maneira de se dar bem com um ariano é deixá-lo fazer o que quiser e, depois, voltar para salvar a situação.

E O OUTRO FOR TAURINO:

Os taurinos são tremendamente tranquilizadores. Adoram mostrar o caminho das pedras e não se importam em repetir o modo de fazer alguma coisa até que você entenda.

E O OUTRO FOR GEMINIANO:

Como o típico irmão mais novo, ele o segue por aí, diz coisas extremamente desagradáveis e se mete em mil encrencas que depois acabam sobrando para você. Ele pode ser um pirralho irritante, mas é cativante. Funciona se for alguém mais jovem, mas fica estranho se for seu chefe.

E O OUTRO FOR CANCERIANO:

Um vínculo instantâneo, por mais díspares que sejam suas origens. Seus trejeitos e expressões são tão parecidos que as pessoas vão jurar que vocês são parentes.

E O OUTRO FOR LEONINO:

Um par comum, já que seu regente é a Lua e o de Leão é o Sol. Todos pensariam que vocês seriam como a noite e o dia, mas não: você é o cordeiro ao lado do qual o leão quer aconchegar-se.

E O OUTRO FOR VIRGINIANO:

O virginiano lhe dirá que gosta do que você está fazendo e, em seguida, lhe mostrará como poderia aprimorar-se. Você tem mais paciência com Virgem que com outros signos, e é por isso que há tantos virginianos em sua vida.

E O OUTRO FOR LIBRIANO:

Nenhum dos dois gosta de confrontos, o que significa que vocês deixarão um para o outro a tarefa de abordar temas desconfortáveis. Os íntimos estão sempre pressionando-os a equacionar suas diferenças e chegar a um acordo para não precisar dizer mais nada a respeito delas em casa.

E O OUTRO FOR ESCORPIANO:

Os escorpianos são de uma dedicação inabalável a você. Embora o castiguem por ser excessivamente sensível, ainda querem ser o ombro em que você chora quando passa por um momento difícil.

E O OUTRO FOR SAGITARIANO:

Seu coração tem um fraco por este signo audacioso e sem lei. Você sempre o aceitará de volta, por mais que ele o decepcione ou deixe de cumprir suas promessas. Você só sabe que ele precisa crescer, e talvez um dia consiga.

E O OUTRO FOR CAPRICORNIANO:

Este é o pai severo que você teme nunca poder agradar. E não importa que esteja lidando com uma criança de 3 anos porque, mesmo assim, ainda se sentirá uma decepção. É difícil superar esses gatilhos da infância, mas os capricornianos estão em sua vida exatamente para ajudá-lo a fazer isso.

E O OUTRO FOR AQUARIANO:

Os aquarianos têm uma política de tolerância zero quando se trata de mau humor. É algo que o radar deles simplesmente não capta. Fale com franqueza ou se prepare para ser ignorado.

E O OUTRO FOR PISCIANO:

Vocês se entendem num nível muito profundo, mas às vezes você não pode deixar de se perguntar o que os piscianos estão fazendo com a própria vida. Parecem estar sempre à deriva.

SE VOCÊ TIVER ASCENDENTE EM LEÃO...

E O OUTRO FOR ARIANO:

Ele não o deixará deitar-se sobre os louros. Os arianos estão sempre procurando um meio de elevar o nível ou aumentar a aposta. É graças a eles que você ainda está em ótima forma aos 50.

E O OUTRO FOR TAURINO:

As coisas melhoram quando você está perto desse signo. Sua qualidade de vida melhora, sua confiança aumenta muito e você se sente mais seguro. No entanto, como nenhum dos dois recua diante de uma luta, você precisa praticar suas desculpas.

E O OUTRO FOR GEMINIANO:

Os geminianos sabem muito bem como fazê-lo questionar pressuposições familiares e experimentar. O resultado é que você acaba crescendo de maneiras inesperadas.

E O OUTRO FOR CANCERIANO:

Os cancerianos são sua zona de conforto emocional. Você recorre a eles quando precisa de amor e apoio desde a infância. Este é o signo com o qual mais consegue ser você mesmo.

E O OUTRO FOR LEONINO:

Simpatia instantânea. Não há como deixar de notar aquela centelha solar. Mas será que seus egos podem coexistir? Para que essa relação funcione, vocês precisam decidir quem é o principal vocalista e quem faz o *backing vocal*.

E O OUTRO FOR VIRGINIANO:

Cabe aos virginianos apontarem todas as coisas que faltam a você. Depois que aceitar que eles só fazem isso para torná-lo uma pessoa melhor (e não para derrubá-lo), essa se tornará uma parceria produtiva.

E O OUTRO FOR LIBRIANO:

O melhor signo com o qual tirar *selfies*. Como todo libriano gosta muito de ler e de conversar, você sabe que entrará com confiança em qualquer sala se estiver ao lado dele. Eles sempre o fazem parecer (e aparecer) ótimo.

E O OUTRO FOR ESCORPIANO:

Você é como um cachorro que tem atração por gatos. E não importa quantas vezes seja enxotado ou fique com o nariz todo arranhado, você insiste e não desiste.

E O OUTRO FOR SAGITARIANO:

A relação perfeita para quando você está entre relacionamentos, pois ninguém melhor que um sagitariano quando a questão é tornar a subir no cavalo que o derrubou. Vocês se divertirão enquanto durar.

E O OUTRO FOR CAPRICORNIANO:

Os capricornianos são como um pai de seriado cômico: eles já vêm convenientemente equipados com cardigãs e cachimbos.

E O OUTRO FOR AQUARIANO:

Ou vocês se entendem e se gostam logo de cara ou não. Como a perspectiva sempre depende 50% de cada um, é melhor abordar os aquarianos caso a caso.

E O OUTRO FOR PISCIANO:

O que mais o incomoda é o ato de desaparecer. Os piscianos precisam retirar-se do mundo de tempos em tempos, e isso inclui uma pausa de você também. Dê-lhes o espaço de que precisam que eles acabarão reaparecendo.

SE VOCÊ TIVER ASCENDENTE EM VIRGEM...

E O OUTRO FOR ARIANO:

Não dá para evitar: seja por sua aprovação ou por seu apoio, é difícil acreditar que alguém de Áries permaneça. É por essa razão que vocês mantêm distância um do outro. Se não quiser que isso se torne uma profecia autorrealizável, então invista em cultivar confiança.

E O OUTRO FOR TAURINO:

Um dos poucos signos com os quais pode ser você mesmo. Com os taurinos, você nunca se sente rotulado nem julgado. Eles entendem completamente sua necessidade de criticar tudo. Talvez a melhor coisa dos taurinos seja a natureza descontraída. Se passar mais tempo com eles, acabará absorvendo essa descontração por osmose.

E O OUTRO FOR GEMINIANO:

Você acha que os geminianos saem impunes de coisas que ninguém consegue, e está certo: só eles são assim. Mas, em vez de se concentrar no que está errado, peça-lhes emprestada uma página de sua cartilha de estratégias de jogo. Você poderia aprender muita coisa com ela.

E O OUTRO FOR CANCERIANO:

Vocês se entendem completamente. Até costumam dizer que a vida seria simples caso sentissem uma atração recíproca. Tomara que ela venha com o tempo. E se não vier? Então o que cada um dos dois ganhará é um grande amigo para a vida inteira.

E O OUTRO FOR LEONINO:

Você é um domador de leões que tem muita experiência. Sabe quando alimentar, quando acariciar ou quando estalar o chicote. Outros se preocupam com a possibilidade de você ficar em segundo plano, mas é você quem efetivamente assume o controle da situação.

E O OUTRO FOR VIRGINIANO:

Vocês são como dois campeões de xadrez que conseguem prever os movimentos um do outro. Não é o relacionamento mais fácil do mundo quando se é mais jovem – a busca da supremacia é ininterrupta –, porém cria uma combinação maravilhosa mais tarde porque tudo se encaixa confortavelmente, como um pijama favorito.

E O OUTRO FOR LIBRIANO:

Esta constitui uma combinação perigosa. Tendo em vista seu olho para os detalhes e o dom de Libra para embalagens, vocês dois poderiam ganhar muito dinheiro em qualquer empreendimento conjunto.

E O OUTRO FOR ESCORPIANO:

Vocês gostam de lutar as batalhas um do outro. Um escorpiano sempre pode contar com você para desenterrar aquela informação que precisa para ganhar seu dia, enquanto você sabe que, se alguém lhe criar problemas, basta mandar uma mensagem para seu amigo escorpiano que ele cuidará disso.

E O OUTRO FOR SAGITARIANO:

Você odeia o modo como os sagitarianos conseguem perceber que está mantendo algo em segredo e expor como a mágoa oculta ou ressentimento que é. É como se um pai lhe desse um flagra quando você estava saindo sorrateiramente de casa à noite. Você não tem escolha a não ser admitir.

E O OUTRO FOR CAPRICORNIANO:

Você nunca corresponderá aos padrões dele; daí seu nervosismo diante da possibilidade de decepcioná-lo. No entanto, essa insegurança é um constrangimento que pode atrapalhar uma colaboração enormemente criativa. Concentre-se mais em aprender do que em provar e se beneficiará da sagacidade e do apoio de um capricorniano.

E O OUTRO FOR AQUARIANO:

Perfeccionistas gêmeos, vocês se orgulham da eficiência. É por isso que muitas vezes são encarregados de dividir tarefas no trabalho. Ótimo na lida com projetos difíceis, você se sai melhor quando os prazos são apertados. Agora, se tiverem que passar tempo demais na companhia um do outro, ficam agitados e reclamando de bobagens.

E O OUTRO FOR PISCIANO:

Você fica tentando resolver os problemas dos piscianos. Alguma vez já lhe ocorreu que eles possam gostar desses problemas? Sua abordagem pragmática da vida não se mistura bem com o anseio de Peixes pelas coisas que nunca pode ter.

SE VOCÊ TIVER ASCENDENTE EM LIBRA...

E O OUTRO FOR ARIANO:

Exasperante e emocionante em partes iguais. Dizem que os opostos se atraem, mas nem sempre ficam juntos. Vocês precisam de muitos espaços nessa união.

E O OUTRO FOR TAURINO:

Um dos poucos signos que realmente o entendem porque ambos demoram a decidir. Touro não vê problema em você demorar o tempo que precisar, desde que isso não custe mais.

E O OUTRO FOR GEMINIANO:

Por que você sempre é acusado de hesitar enquanto os geminianos tomam e depois revogam decisões o tempo todo? Você não conhece outro signo que goste mais de brechas e cláusulas de exceção. Por maior que seja a ironia, isso permite que os dois se aproximem.

E O OUTRO FOR CANCERIANO:

Os cancerianos são sérios e determinados naquilo que fazem. Muitas vezes, eles se materializam em figuras de autoridade em sua vida e, ocasionalmente, até mesmo em cônjuges. Vocês têm alta estima um pelo outro e cuidam para não ferir os sentimentos um do outro.

E O OUTRO FOR LEONINO:

Nenhum outro signo se empenha em que você seja você. É verdade que às vezes o ego leonino é difícil de suportar, mas ele é fiel a si mesmo de uma maneira que o inspira a fazer o mesmo. Com o tempo, a audácia dele o contagiará.

E O OUTRO FOR VIRGINIANO:

Virgem e Libra têm muito em comum: ambos são cerebrais, estilosos e perfeccionistas natos. Infelizmente, os virginianos gostam de cumprir ordens, mas os librianos são tímidos demais para dá-las.

E O OUTRO FOR LIBRIANO:

Essa é uma ótima combinação porque ambos concordam no que diz respeito à relação. E não importam os tipos de encarnação pelos quais ela passe: amigos, namorados, parceiros de negócios, guarda compartilhada. Estar na vida um do outro e encontrar uma maneira de fazer a relação dar certo sempre estão em primeiro lugar.

E O OUTRO FOR ESCORPIANO:

Tenha muito cuidado com esse signo. Os escorpianos podem levar muito dinheiro para a mesa quando vocês se unirem, porém custará ainda mais se vocês se separarem.

E O OUTRO FOR SAGITARIANO:

Os sagitarianos costumam queixar-se de que você não os leva a sério, o que é bom porque eles também não o levam a sério.

E O OUTRO FOR CAPRICORNIANO:

Capricórnio é sua boia de salvação. Os capricornianos podem não ser capazes de acompanhá-lo quando se trata de fazer o circuito social: são péssimos quando se trata de lembrar rostos, nomes e rótulos. Porém, são eles as pessoas para as quais você mais quer voltar no fim do dia.

E O OUTRO FOR AQUARIANO:

Os aquarianos estão sempre mudando as regras para você, e isso o deixa bastante confuso. No entanto, se ficar com eles por tempo suficiente, provavelmente descobrirá que essas regras já tinham passado da hora de receber um *upgrade* – e que, por isso, você cresceu.

E O OUTRO FOR PISCIANO:

Vocês são almas poéticas. Ambos se interessam por música, cinema e arte. O bom de estar perto de um pisciano é que ele o faz experimentar e ultrapassar os limites. O mais difícil? Ele faz barulho demais quando se chateia. Ainda bem que você sabe como se esquivar dele.

SE VOCÊ TIVER ASCENDENTE EM ESCORPIÃO...

E O OUTRO FOR ARIANO:

As pessoas ficam achando que vocês estão juntos, pois brincam, brigam e defendem um ao outro como faria qualquer casal. Vocês serão os melhores amigos e os melhores rivais pela vida inteira.

E O OUTRO FOR TAURINO:

Um colírio para os olhos, mas tudo isso muda quando ele abre a boca...

E O OUTRO FOR GEMINIANO:

Os geminianos sempre querem ser melhores amigos. Você tentou fazer isso na faculdade. As pessoas experimentam muitas coisas na faculdade. Agora você já sabe.

E O OUTRO FOR CANCERIANO:

Os cancerianos o fazem se sentir amado e adorado. Eles são como aquela tia favorita que você nunca vai decepcionar. E também os únicos autorizados a chamá-lo pelo apelido.

E O OUTRO FOR LEONINO:

Não tem como evitar: você coloca os leoninos num pedestal. E não importa quantas vezes eles decepcionem, morram de vergonha ou errem feio, pois você continuará do lado deles.

E O OUTRO FOR VIRGINIANO:

Seu "agente infiltrado". Os virginianos surgem na forma de melhor amigo de seu *crush*, primo de seu chefe ou de quem passeia com os cachorros daquele cliente que você está tentando conquistar. Eles lhe permitem acesso a pessoas que, de outro modo, você não conheceria.

E O OUTRO FOR LIBRIANO:

Sua obsessão favorita. Libra é sua agonia *e* seu êxtase.

E O OUTRO FOR ESCORPIANO:

Os escorpianos são como um espelho. Se ele tiver uma autoimagem saudável, você não poderia pedir companheiro melhor. E se não? Então você vai projetar nele todas as coisas que não lhe agradam em si mesmo.

E O OUTRO FOR SAGITARIANO:

Não o deixe sozinho no mesmo quarto em que estiver seu cartão de crédito.

E O OUTRO FOR CAPRICORNIANO:

O melhor signo para se divertir. Vocês são como colegiais que se sentam empurrando os joelhos para trocar segredos e rir histericamente. As pessoas sempre perguntam de que estão rindo, mas vocês nunca vão contar.

E O OUTRO FOR AQUARIANO:

Os aquarianos são intelectualmente desapegados. Você está pessoalmente muito envolvido. Não deveria funcionar, mas funciona. Somente alguém tão cabeça-dura quanto você pode desafiá-lo a ver as coisas de maneiras que nunca teria considerado antes.

E O OUTRO FOR PISCIANO:

Para você, os piscianos serão sempre unicórnios. Seres raros, mágicos e misteriosos que estão sempre atrasados – como quando apareceram tarde demais para entrar na Arca, muito depois que as portas se fecharam.

SE VOCÊ TIVER ASCENDENTE EM SAGITÁRIO...

E O OUTRO FOR ARIANO:

A paixão os une, mas a luta pode afastá-los. Você acha que Áries tem problemas de gerenciamento da raiva e Áries acha que você REAGE DESPROPORCIONALMENTE a tudo.

E O OUTRO FOR TAURINO:

Um grande colaborador criativo, especialmente em projetos de curto prazo. Qualquer coisa mais que isso e você fica entediado com a rotina dele e começa a ressentir-se da mania que ele tem de mandar.

E O OUTRO FOR GEMINIANO:

Você nunca sabe se ele gosta mesmo de você ou não. Às vezes, parece que só o está aturando até que a pessoa com quem ele realmente quer falar chegue.

E O OUTRO FOR CANCERIANO:

Os cancerianos são como as mães: podem nunca entender exatamente em que você vai se formar na faculdade, mas é sempre para elas que você volta, não importa onde tenha estado.

E O OUTRO FOR LEONINO:

Você inveja como os leoninos entram em posições de liderança como se tivessem nascido para isso. E bem que gostaria de ficar tão à vontade quanto eles para exercer autoridade.

E O OUTRO FOR VIRGINIANO:

Você gosta de ser corrigido por virginianos. Eles têm um talento especial para identificar o que você está fazendo de errado e mostrar-lhe como sair-se melhor da próxima vez. É o único signo que você permite que fale assim com você.

E O OUTRO FOR LIBRIANO:

Sempre gentil e acolhedor, o libriano agirá como se nunca tivesse ouvido falar de você quando ambos forem apresentados, mas está bastante familiarizado com sua reputação. É justamente por isso que concordou em conhecer você.

E O OUTRO FOR ESCORPIANO:

A escuridão de Escorpião não o desanima. Talvez porque seu otimismo seja realmente imune ou porque sua capacidade de acertar o alvo com uma indireta seja igualmente precisa. De qualquer maneira, os escorpianos sabem que encontraram em você seu par.

E O OUTRO FOR SAGITARIANO:

Sempre pronto para uma aventura! Seu amigo favorito para acampar e/ou praticar tirolesa.

E O OUTRO FOR CAPRICORNIANO:

No início, ele dirá que sua ideia é ridícula, mas aos poucos reconhecerá que ela tem seu mérito. Evidentemente, aquilo em que ele a transformar não tem nada a ver com o que você imaginava, mas isso não o impedirá de assumir o crédito por seu sucesso.

E O OUTRO FOR AQUARIANO:

Ambos estão a fim de mudar o mundo e certamente darão seu melhor para isso. Esse vínculo deveria funcionar, só que, no fim, os aquarianos são frios demais, mesmo para você.

E O OUTRO FOR PISCIANO:

Vocês são como gêmeos separados no nascimento que acabaram milagrosamente reunidos. Leva um tempo até descobrir o tipo de relacionamento que vocês querem ter, mas isso não os impedirá de experimentar todas as possibilidades.

SE VOCÊ TIVER ASCENDENTE EM CAPRICÓRNIO...

E O OUTRO FOR ARIANO:

Eles sempre aparecem nos momentos que importam como, por exemplo, quando você está em uma crise ou acha que perdeu o rumo. Talvez não permaneça muito tempo por perto, mas seu impacto é fundamental.

E O OUTRO FOR TAURINO:

Por ser o menos neurótico dos signos de terra, a relação despreocupada de Touro com as finanças poderia beneficiar você. Se quer alguma coisa, ele simplesmente a compra. O taurino confia muito no próprio poder aquisitivo. Esse é o signo que o induz a tirar seu dinheiro de dentro do colchão e fazer algo divertido com ele.

E O OUTRO FOR GEMINIANO:

Você sabe que, sob a superfície, há mais coisas acontecendo. Só que é difícil imaginar o que isso poderia ser.

E O OUTRO FOR CANCERIANO:

Você pode odiar o sentimentalismo escancarado desse signo, mas sentiria falta dele se não estivesse por perto.

E O OUTRO FOR LEONINO:

Muitas vezes você supõe que as coisas sejam mais fáceis para os leoninos do que para você, mas isso não é verdade. Sim, eles podem dar a impressão de estar sempre muito bem, mas você não tem ideia do preço que pagam para parecerem assim.

E O OUTRO FOR VIRGINIANO:

Você tem um fraco secreto por Virgem. Há algo na dinâmica servo/amo que o excita. É algo muito explorado na série de TV britânica *Downton Abbey*. Só que com palavras de segurança.

E O OUTRO FOR LIBRIANO:

A relação de vocês é competitiva, mas não precisa ser assim. Quanto mais cedo você confessar sua admiração pelos gostos refinados de Libra, mais rápido o libriano retribuirá com elogios por suas conquistas difíceis.

E O OUTRO FOR ESCORPIANO:

Os escorpianos mostram como se conquista o sucesso. Eles não apenas têm com você aquelas conversas que ninguém mais tem, como se empenham ferrenhamente em convencê-lo a vencer na vida.

E O OUTRO FOR SAGITARIANO:

O único que consegue convencê-lo de que o copo está meio cheio quando você já sabe que ele está meio vazio.

E O OUTRO FOR CAPRICORNIANO:

As pessoas sabem que é melhor não os interromper quando estão falando um com o outro. O tom baixo da conversa e suas expressões concentradas mostram que se trata de coisa séria.

E O OUTRO FOR AQUARIANO:

Vocês podem levar muito tempo para se encontrar. Mas, quando isso acontece, podem confiar um no outro.

E O OUTRO FOR PISCIANO:

Você sempre será grato por ter sido um pisciano o primeiro a se apresentar quando você estava abraçando a parede na pré-escola. E, desde então, têm sido piscianos os que quebram o gelo, seja numa festinha do ensino médio, num jantar ou num evento corporativo.

SE VOCÊ TIVER ASCENDENTE EM AQUÁRIO...

E O OUTRO FOR ARIANO:

Um dos melhores aliados que você poderia esperar. Ele pode não entender metade do que você está dizendo, mas o apoiará da mesma forma.

E O OUTRO FOR TAURINO:

Embora ele sempre diga que seu plano nunca vai dar certo, dê-lhe tempo suficiente que ele vai acabar descobrindo uma maneira de fazê-lo funcionar.

E O OUTRO FOR GEMINIANO:

Os geminianos precisam olhar para cima para vê-lo. Isso acontece porque você consegue ver além do que eles podem e é imprevisível o suficiente para mantê-los na dúvida.

E O OUTRO FOR CANCERIANO:

O colega de trabalho perfeito. Os cancerianos sabem muito bem como botar panos quentes nas mágoas e nos egos machucados que você costuma deixar em seu rastro.

E O OUTRO FOR LEONINO:

Sim, ele exige muito tempo e atenção, mas as crianças e os animais de estimação da família também.

E O OUTRO FOR VIRGINIANO:

Sua fonte preferida para dicas pessoais, fofocas de escritório e breves explicações para conceitos técnicos difíceis de entender. Além de saber tudo, os virginianos vão mostrar-lhe como fazer tudo que você quiser fazer.

E O OUTRO FOR LIBRIANO:

Embora muitas vezes precisem juntar-se no trabalho ou jogar como parceiros quando brincam entre amigos, não há muito o que os prenda à órbita um do outro. O interesse pode ser passageiro, mas vocês sempre se tratam com cordialidade e profissionalismo.

E O OUTRO FOR ESCORPIANO:

Os escorpianos entram em sua vida durante uma crise ou porque eles *são* a crise. De qualquer modo, não há como contestar o impacto transformador que têm em sua vida.

E O OUTRO FOR SAGITARIANO:

Ambos são signos de liberdade e se dão muito bem quando há uma causa que os inspire ou um ultraje que os una, mas, na verdade, os sagitarianos são um pouco selvagens demais para você. Enquanto você procura meios de trazer as partes desafetas de volta à mesa de negociação, o sagitariano estará ocupado jogando gasolina no fogo.

E O OUTRO FOR CAPRICORNIANO:

Ele é como o irmão puritano que ninguém jamais imaginaria que tivesse alguma relação com você. No entanto, é a ele que você recorre quando precisa de conselhos e de apoio.

E O OUTRO FOR AQUARIANO:

Os outros têm dificuldade para acompanhar a conversa: vocês falam com a velocidade do pensamento telepático, mas se compreendem tanto que raramente precisam se explicar. Estão em sincronia perfeita até que deixem de estar.

E O OUTRO FOR PISCIANO:

Seus signos são naturalmente próximos, mas sempre surge algo que os mantém a distância. Mesmo que tenham um relacionamento, vocês passarão muito tempo longe um do outro por causa de horários conflitantes.

SE VOCÊ TIVER ASCENDENTE EM PEIXES...

E O OUTRO FOR ARIANO:

Vocês passam muito tempo falando de dinheiro. Provavelmente porque nenhum dos dois é bom nisso. Tomara que tenham um amigo em comum ou um parente por afinidade que seja contador.

E O OUTRO FOR TAURINO:

Você aprendeu há muito tempo que, caso se sente e preste atenção a todas as palestras da vida e concorde em todos os momentos certos, os taurinos farão qualquer coisa por você.

E O OUTRO FOR GEMINIANO:

Vocês discordam mais do que concordam e costumam entrar em longos debates. As pessoas muitas vezes confundem briga com argumentação, mas não é o caso. Essa pessoa é como se fosse de sua família e sempre ficará do seu lado se for preciso.

E O OUTRO FOR CANCERIANO:

Vocês se encaixam naturalmente. Podem passar dias juntos sem jamais cansar-se da companhia um do outro. Essa pessoa é a sua favorita para compartilhar uma canção, um pôr do sol ou uma piada interna. Ela sempre o entende.

E O OUTRO FOR LEONINO:

Os leoninos são bem-intencionados, mas simplesmente não entendem. Explicar sua opinião sobre as coisas ou como você chegou a uma determinada conclusão sempre os deixa confusos, e é por isso que é mais fácil apenas mudar de assunto. Dito isso, eles são ótimos colegas de trabalho.

E O OUTRO FOR VIRGINIANO:

Você não consegue lembrar-se bem de onde os virginianos de sua vida tiraram a impressão de que você não pode viver sem eles. Estão sempre achando que sabem mais do que você e que podem beneficiá-lo com sua orientação. Na verdade, é o contrário, mas você não vai dizer nada. Longe de você querer ferir os sentimentos deles.

E O OUTRO FOR LIBRIANO:

Vocês podem ser vizinhos durante anos e nunca ter uma conversa. Embora sempre sejam cordiais ao cumprimentar um ao outro com um sorriso ou um agradável "Como você está?", não há muito interesse em levar as coisas além disso.

E O OUTRO FOR ESCORPIANO:

Essa é a pessoa com quem você fica ao telefone até qualquer hora da noite para ajudá-la com seus problemas e dificuldades. Você sabe que ela nunca aceitará seus conselhos, mas isso não o impede de oferecê-los de qualquer modo.

E O OUTRO FOR SAGITARIANO:

Um de seus signos favoritos! Os sagitarianos estão sempre tão felizes e otimistas! É verdade que eles têm a sensibilidade pessoal de um palhaço de festa de aniversário, mas você tem melancolia de sobra. A solução padrão deles para qualquer problema é mudar de cenário, e você concorda com ela.

E O OUTRO FOR CAPRICORNIANO:

Uma das poucas pessoas que lhe perguntam sobre você. Agora, isso pode ser porque você está ficando atrasado ou parece péssimo, mas pelo menos ela se importa. Não é a pessoa ideal diante da qual ter um colapso, mas depois de tê-lo ouvido em silêncio educado, ela certamente vai sugerir uma solução para seus problemas.

E O OUTRO FOR AQUARIANO:

São os momentos difíceis que os aproximam. Episódios que teriam afastado outros só servem para fortalecer o vínculo entre vocês.

E O OUTRO FOR PISCIANO:

Seu facilitador favorito. Você pode contar com outro pisciano para lhe passar um cigarro, um gole ou uma tragada sem que ninguém perceba. Sim, ele incentiva comportamentos que nem sempre devem ser incentivados, mas, quando chega a hora de parar, ele estará lá para ajudá-lo.

EPÍLOGO

Valor Aparente: o Eu Por Trás da *Selfie*

Quando crianças, somos instruídos a não julgar um livro pela capa, porém, as civilizações fazem isso há séculos. Com efeito, há muito tempo o Signo Ascendente tem sido associado na Astrologia à fisiognomonia, a antiga arte de julgar o caráter de alguém pela aparência física. Partia-se do princípio de que todo corpo tinha uma alma, mas os fisionomistas acreditavam que, à medida que o corpo crescia, sua alma também crescia, dando forma a seu rosto e seu comportamento, o que tornaria sua personalidade identificável por todos. De muitas maneiras, os fisionomistas foram os primeiros psicólogos do mundo, diagnosticando o comportamento com base em características e maneirismos individuais. Muitos livros de Astrologia continuam essa prática até hoje, quando dizem que quem nasce com Ascendente em Leão tem cabelos magníficos, quem nasce com Ascendente em Sagitário tem rosto estreito, nariz comprido e dentes grandes, quadrados e amarelados como os de um cavalo e que quem nasce com Ascendente em Áries é briguento e tem cabelo vermelho como Marte, o deus da guerra, seu regente planetário. Infelizmente, com o tempo, o perfil de personalidade defendido pela fisiognomonia descambou para julgamentos preconceituosos e estereótipos racistas.

É por isso que convém não tomar as coisas ao pé da letra. Mas e o valor do rosto?

No fim dos anos 1990, quando o *e-mail* era novidade e as pessoas o usavam para correspondência pessoal e profissional, assim como em salas de bate-papo, rapidamente ficou claro que nem sempre era fácil ler o tom de outra pessoa. Uma mensagem escrita às pressas poderia ser considerada grosseira, uma postagem prolixa, condescendente e uma nota crítica, excessivamente severa e desnecessária. Sem rosto nem voz para acompanhá-los, os *e-mails* eram lidos de acordo com o humor ou a disposição mental do destinatário. Quando ele estava se sentindo ansioso ou inseguro, projetava tudo isso no *e-mail* recebido, por mais inofensivo que fosse. Isso levou ao uso de símbolos como :–), ;–) e :–0, e onomatopeias como KKK e <3. Precursores dos emojis, esses símbolos e onomatopeias foram feitos para comentar um texto da maneira que faria a expressão facial, injetando tranquilidade, cumplicidade, espanto ou humor. Quando confrontado com a ausência do rosto, nada mais típico da natureza humana que inventar uma careta.

Os antigos astrólogos sentiam o mesmo em relação aos horóscopos: assim como as pessoas, os horóscopos precisavam de um rosto. Muitos podem nascer no mesmo dia e compartilhar as mesmas características gerais: é por isso que não é a data de nascimento o que distingue a singularidade de um mapa, mas a hora do nascimento, pois é ela que liga um mapa astrológico exclusivamente a seu dono. Na verdade, a palavra *horóscopo* significa "observador da hora".

Sem Signo Ascendente, nossos mapas astrais estariam sem direção. Não haveria sentido para cima nem para baixo, para a direita nem para a esquerda. Não haveria começo nem fim, motivação nem prioridade. O Signo Ascendente é a estaca zero em um horóscopo: é o primeiro passo que você dá, a primeira impressão que transmite e o signo do zodíaco que lidera todos os outros. Portanto, não é apenas o rosto que você mostra ao mundo, o Signo Ascendente também descreve como você encara o mundo.

O planeta mais importante de seu mapa é o Sol. Ele representa quem você é e está predestinado desde sempre a ser; no entanto, é o Signo Ascendente que nos diz onde o Sol estava no céu quando você nasceu. Está acima ou abaixo do horizonte? Está perto ou longe do Ascendente? A proximidade entre o Sol e o Signo Ascendente diz se você está à vontade na própria pele ou se levará algum tempo para crescer e tornar-se quem realmente é. Você está destinado a superar uma situação ou precisa cavar fundo dentro de si para descobrir os tesouros escondidos que não sabia que tinha?

Por fim, todos nós precisamos entender como somos percebidos pelos demais. Essa autoconsciência é um aspecto vital do ser humano funcional. Ninguém é um ser humano no vácuo. E é aí que o Signo Ascendente tem precedência sobre o Sol. Sorrisos, risadas, olhares evitados e expressões de tédio sinalizam se você está acertando ou errando na conversa. Interpretar essas expressões faciais é fundamental para cortejar um companheiro, negociar uma venda ou gerenciar um grupo de pessoas. Nesse sentido, a maneira como fazemos a leitura de uma sala substituiu o rastreamento de pegadas de animais quando se trata de nossa sobrevivência.

Algumas pessoas têm uma capacidade orgânica de ler os outros e a si mesmas, e é bem provável que a relação entre o Signo Solar e o Signo Ascendente no mapa astral delas reflita isso. Mas, no caso daqueles dentre nós que se sentem empurrados para situações que não escolhem, lutam com inibições que achamos difíceis de explicar ou se esforçam para associar a pessoa que os outros veem à pessoa que realmente somos, é preciso conhecer melhor o Signo Ascendente. Ninguém passa pela vida como uma pessoa autêntica por acaso. Esse reconhecimento é produto de uma colaboração criativa contínua entre seu Signo Solar e seu Ascendente. Ser fiel a si mesmo não é um esforço solo, especialmente quando os outros podem ter uma visão melhor de você do que aquela que você tem de si mesmo.

AGRADECIMENTOS

QUERO AGRADECER A MEGAN NEWMAN, minha editora; Lisa DiMona, minha agente; Marian Lizzi, minha editora, e Natasha Soto. Elas são as pessoas com quem todo escritor sonha em trabalhar.

E onde estaria um astrólogo sem suas constelações? Quero agradecer às fontes de inspiração que tanto influenciaram minha visão e minha voz: Deborah Schatten, Coco Fusco, Catherine Karnow, Lindsay McCrum, Debbie Millman, Gwen Sutton e Gregory Nassif St. John.